L'atelier+

Méthode de Français

B1

Marie-Noëlle COCTON
Coordination pédagogique

Julien KOHLMANN

Marie RABIN

Delphine RIPAUD

Couverture : Primo & Primo
Principe de maquette : DVN communication
Déclinaison maquette : Ariane Aubert
Mise en page : Ariane Aubert
Coordination éditoriale : Fabienne Boulogne
Édition : Clothilde Mabille
Iconographie : Aurélia Galicher
Documents iconographiques : Ariane Aubert
Photogravure : RVB
Enregistrements audio, montage et mixage : Studio Quali'sons, Jean-Paul Palmyre
Montage vidéo : INIT Productions
Activités flashables ONPRINT (unités : 1, 2, 4, 5, 8, 9, 10) : Camille Dereeper

« Le photocopillage, c'est l'usage abusif et collectif de la photocopie sans autorisation des auteurs et des éditeurs. Largement répandu dans les établissements d'enseignement, le photocopillage menace l'avenir du livre, car il met en danger son équilibre économique.
Il prive les auteurs d'une juste rémunération. En dehors de l'usage privé du copiste, toute reproduction totale ou partielle de cet ouvrage est interdite. »
« La loi du 11 mars 1957 n'autorisant, aux termes des alinéas 2 et 3 de l'article 41, d'une part, que les copies ou reproductions stricte-ment réservées à l'usage privé du copiste et non destinées à une utilisation collective » et, d'autre part, que les analyses et courtes cita-tions dans un but d'exemple et d'illustrations, « toute représentation ou reproduction intégrale, ou partielle, faite sans le consentement de l'auteur ou de ses ayants droit ou ayants cause, est illicite. » (alinéa 1er de l'article 40) – « Cette représentation ou reproduction par quelque procédé que ce soit, constituerait donc une contrefaçon sanctionnée par les articles 425 et suivants du Code pénal. »

PAPIER À BASE DE FIBRES CERTIFIÉES

éditions didier s'engagent pour l'environnement en réduisant l'empreinte carbone de leurs livres. Celle de cet exemplaire est de : **1,2 kg éq. CO_2**
Rendez-vous sur www.editionsdidier-durable.fr

© Les Éditions Didier, une marque des éditions Hatier, 2022
ISBN 978-2-278-10826-8 / 978-2-278-10827-5
Dépôt légal : 10826/03 - 10827/04

Achevé d'imprimer en Italie
en mars 2025 par L.E.G.O. (Lavis)

L'atelier+ a vocation à fabriquer.

La méthode s'appuie sur les principes pédagogiques décrits dans le CECRL, sur les notions de **coopération** et de **médiation** présentées dans le volume complémentaire (février 2018) et sur une équipe d'auteurs qui a des convictions pédagogiques :

AGIR, COOPÉRER, APPRENDRE
ensemble et avec plaisir !

Comme dans un *atelier* de fabrication, le groupe commence par un remue-méninges à partir d'un **mot**, fil conducteur de l'unité.

Écoute | Travail | Vie | Recyclage | Curiosité
Actualité | Innovation | Aventure | Espace | Égalité

AGIR
Le remue-méninges s'enrichira au fur et à mesure des **Situations** pour permettre, à l'oral et à l'écrit, un agir individuel et collectif et des échanges **Au quotidien**. Pour apprendre progressivement à exprimer **L'opinion**, des appuis argumentatifs et des stratégies dans le Livre de l'élève et dans la **Fabrique des textes** du Cahier d'activités guident l'apprenant tout en l'invitant à devenir autonome, c'est-à-dire responsable du processus d'apprentissage.

COOPÉRER
Comme dans un *atelier* de fabrication, le rôle de chacun peut changer. Tour à tour organisateur, modérateur, médiateur, rapporteur et traducteur, l'apprenant participe à la dynamique collective. Cette coopération encourage à se connaître et à partager des émotions et des ressentis, notamment via **L'extrait** littéraire. Favoriser l'intelligence collective, c'est aussi s'inspirer et compléter les idées des autres pour être créatif lors de **#LaMinuteCulturelle** et mettre en commun des idées pour résoudre les **Missions** à la fin de l'unité.

APPRENDRE
Comme dans un *atelier* de fabrication, les **outils** occupent une place de choix. **La Fabrique** des **mots**, de la **grammaire**, des **verbes** et des **sons** veille à des moments privilégiés de réflexion collective et d'application linguistique.
L'objectif est simple : connaître la fonction de chaque outil et apprendre à construire un mot, une phrase ou un texte. La **Fabrique des textes** du Cahier d'activités encourage aussi un travail individuel pour exprimer son opinion à l'écrit.
Enfin, le **Mémo** et les **Outils de la classe** proposent des focus précis, visuels et concis qui aident l'apprenant à mémoriser.

Notre conviction : ensemble, on va plus loin !
Sans oublier l'essentiel : vivre des moments de plaisir et de convivialité.

```
Un enseignant heureux + une méthode positive
        = des apprenants motivés !
```

Enseigner avec L'atelier + B1

L'organisation du manuel

- 1 unité BONJOUR / Bienvenue !
- 10 unités de 16 pages
- 1 épreuve complète du DELF B1 p. 176 (nouvelles spécifications)
- Les Outils de la classe p. 183

Une double page = une séquence !

Le cahier d'activités

- 1 fiche Maîtriser la conjugaison
- 10 bilans linguistiques
- 10 fabriques des mots et des textes
- 10 préparations au DELF B1

Une double page = une séquence du livre !

Agir, Coopérer, Apprendre

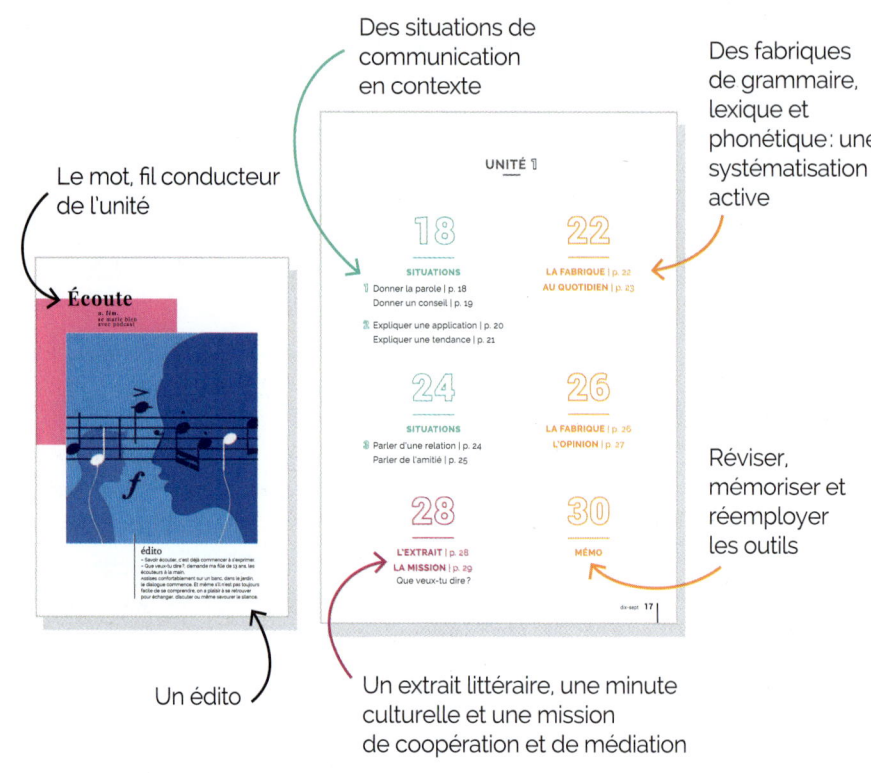

- Des situations de communication en contexte
- Des fabriques de grammaire, lexique et phonétique : une systématisation active
- Le mot, fil conducteur de l'unité
- Un édito
- Un extrait littéraire, une minute culturelle et une mission de coopération et de médiation
- Réviser, mémoriser et réemployer les outils

Notre différence

> Le PLAISIR d'apprendre
- Assurer une progression **pas à pas**
- Inviter à des moments de détente
- Découvrir des documents qui font **sourire**

> Le SAVOIR apprendre
- Favoriser l'apprentissage en **spirale**
- Proposer des **astuces** pour mieux travailler
- Encourager la **réflexion** linguistique

> L'apprentissage SOLIDAIRE
- Créer des temps de travail en **groupes**
- Apprendre à **s'encourager**
- Inviter au partage des **stratégies**
- Ensemble, résoudre des **missions**

1. Dans votre navigateur, saisissez **didierfle.app**

2. Flashez la page avec l'application et accédez aux ressources audio, aux vidéos et aux exercices complémentaires.

L'action et la médiation au cœur de l'unité

3 situations = 6 objectifs de communication

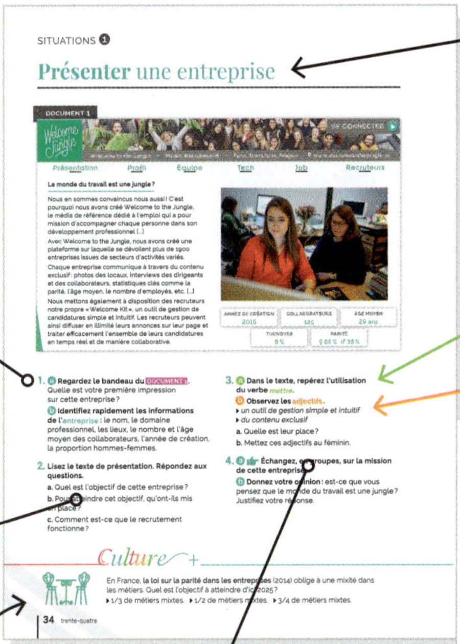
SITUATIONS 1

Présenter une entreprise

DOCUMENT 1

1. Regardez le bandeau du DOCUMENT 1. Quelle est votre première impression sur cette entreprise ?

2. Lisez le texte de présentation. Répondez aux questions.

3. Dans le texte, repérez l'utilisation du verbe *mettre*.

4. Échangez, en groupes, sur la mission de cette entreprise.

Culture +

34 trente-quatre

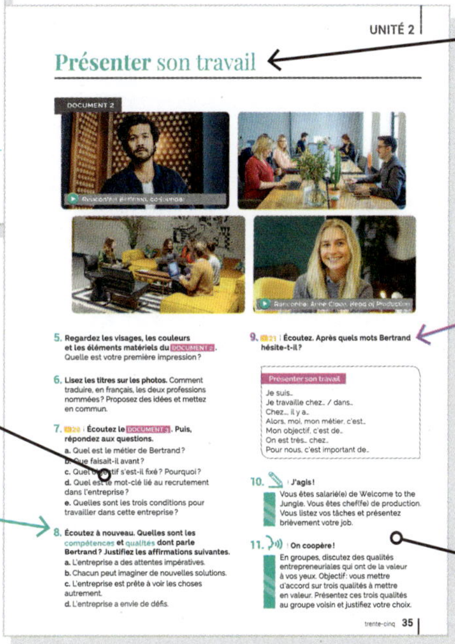
UNITÉ 2

Présenter son travail

DOCUMENT 2

trente-cinq 35

Objectif de communication

Temps d'accueil

Compréhension n°1 globale puis détaillée

Quiz culturel

Activités d'appropriation coopératives

Verbe

Grammaire

Objectif de communication

Phonétique

Compréhension n°2 globale puis détaillée

Lexique

Micro-tâches avec des modalités de travail variées

À chaque page,
une invitation
à AGIR et INTERAGIR,
à l'oral et à l'écrit

Un code couleur !

Grammaire | Lexique | Phonétique | Verbe

Une démarche RÉFLEXIVE : repérer | réfléchir | appliquer

La médiation tout au long de l'unité

Trouver des solutions
ensemble et assumer
tour à tour différents RÔLES :
modérateur | présentateur |
rapporteur | traducteur

2. EN GROUPES

Formez des groupes d'opinion commune. Chacun partage son exemple et prend des notes. L'un de vous est rapporteur. Il les transmet au professeur.

11. | **On coopère !**

a. Désignez un modérateur. Il sera neutre lors des discussions et veillera à ce que chacun soit poli et respectueux envers les autres.
b. Créez une bataille de désaccord(s) sur le thème de la pollution et du recyclage.

Mission

Vous devez faire une présentation en français devant un public. Vous êtes stressé(e). Avant de penser à la grammaire ou le lexique, vous devez penser à votre attitude. Entraînez-vous !

MÉDIATION

Se conduire de façon positive et reconnaître les conseils du groupe.

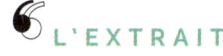

L'EXTRAIT

Exprimer une réponse personnelle à l'égard de textes créatifs

TABLEAU DES CONTENUS

Agir Coopérer Apprendre

BONJOUR / Bienvenue !

p. 12-15

UNITÉ 1
Écoute
p. 16-31

OBJECTIFS
1. Donner la parole et un conseil
2. Expliquer une application et une tendance
3. Parler d'une relation et de l'amitié

L'OPINION
Exprimer son approbation

MISSION
Que veux-tu dire ?

MÉDIATION
Se conduire de façon positive et reconnaître les conseils du groupe

S'EXERCER p. 30, 31, 183

MÉMO CAHIER
- La Fabrique des mots
  Cahier, p. 12
- La Fabrique des textes
  Cahier, p. 13

UNITÉ 2
Travail
p. 32-47

OBJECTIFS
1. Présenter une entreprise et son travail
2. Décrire une photo et son environnement de travail
3. Parler de clichés et de son métier

L'OPINION
Exprimer un point de vue

MISSION
Tu fais quoi dans la vie ?

MÉDIATION
Résumer, par écrit, les informations principales d'un texte oral

S'EXERCER p. 46, 47, 183

MÉMO CAHIER
- La Fabrique des mots
  Cahier, p. 24
- La Fabrique des textes
  Cahier, p. 25

UNITÉ 3
Vie
p. 48-63

OBJECTIFS
1. Choisir de ralentir et de rire
2. Organiser un plan d'action et sa to-do-list
3. Expliquer une qualité et une conséquence

L'OPINION
Introduire un exemple

MISSION
Le plus important ?

MÉDIATION
Expliquer comment quelque chose fonctionne en donnant des exemples

S'EXERCER p. 62, 63, 183

MÉMO CAHIER
- La Fabrique des mots
  Cahier, p. 36
- La Fabrique des textes
  Cahier, p. 37

TABLEAU DES CONTENUS

Grammaire	Lexique	Phonétique	Culture / *livres*
• Révision des temps sous forme de repérage : présent de l'indicatif et de l'impératif, passé composé, imparfait, futur proche et simple. • Les mots masculins en *-ée* • Le verbe : *porter*	• Les sons • Les mots • Le voyage	• La liaison	• Extrait de : *La fabrique des mots* d'Erick Orsenna
• Le subjonctif présent (1) : exprimer la nécessité et la volonté • Les indéfinis : distinguer les adjectifs et les pronoms • Les verbes : *jouer* et *prendre*	• La parole • L'amitié • Les anglicismes • Le suffixe *-able*	• Le groupe rythmique • La syllabe accentuée	• Extrait de : *Grâce et dénuement* de Alice Ferney **OBJECTIF** • Exprimer une surprise
• Les adjectifs : différencier le sens selon la place et la forme • Les participes passés : accorder en fonction de l'auxiliaire et de la place du COD • Les verbes : *mettre* et des expressions avec *avoir*	• Le travail • La recherche d'emploi • Les noms à partir d'adjectifs • Le complément du nom avec *de*	• L'hésitation	• Extrait de : *La tête de l'emploi* de David Foenkinos **OBJECTIF** • Exprimer de la compassion
• Le gérondif : exprimer la manière et la simultanéité • La cause et la conséquence : faire la distinction et comprendre leur lien • Les verbes : *charger* et *entraîner*	• Vivre • La vie de famille • Le suffixe *-logie* • Les abréviations	• La phrase déclarative terminée • La phrase déclarative non terminée	• Extrait de : *Le Grand Jeu* de Céline Minard **OBJECTIF** • Exprimer une intention

TABLEAU DES CONTENUS

Agir   Coopérer   Apprendre

UNITÉ 4 — Recyclage — p. 64-79

OBJECTIFS
1. Expliquer un problème et une initiative
2. Décrire un lieu de recyclage et une œuvre d'art
3. Raconter son lien avec la nature et une expérience

L'OPINION
Exprimer un désaccord

MISSION
Ça se recycle ?

MÉDIATION
Participer à une tâche commune

S'EXERCER *p. 78, 79, 183*

MÉMO CAHIER
- La Fabrique des mots *Cahier, p. 48*
- La Fabrique des textes *Cahier, p. 49*

UNITÉ 5 — Curiosité — p. 80-95

OBJECTIFS
1. Introduire des faits incertains et scientifiques
2. Se poser des questions et des défis
3. Mettre en valeur un événement et une découverte

L'OPINION
Développer un argument

MISSION
T'es pas sérieux ?

MÉDIATION
Montrer sa compréhension des problèmes clés dans un différend et demander confirmation et/ou clarification

S'EXERCER *p. 94, 95, 183*

MÉMO CAHIER
- La Fabrique des mots *Cahier, p. 60*
- La Fabrique des textes *Cahier, p. 61*

UNITÉ 6 — Actualité — p. 96-111

OBJECTIFS
1. Informer à l'écrit et à l'oral
2. Raconter un fait divers et une histoire
3. Exprimer une critique et un intérêt

L'OPINION
Protester

MISSION
Alors, quoi de neuf ?

MÉDIATION
Résumer par écrit (en langue française), l'information et les arguments contenus dans des textes (en langue maternelle)

S'EXERCER *p. 110, 111, 183*

MÉMO CAHIER
- La Fabrique des mots *Cahier, p. 72*
- La Fabrique des textes *Cahier, p. 73*

UNITÉ 7 — Innovation — p. 112-127

OBJECTIFS
1. Imaginer le futur et l'impossible
2. Proposer un objet volant et une idée folle
3. Caractériser une formation et une tendance

L'OPINION
Faire préciser une idée

MISSION
Et si c'était vous ?

MÉDIATION
Contribuer à une communication interculturelle

S'EXERCER *p. 126, 127, 183*

MÉMO CAHIER
- La Fabrique des mots *Cahier, p. 84*
- La Fabrique des textes *Cahier, p. 85*

SIGNALÉTIQUE

Activité collective   Production orale   Production écrite

TABLEAU DES CONTENUS

Grammaire	Lexique	Phonétique	Culture / *livres*
• Les pronoms relatifs : réviser *qui*, *que*, *où* et découvrir *dont* • Le plus-que-parfait : reconnaître sa forme et son antériorité • Les verbes : *trouver* et *suivre*	• L'écologie • L'art • Les préfixes *dé-* et *sur-* • Les adverbes	• La liaison obligatoire • La liaison interdite	• Extrait de : *Chien-Loup* de Serge Joncour **OBJECTIF** • Exprimer une inquiétude
• Le discours indirect : rapporter au présent • La mise en relief • Les verbes : *servir* et *dire*	• L'histoire • Les connaissances • Les verbes introducteurs • Les compléments du nom avec *à*	• La phrase interrogative • L'accent d'insistance	• Extrait de : *Léon et Louise* de Alex Capus **OBJECTIF** • Exprimer une satisfaction
• La nominalisation • La forme passive • Les verbes : *lancer* et *donner*	• Les informations • Les sorties • Le genre des noms • Les nuances de couleurs	• La phrase déclarative et la phrase exclamative • La phrase interrogative et la phrase exclamative	• Extrait de : *Accro !* de Annabel Benhaiem et Laurent Karila **OBJECTIF** • Exprimer une addiction
• La condition et l'hypothèse • Les pronoms relatifs composés • Les verbes : *passer* et *mettre* (et ses dérivés)	• Les nouvelles technologies • Le changement • Le préfixe *auto-* • Des expressions	• L'enchaînement vocalique	• Extrait de : *L'homme qui s'arrêta* de Philippe Curval **OBJECTIF** • Exprimer une envie de vengeance

▶ Piste audio   ▶ Piste vidéo    Activités de médiation

TABLEAU DES CONTENUS

Agir   Coopérer   Apprendre

UNITÉ 8
Aventure
p. 128-143

OBJECTIFS
1. Expliquer une force physique et mentale
2. Comparer des explorations et des stations de ski
3. Exprimer une phobie et une crainte

L'OPINION
Rectifier

➪ MISSION
Ça vous tente ?

MÉDIATION
Donner des consignes simples et claires pour organiser une activité

S'EXERCER p. 142, 143, 183

MÉMO CAHIER
- La Fabrique des mots
Cahier, p. 96
- La Fabrique des textes
Cahier, p. 97

UNITÉ 9
Espace
p. 144-159

OBJECTIFS
1. Exposer des chiffres et une idée
2. Parler de ses origines et de ses racines
3. Rapporter des informations et des propos

L'OPINION
Nuancer un propos

➪ MISSION
T'es dans la lune ?

MÉDIATION
Transmettre des informations factuelles

S'EXERCER p. 158, 159, 183

MÉMO CAHIER
- La Fabrique des mots
Cahier, p. 108
- La Fabrique des textes
Cahier, p. 109

UNITÉ 10
Égalité
p. 160-175

OBJECTIFS
1. Constater une situation et des différences
2. Exprimer des points positifs et des avantages
3. Défendre l'égalité et une cause

L'OPINION
Conclure ses propos

➪ MISSION
On partage ?

MÉDIATION
Demander aux parties d'expliquer leur point de vue et de répondre brièvement à ces explications

S'EXERCER p. 174, 175, 183

MÉMO CAHIER
- La Fabrique des mots
Cahier, p. 120
- La Fabrique des textes
Cahier, p. 121

ÉVALUATION

- 10 bilans linguistiques, *Cahier d'activités*
- 10 préparations au DELF, *Cahier d'activités*
- 10 tests, *Guide pratique de classe*

Épreuve DELF B1 complète *p. 176*

OUTILS DE LA CLASSE

La grammaire et le lexique : des exercices en ➕, p. 184
La phonétique, p. 197

La conjugaison, p. 200
Les transcriptions, p. 202

TABLEAU DES CONTENUS

Grammaire	Lexique	Phonétique	Culture / *livres*
• Le participe présent : faire une relation • Le subjonctif présent (2) : exprimer une peur et une émotion • Les verbes : *vivre* et *se fier*	• L'aventure • La peur • Les dérivations • Le suffixe *-phobe*	• L'enchaînement consonantique	• Extrait de : *Petits crimes conjugaux* de Éric-Emmanuel Schmitt **OBJECTIF** • Exprimer de la confiance
• L'opposition et la concession • Le discours indirect : rapporter au passé • Les verbes : *montrer* et *paraître*	• Le territoire • L'origine • Les expressions chiffrées • Les mots de la même famille	• Les enchaînements • La parenthèse	• Extrait de : *Bienvenue ! 34 auteurs pour les réfugiés* de Alain Mabanckou **OBJECTIF** • Exprimer de la colère
• Le plus-que-parfait : savoir l'utiliser en lien avec l'imparfait et le passé composé • Les doubles pronoms • Les verbes : *savoir* et *assister*	• L'école • L'égalité • Les sigles • Les préfixes *in-* et *im-*	• L'effacement	• Extrait de : *Les victorieuses* de Laëtitia Colombani **OBJECTIF** • Exprimer une fierté

▸ **Flashez les pages**
  › Les audios + les vidéos
  › **80 activités interactives** de lexique et de grammaire

▸ **Un guide pratique de classe**
  › 10 fiches de formation
  › 10 tests
  › 4 jeux à photocopier

BONJOUR / Bienvenue !

Vous avez bien quelques minutes ?

Un geste, un mot, un sourire…
Allez à la rencontre de chaque personne dans la classe, dites-lui « Bonjour ! » et présentez-vous.

1 minute pour sourire

▶ 1 | **Ensemble, regardez la VIDÉO 1.**

Expliquez ce que ressent Bradley Cooper pour la France et la langue française. Et vous, que ressentez-vous ?

UN SON
le youyou

▶ 2 | Écoutez cette expression.

D'où vient le youyou ?
Qui sait le faire ? Partagez votre expression sonore préférée.

LA FABRIQUE DES SONS

▶ 4 | Écoutez.
Quand j'avais dix-huit ans.
Vingt et un ans
Retrouvez les liaisons !

UN MOT

▶ 3 | Écoutez ce document.

Retrouvez et expliquez les mots parfaits. Individuellement, écrivez un ou deux mots parfaits pour vous. En groupes, partagez-les !

On coopère !

En groupes, créez votre podcast.
- un bonjour
- quelques mots parfaits
- une expression sonore

Faites preuve d'enthousiasme !

PAUSE / lecture

LE W

Wally, le Wolof, et Willy, le Wallon, partent pour le week-end à Winchester pour voir un match de water-polo. Ils voyagent de nuit et dorment en wagon-lit.

Lisez cette phrase rapidement à voix haute.
Par deux, trouvez le piège. Puis, imaginez une phrase à partir d'une lettre de l'alphabet.
▶ 5 | Écoutez pour vérifier.

1 minute pour lire ▶ 6

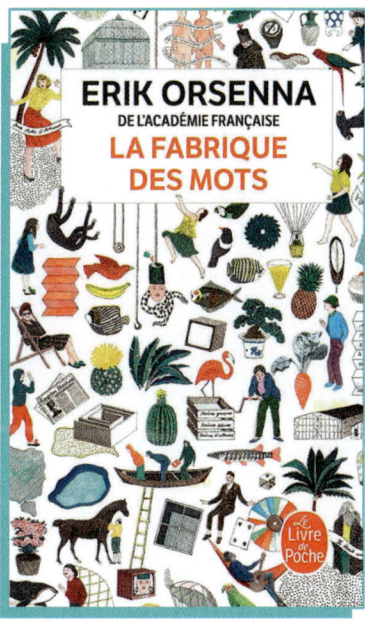

Un mot, c'est comme un nom ou un prénom. Il permet de savoir de quoi on parle. Un cheval n'est pas une vache.
- Les mots sont des armes.
- Ou des déclarations d'amour.
- Des outils pour comprendre.
- Ou pour faire.
- Ou pour refuser de faire.

On ne pouvait plus nous arrêter.
- Les mots sont comme des timbres, des petits tableaux, des résumés.
- Peut-être qu'ils sont nos meilleurs amis !
- En tout cas, ils nous permettent de choisir nos plats au restaurant. Sans eux, on prendrait toujours la même chose.

Erick Orsenna (écrivain français), *La fabrique des mots*, Stock, 2013.

Lisez le texte à plusieurs voix.
Ensemble, expliquez la signification d'un mot.
À quoi servent les mots ?

LA FABRIQUE DE LA GRAMMAIRE

Par deux, cherchez les verbes sur cette double-page et nommez les temps que vous connaissez.

➡ Vérifiez avec le groupe voisin et les **Outils de la classe**, p. 183

On coopère !

En groupes, faites un inventaire.
Un mot, c'est comme :
- un nom
- un prénom
- un timbre
- ...

Soyez créatifs !

treize 13

VOYAGE / francophone

Vous avez bien quelques minutes ?

Une ville, un pays, un continent.

Trouvez quelqu'un, dans la classe, qui est allé ou qui aimerait aller dans les mêmes villes, pays, continents que vous.

Des cartes postales FRANCOPHONES

Quels pays voyez-vous ?
Lisez la carte et vérifiez !
Quel(s) pays francophone(s) aimeriez-vous visiter ? Pourquoi ?

Après la Baie d'Halong, la Louisiane, les plages d'Haïti, nous voici quelques jours en Belgique à Bruxelles où nous visitons le musée de la BD.

La semaine prochaine, nous partons au Sénégal. Ce voyage francophone est un régal !

Bonne année à vous, les amis !

LA FABRIQUE DES MOTS

Les mots en *-ée* sont féminins sauf *un lycée, un pygmée* et *un…*

Trouvez dans la carte postale le mot masculin manquant de la liste et un mot féminin en *-ée*.

On coopère !

Individuellement, écrivez une carte postale à votre professeur pour lui raconter un voyage francophone !

Soyez précis !

PAUSE / *détente*

Une anecdote

© Hergé/Moulinsart 2019

▶7 | **Écoutez ce document.** Vrai ou faux ?
- Le premier album de Tintin date de 1930.
- La houppette symbolise la rapidité.
- Les frères Dupondt ont toujours porté ce nom.
- Ils portent la même moustache.

En groupes, racontez une anecdote sur vous.

la minute ARTISTE

Né à Bruxelles en 1929 de parents flamands, cet artiste belge y a vécu jusqu'en 1955. Qui est-il ?

Parmi ces chansons, laquelle n'est pas de lui ?

Au suivant   *Les bonbons*
Bruxelles   *Les flamandes*
La vie en rose   *Amsterdam*

LA FABRIQUE DES VERBES

porter une moustache / porter un nom
Que peut-on porter d'autres ?

se porter bien / se porter candidat
Comment peut-on aussi se porter ?

Drôle d'époque !

C'était au temps où Bruxelles chantait.
C'était au temps du cinéma muet.
C'était au temps où Bruxelles rêvait.
C'était au temps où Bruxelles brussellait.
 Extrait de *Bruxelles* de Jacques Brel (1929-1978).

Quel verbe est inventé ?

 Le cinéma muet date de :
▶ 1900. ▶ 1930. ▶ 1960.

Le piège

Qu'est-ce qu'un flamand ?
- Un oiseau migrateur.
- Un plat bruxellois.
- Une personne originaire des flandres.

Quel est votre animal préféré ?

On coopère !

En groupes, créez un blind-test de cinq chansons francophones à faire deviner au groupe voisin.

Amusez-vous !

Écoute

n. fém.
se marie bien
avec podcast.

édito

– Savoir écouter, c'est déjà commencer à s'exprimer.
– Que veux-tu dire ?, demande ma fille de 13 ans, les écouteurs à la main.
Assises confortablement sur un banc, dans le jardin, le dialogue commence. Et même s'il n'est pas toujours facile de se comprendre, on a plaisir à se retrouver pour échanger, discuter ou même savourer le silence.

UNITÉ 1

18
SITUATIONS
1. Donner la parole | p. 18
   Donner un conseil | p. 19

2. Expliquer une application | p. 20
   Expliquer une tendance | p. 21

22
LA FABRIQUE | p. 22
AU QUOTIDIEN | p. 23

24
SITUATIONS
3. Parler d'une relation | p. 24
   Parler de l'amitié | p. 25

26
LA FABRIQUE | p. 26
L'OPINION | p. 27

28
L'EXTRAIT | p. 28
LA MISSION | p. 29
Que veux-tu dire ?

30
MÉMO

SITUATIONS ❶

Donner la parole

1. Regardez le DOCUMENT 1. Identifiez les informations de l'affiche : le titre, le sous-titre, le nom du réalisateur, la critique et la photo.

2. ⓐ ▶2 | Visionnez une première fois la VIDÉO 2. Répondez rapidement : où ? qui ? quoi ? pourquoi ? quel objectif ?

ⓑ Présentez cette bande-annonce en groupes.

ⓒ Visionnez à nouveau la vidéo et répondez.
a. Pour quelle(s) raison(s) est-ce que les étudiants veulent prendre la parole ?
b. À votre avis, en quoi consiste l'exercice du « pour ou contre » ?

3. ⓐ Relevez les actions en lien avec la parole. *Exemple : écouter, parler, etc.*

ⓑ Visionnez à nouveau la vidéo et complétez la question du fils et la réponse de la mère :
– Qu'est-ce que vous en pensez du fait que je… ?
– Moi, ce que je veux, c'est que tu…

ⓒ Expliquez la différence entre « tête haute » et « voix haute ».

4. ⓐ 👍 Échangez, en groupes, sur les définitions de la parole. Pour vous, parler, ça veut dire quoi ?

ⓑ Aimeriez-vous participer à ce concours ? Justifiez votre choix.

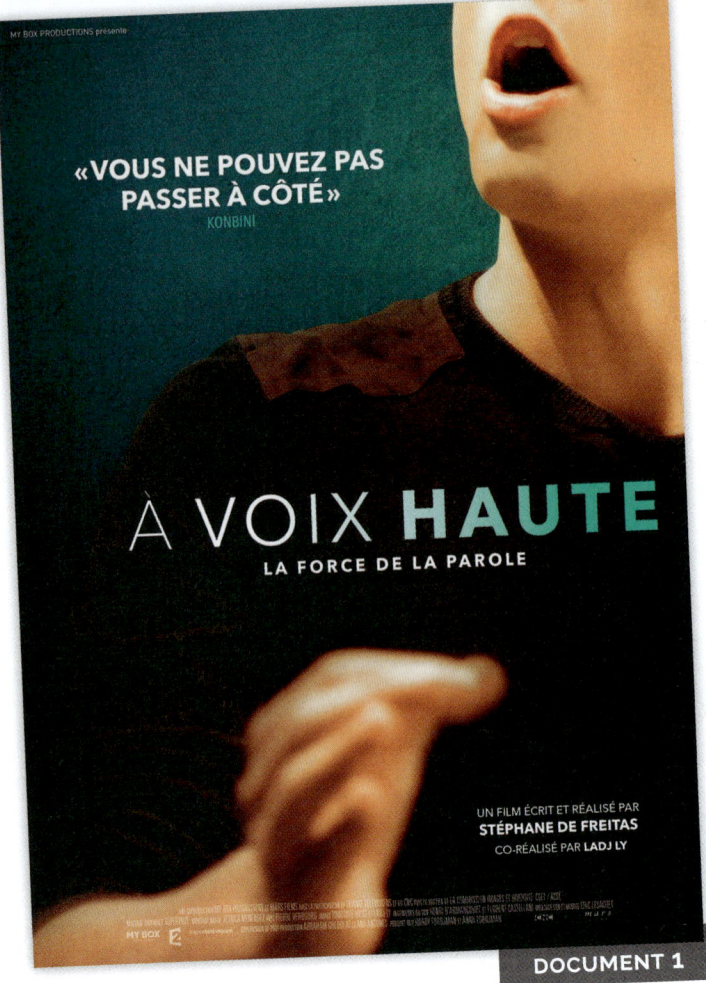

DOCUMENT 1

> **Donner la parole**
>
> Allez, c'est à vous !
> La parole est à…
> Voici venue l'heure de…
> Et vous, qu'en pensez-vous ?
> Que pensez-vous du fait que… ?
> Est-ce que vous êtes prêt ?
> Il y a des questions ?

Eloquentia, c'est un concours ouvert aux étudiants de l'Université Paris 8 Vincennes-Saint-Denis et aux habitants du département de Seine-Saint-Denis qui ont entre 18 et 30 ans.

C'est un programme de quoi ?
▸ De politique publique.
▸ De télévision publique.
▸ D'expression publique.

Donner un conseil

DOCUMENT 2

Kery James, rappeur et comédien

S'exprimer avec aisance à l'oral n'est pas toujours facile. Heureusement, cela s'apprend. *Le Point* vous livre les secrets et conseils des grands orateurs et un mode d'emploi pour prendre la parole et faire entendre votre voix !

Kery James, Alix Mathurin de son vrai nom, 41 ans, est connu pour ses rimes [...] et ses textes [...] politisés*. Il joue sur les mots, les sonorités, le rythme – saccadé** – aussi. Certains moquent son articulation [...] : « *J'ai toujours le souci d'être compris. Il faut que la forme soit intéressante, mais le contenu aussi* », assure-t-il. Kery James n'a jamais dissocié la musique de son rôle politique : « *Le rap est devenu une forme de divertissement, il n'y a plus de place pour la pensée* », regrette-t-il. Alors, dix-sept ans après son premier album, l'artiste s'est lancé [...] dans le théâtre et le cinéma. Depuis deux ans, il joue sa pièce *À vif* [...] : deux avocats s'affrontent sur la responsabilité de l'État dans le sort*** des banlieues [...]

Louis Chahuneau, Hors-Série *Le Point*, avril 2019.

* à caractère politique
** inégal
*** dans l'avenir

---

5. a Lisez l'avant-propos du **DOCUMENT 2**. Nommez l'objectif du Hors-Série *Le Point*.

b Regardez la photo. Lisez le titre et la première phrase. Présentez cet homme.

c Lisez le texte. Dites si ces affirmations sont vraies ou fausses. Justifiez votre choix.
a. Kery James est un homme politique.
b. Pour lui, la langue a une musique.
c. Selon lui, le rap apporte seulement du plaisir.
d. Il a commencé le théâtre avant la musique.
e. Il a écrit une pièce de théâtre.

6. a Retrouvez, dans le texte, des mots liés à la *parole*.

b Pour chaque mot, proposez une définition.
Exemple : Une rime : c'est un son généralement répété à la fin d'une phrase (ou d'un vers) dans un poème.

7. Est-ce que *ces deux phrases* ont le même sens ?
▶ Il faut que la forme soit intéressante.
▶ La forme doit être intéressante.

8. Repérez le verbe *jouer* et sa forme à deux endroits dans le texte.

9. J'agis !

Faites une liste de dix règles à respecter quand on prend la parole devant un public. Utilisez le subjonctif.
Exemple : Il faut que l'orateur regarde son public.

10. On coopère !

Individuellement, écrivez une phrase qui commence par « *Moi, si j'ai envie de parler français, c'est parce que…* ». Votez pour une des phrases et partagez-la à la classe d'une même voix : « *Nous, si on a envie d'apprendre le français…* ».

SITUATIONS 2

Expliquer une application

DOCUMENT 1

Le podcast Émotions
Louie Media
@LouieMedia

Podcast 1

Le podcast Culture Miam

Épisode 6.
L'épopée du beurre de cacahuète et comment il a (peut-être) tué Elvis.

Podcast 2

IL FAUT QU'ON PARLE

Podcast 3

UNE HISTOIRE ET... OLI
france inter

Podcast 4

1. **Regardez le DOCUMENT 1.** À votre avis, de quoi parle chaque podcast ?

2. **a** 🎥8 | **Écoutez le DOCUMENT 2 et donnez des indications sur l'application.**
   a. Comment s'appelle l'application ?
   b. Qui est le cofondateur ?
   c. Que peut-on faire avec cette application ?
   d. Quels types de podcasts est-ce qu'on peut écouter ?

   b Expliquez le fonctionnement de l'application à votre voisin(e).

   c Décrivez les deux exemples : *le cinéma | les poètes.*

3. **a Qu'est-ce qu'un anglicisme d'après vous ? Repérez les anglicismes dans les documents 1 et 2.**

   b Repérez, dans le document 1, le podcast qui porte un nom au subjonctif.

   c 🎥9 | **Écoutez. Vous entendez une pause : entre chaque mot ? entre chaque groupe de mots ?**

4. 👍 **Échangez, en groupes, sur le sens de cette phrase** : Pourquoi est-ce que le podcast est plus libre que la radio ?

Culture +

La radio libre, dans les années 1970, est un mouvement clandestin des radios. Qu'est-ce qu'il exprime ?
▶ Une envie de diffuser la nuit.
▶ Une radio qui peut diffuser n'importe quoi.
▶ Une volonté d'indépendance.

UNITÉ 1

Expliquer une tendance

DOCUMENT 3

Avec le livre audio, leur vie a changé

« Sous l'impulsion du numérique et de la généralisation des smartphones, cette technique a décollé en France il y a 3 ans. Depuis 18 mois, il explose avec des ventes qui ont bondi de 50 % en version dématérialisée (NDLR : à télécharger) », se félicite Paule du Bouchet, présidente de l'Association de promotion du livre audio et directrice éditoriale d'Écoutez Lire, chez Gallimard. Certes, il ne pèse encore que 2 % du marché du livre - contre 10 % aux États-Unis ou en Allemagne. Mais il ne cesse de progresser et l'an dernier 8 millions de Français avaient écouté un ouvrage selon une étude du Syndicat national de l'édition. Un succès porté aussi par le succès des podcasts et un catalogue de près de 8 000 références disponibles.

« Il y a encore peu de temps, c'était inconcevable pour moi, ce n'était pas de la littérature », explique Adeline, 40 ans, dévoreuse de romans et grande sportive. Quand sa sœur lui offre le tome I de *L'amie prodigieuse* d'Elena Ferrante, elle met du temps avant de brancher son casque. « Quelle claque, c'est tellement différent d'un livre papier. On se laisse porter, c'est assez magique ! Je l'ai dévoré en faisant mon jogging ou plutôt mes joggings car il y a plus de 16 heures de lecture ! Depuis, je suis devenue accro. En voiture, dans le métro, même dans mon lit, j'ai toujours un livre dans mon smartphone » [...] confirme Valérie Lévy-Soussan, présidente d'Audiolib, filiale du groupe Hachette.

De son côté Simon, 11 ans, n'a jamais aimé lire [...] Sur les conseils de son institutrice, sa maman achète à son fils le best-seller *La Guerre des clans* d'Erin Hunter en version audio.

« J'ai tout de suite aimé, le disque durait 7 heures et je crois qu'en une semaine, je l'ai fini. Depuis, je lis tout le temps, même des très gros, comme le tome V de Harry Potter qui dure 31 h », raconte, pas peu fier, le petit garçon. « Alors qu'avant, mon fils était assez honteux de ne pas aimer lire. Et moi, cela m'inquiétait », ajoute sa maman.

Sandrine Bajos, leparisien.fr, 13/06/2019.

---

5. **ⓐ Lisez le titre du** DOCUMENT 3 **et proposez des titres pour chaque paragraphe.**

ⓑ Associez des informations à ces nombres :
8 | 31 | 40 | 50 | 8000.

ⓒ Associez une idée à chaque personne. Justifiez vos réponses.

- Paule • • Le livre audio permet de faire plein de choses en même temps.
- Simon • • Le livre audio connaît une progression impressionnante.
- Valérie • • Grâce au livre audio, on peut lire des livres même si on n'aime pas lire !

6. **ⓐ Dans le texte, quels sont les mots ou les pronoms utilisés pour parler du livre audio ?**

ⓑ Proposez une définition pour chaque mot :
brancher | *un casque* | *être accro* | *télécharger* | *dématérialisé*.

ⓒ Retrouvez quatre mots étrangers. Par deux, trouvez une traduction possible ou un équivalent en français.

Expliquer

Là, vous avez…
Cela permet de…
… explique…
Voilà la réponse de…
Voilà pourquoi / comment…
C'est pourquoi…
C'est la raison pour laquelle…

7.  **J'agis !**

Rédigez, sous forme de témoignage, votre tendance personnelle en matière de podcast : habitudes (durée, moment, lieu) et genres d'écoute.

8.  **On coopère !**

En groupes, créez le podcast « Avec le livre audio, leur vie a changé ». Donnez la parole aux membres du groupe qui expliquent leur intérêt pour le livre audio.

LA FABRIQUE

DES MOTS
Les anglicismes

👁 Observez.
un talk | un show | to play | un podcast

⚙ Réfléchissez.
a. Ces mots viennent de quelle langue ?
b. On les appelle comment ?
c. Quelle est leur traduction ?

✏ Appliquez.
1. Retrouvez les anglicismes, dans ce texte québécois.
Hier, je suis allé à un party avec ma gang. Il faisait tellement chaud que l'on a allumé le fan. C'était vraiment l'fun. That's it !

2. Parmi ces paires, retrouvez les mots français et les mots québécois.
a. le week-end – la fin de semaine
b. magasiner – faire du shopping
c. un pull – un chandail
d. une joke – une blague
e. un baladeur – un podcast

DE LA GRAMMAIRE
Le subjonctif présent (1)

👁 Observez.
Je veux que tu sois heureux.
Il faut que le contenu soit intéressant.
Il faut qu'on parle.

⚙ Réfléchissez.
a. Dans chaque phrase, il y a deux verbes.
  ▸ Vrai.   ▸ Faux.
b. Le 2ᵉ sujet est différent du premier.
  ▸ Vrai.   ▸ Faux.
c. Le verbe *parler* est irrégulier.
  ▸ Vrai.   ▸ Faux.

✏ Appliquez.
1. Cherchez les formes irrégulières de ces verbes au subjonctif.
être > …   avoir > …
faire > …   aller > …
vouloir > …   pouvoir > …

2. Par deux, rédigez quelques réponses à la question : Que faut-il faire pour créer un bon podcast ? **Utilisez le subjonctif.**

DES VERBES
Jouer

👁 Observez.
jouer une pièce   jouer sur les mots
jouer au football   jouer du piano

⚙ Réfléchissez.
On utilise la préposition :
– … ➜ avec un instrument de musique
– … ➜ avec un sport à balle, un jeu
– … ➜ pour le langage

✏ Appliquez.
Complétez les phrases.
Mon frère joue … rugby et joue … la batterie alors que ma sœur joue … guitare et joue … tennis. Moi, quand je ne joue pas … cartes, je joue … saxophone !

DES SONS
Rythme : le groupe rythmique

👁 ▶10 | Écoutez et observez.
On trouve des podcasts // comme ceux de Radiofrance, // des podcasts // comme ceux de la concurrence, // des podcasts // indépendants.

⚙ Réfléchissez.
a. Il y a combien d'idées ? Combien de groupes de mots ?
b. Où est-ce qu'il y a une pause, une respiration ?

✏ Appliquez.
Imaginez trois idées de podcasts. Partagez-les avec la classe en faisant **une pause entre chaque groupe de mots.**

UNITÉ 1

Au quotidien

Ces phrases que vous entendrez forcément.

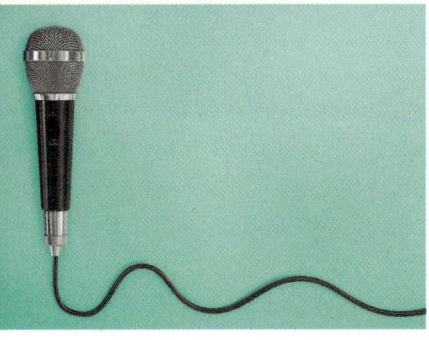

- On va écouter quelqu'un parler de…
- Mais, tu m'écoutes ?
- Que veux-tu dire ?
- Excusez-moi, je n'ai pas entendu !
- Tu as bien dit que… ?
- Chut !
- Tu peux répéter, s'il te plaît ?
- Qu'est-ce que vous entendez par là ?
- Vous pourriez parler moins fort ?
- Excusez-moi, je n'ai pas compris.
- Vous comprenez ce que je veux dire ?
- Si j'ai bien compris…
- Un peu de silence, s'il vous plaît !

1. COMPRENDRE

▶ 11 | Écoutez les situations. Indiquez le contexte et ce que demande chaque personne.

2. SE PRÉPARER

Individuellement, lisez les phrases et classez-les selon ce qu'elles expriment :
- ▸ Inviter à se taire ou à parler moins fort.
- ▸ Dire qu'on n'a pas compris / pas entendu.
- ▸ Faire préciser une idée.

3. AGIR

a. Par deux, choisissez :
- ▸ un contexte : *à la bibliothèque, au cinéma, à un cours, dans une salle de réunion, dans le salon, dans le métro, à la radio…*
- ▸ un personnage : *un conférencier, un spectateur, un collègue, un inconnu, une star, un professeur, un ami…*

Jouez une discussion entre deux personnages.

b. Un troisième personnage vient perturber la discussion. Réagissez !

Stratégie
Lors d'une discussion, vous pouvez être gêné(e) par un bruit extérieur. Pensez à réagir !

Imaginer

Vous vous réveillez un matin. Pas un scooter, pas une voiture, pas de taxi ni de bus dans les rues. Le silence est complet, exactement comme le Nyepi à Bali, pendant la nouvelle année. Quels premiers sons et bruits de la nature aimeriez-vous entendre ? Listez-les !

SITUATIONS ❸

Parler d'une relation

DOCUMENT 1

Valérie et Emmanuelle, 50 ans

Cela fait 45 ans qu'on se connaît: nos parents étaient les tout premiers habitants d'un immeuble qui venait d'être construit. Nous y avons pris racine ensemble, en même temps que nos mères voisinaient. C'est comme ça qu'est née « notre bande des quatre ». Des liens solides se sont tissés entre nous, mais aussi entre nos familles. Karine et Laurence, qui sont sœurs, sont parties plusieurs années vivre à l'étranger. Nous avons continué sans elles mais quand elles sont revenues vivre dans le même quartier, nous nous sommes retrouvées [...] On fait toutes partie de la vie de chacune, depuis toujours. On se connaît presque par cœur, on n'a pas besoin de s'expliquer en long et en large. On connaît nos parents, nos histoires familiales, on sait d'où on vient [...] On a les mêmes souvenirs... On ne se ressemble pas du tout. C'est pour ça que ça marche si bien. Chacune d'entre nous a sa propre vie, ses propres amis, son propre parcours, son conjoint – ou pas –, ses enfants. Ils se connaissent, tous, et s'aiment bien mais nous avons cette amitié en commun qui nous relie et qui nous appartient, à nous quatre. C'est fluide, vivant, adaptable. On n'a rien fait de très dingue ensemble, à part s'aimer depuis quarante-cinq ans [...]

Propos recueillis par Valérie Perronet
Dossier « L'amitié, comment cultiver de vrais liens », *Psychologies Magazine*, mai 2019.

1. SEUL

a Regardez la photo, le titre et la source du DOCUMENT 1. Quelle relation cultivent ces femmes?

b Lisez l'article et répondez aux questions.
a. À quel âge a commencé leur amitié?
b. Où habitaient-elles quand elles étaient petites? Et aujourd'hui?
c. Qui fait partie de « la bande des quatre »? C'est quoi, une bande?
d. Pour vous, quel mot est le plus adapté à leur amitié: la simplicité, l'authenticité, l'égalité?

2. EN GROUPES

a Justifiez votre choix de mot auprès du groupe: simplicité, authenticité, égalité.

b Expliquez ce que ces mots ont en commun: *voisiner, relier, tisser des liens*.

c Ensemble, retrouvez:
a. l'expression avec *prendre*.
b. les phrases avec *tout*, *toutes*, *tous* dans le texte. Lesquels sont des adverbes? Des pronoms? Des adjectifs?
c. l'adjectif en *–able*.

3. EN CLASSE

« C'est fluide, vivant, adaptable ». Ensemble, sélectionnez trois adjectifs pour décrire une relation amicale.

Qu'est-ce qu'un **conjoint**? ▶ Une personne unie à une autre.
▶ Une profession.
▶ Un collègue de travail.

On parle aussi de « mari » ou « femme » dans le cas d'un mariage; d'un « partenaire » dans le cas d'une union libre et d'un(e) « petit(e) ami(e) » dans le cas d'un amour naissant.

Parler de l'amitié

UNITÉ 1

DOCUMENT 2

 LE POSTE GÉNÉRAL — **ON AIR** JE DISCUTE

LES INTERVIEWS ENFANTINS
DE MONSIEUR BARBARIN

LES MEILLEURES AMIES DU MONDE

LES ÉPISODES

▶ LES MEILLEURES AMIES DU MONDE 06:53
06:10

Une radioscopie de Lola et Amanda, meilleures amies

CRÉDITS : CRÉATION VINCENT MALONE
RÉALISATION ET PRODUCTION : VINCENT MALONE POUR LE POSTE GÉNÉRAL
MERCI À LÉNA LEBRAS QUI M'AMÈNE TOUS LES MERCREDIS CES CHARMANTS ENFANTS, ET MERCI À AMANDA ET LOLA, LEURS FAMILLES, LEURS COPINES, ETC. ILLUSTRATION MUSICALE : DROITS RÉSERVÉS

---

4. Regardez le DOCUMENT 2.

a Expliquez ce qu'est « Le poste général ». Quels indices vous aident à le savoir ?

b Nommez : le nom de l'émission, le nom et la durée de l'épisode, le nom des deux personnes interviewées.

5. a 📱12 | Écoutez le DOCUMENT 3 et présentez les filles, leur relation et leurs goûts.

b Écoutez à nouveau et répondez.
a. C'est quoi l'amitié ? Comment se passe une amitié ?
b. Quels conseils donnent-elles ?

6. a Observez ces phrases et distinguez le **pronom indéfini** de l'**adjectif indéfini**.
▸ On peut se raconter plusieurs choses.
▸ On ne va pas lui dire tous nos secrets.
▸ On partage tout.

b Retrouvez, dans l'interview, l'adjectif en *–able*.

c 📱13 | Écoutez. Vous entendez un accent tonique : sur la première syllabe des groupes de mots ? sur la dernière syllabe des groupes de mots ?

> **Parler de l'amitié**
>
> On se connaît depuis…
> On se connaît par cœur.
> On partage tout.
> C'est pour ça que ça marche.
> On (ne) se ressemble (pas).

7. 🔊 | J'agis !

Vous participez à l'émission de Monsieur Barbarin. Vous parlez d'une relation d'enfance que vous avez eue : naissance, goûts, moments vécus.

8. ✏️ | On coopère !

En groupes, faites l'inventaire des éléments indispensables à l'amitié. Puis, chaque membre du groupe rédige une courte description d'un élément. Objectif : participer au dossier spécial « L'amitié, comment cultiver de vrais liens ».

LA FABRIQUE

DES MOTS
Le suffixe -able

Observez.
C'est adaptable.   C'est agréable.

Réfléchissez.
Le suffixe en –able sert à former des adjectifs à partir de verbes.
a. Quels sont-ils, ici ?
b. Ce suffixe exprime quoi, ici ?

Appliquez.
1. Formez des adjectifs à partir de ces verbes.
vendre ➜ …   partager ➜ …
jouer ➜ …   critiquer ➜ …
remarquer ➜ …   remplacer ➜ …
expliquer ➜ …   communiquer ➜ …

2. a. Attribuez un contexte à ces adjectifs.
- discutable • • immobilier
- mangeable • • vêtement
- lavable • • débat
- logeable • • alimentation

b. Imaginez des phrases du quotidien avec ces quatre adjectifs.

DE LA GRAMMAIRE
Les indéfinis (pronoms *vs* adjectifs)

Observez.
On fait toutes partie de la vie de chacune.
Ils se connaissent tous.
On partage tout. On peut se raconter plusieurs choses.

Réfléchissez.
a. Quels indéfinis sont des pronoms ? Des adjectifs ?
b. Comment se prononce l'adjectif « tous » ? Le pronom ?
c. Quels autres indéfinis connaissez-vous ?

Appliquez.
1. Complétez les phrases avec : *tous, chaque, plusieurs, aucun*.
a. Des amis ? Je n'en ai … .
b. … membre du groupe est mon ami.
c. J'ai … amis d'enfance.
d. Je la vois … les jours.

2. À l'écrit, décrivez une relation que vous avez. Utilisez cinq adjectifs indéfinis et trois pronoms indéfinis.

DES VERBES
Prendre

Observez.
prendre racine
prendre la parole
prendre part à une conversation

Réfléchissez.
La racine, c'est la partie inférieure d'une plante. À votre avis, que signifie « prendre racine » ? Est-ce synonyme des deux autres expressions ?

Appliquez.
Trouvez le contexte pour chaque phrase.
a. Je te prends en passant !
b. Elle a pris à pique ou à cœur ?
c. Prenez à gauche !
d. Est-ce que vous prenez un abonnement ?
e. Il va bientôt prendre congé.

DES SONS
Rythme : le groupe rythmique et la syllabe accentuée

▶ 14 | **Écoutez et observez.**
Les shorts, // les tee-shirts à manches courtes, // les tee-shirts à manches longues.

Réfléchissez.
a. Il y a combien de groupes de mots ?
b. Quelles syllabes sont accentuées ?

Appliquez.
Qu'est-ce que vous aimez ? Faites une liste de cinq choses.
Prononcez-les en marchant : faites un pas plus grand à la fin de chaque idée, de chaque groupe de mots.

UNITÉ 1

L'opinion

Ces opinions qui vous font réagir.

Quand tu parles et que les gens t'écoutent, t'as l'impression que tu peux conquérir le monde.

Le rap est devenu une forme de divertissement : il n'y a plus de place pour la pensée.

Il faut que la forme soit intéressante mais le contenu aussi.

La parole, c'est une arme qui me permet de me défendre.

Le podcast, c'est la voix de la liberté.

Parler ne veut pas dire dire n'importe quoi.

On ne se ressemble pas du tout : c'est pour cela que ça marche si bien.

Être ami, c'est ne pas dire des choses méchantes sur les gens.

Le plus agréable, c'est d'avoir confiance en son ami.

1. SEUL

Lisez ces opinions.
Vous êtes d'accord avec laquelle ?
Sélectionnez une opinion et écrivez quelques idées pour préparer la discussion.

2. EN GROUPES

a. Regroupez-vous par opinion partagée ou sujet de discussion (parole, podcast, amitié). Nommez un rapporteur.
b. Discutez de ce que vous avez écrit.
c. Exprimez votre approbation.

3. EN CLASSE

En classe, le rapporteur a 5 minutes pour rapporter à la classe le contenu de la discussion de l'activité 2.

Attention : « Il faut que la forme soit intéressante aussi ». Décidez d'une manière originale de rapporter (idées : debout sur une chaise comme un crieur public ; par deux, l'un derrière l'autre : le premier parle, le deuxième gesticule…).

Exprimer son approbation	
Effectivement.	Bien sûr !
Tout à fait !	C'est bien ça.
Absolument !	Exactement !
En effet.	C'est ça.

Se détendre

Guide pratique de classe

Vous allez jouer au jeu « C dans le sac ! ».
Piochez cinq lettres et faites le maximum de mots avec ces lettres en un temps record !

L'EXTRAIT ▶15

Esther, une bibliothécaire déterminée, fait découvrir la magie de la lecture à des enfants gitans*. Elle leur lit des livres et découvre, chez ces gens, une chaleur et une tendresse particulières : l'humanité !

5 L'étrangeté des mots captivait les adultes autant que les petits. Esther ressentait un trouble à être ainsi observée […] Lorsqu'elle s'interrompait 10 trop longtemps, les enfants lui disaient : Allez ! Lis ! Lis ! […] Et c'était ce qu'elle faisait […] Elle allait dans les textes, un mot après l'autre, chaque 15 phrase isolée, bien prononcée pour qu'ils ne manquent rien, qu'ils trouvent ce plaisir de croire à une histoire. À la fin Anita, la plus grande, demandait 20 immanquablement : mais c'est quoi ce truc ? Elle était troublée […]
Elle était devenue un plaisir de leur vie […] Les enfants l'attendaient. Les parents lui parlaient. Elle ne posait jamais de question, elle écoutait […] De tout l'automne, 25 Esther ne manqua pas un mercredi. Elle arrivait à onze heures. Elle lisait les histoires aux enfants et elle écoutait les parents. La grand-mère était sa favorite. Dès que les enfants quittaient Esther, la vieille s'en approchait. « Mais cela, lut Esther, les enfants ne pouvaient l'entendre ni 30 le comprendre et c'était bien ainsi, car les enfants ne doivent pas tout savoir. » Ah ! Ah ! fit Sandro. J'aime pas cette histoire, dit Michaël […]

Alice Ferney (écrivaine française), *Grâce et dénuement*, Actes Sud, 1997.

* des gens (du voyage) qui se déplacent dans des caravanes de campement en campement

1. OBSERVER
Lisez l'introduction et complétez la phrase : *C'est l'histoire d'une femme…*

2. RÉAGIR
Lisez l'extrait. Quelle phrase est la plus importante, pour vous ? Comparez avec votre voisin(e).

▸ **Individuellement**

a. Décrivez le contexte : où ? qui ? quoi ? quand ?

b. Qui est la personne préférée d'Esther ? Imaginez pourquoi.

▸ **En groupes**

c. Expliquez la phrase : « L'étrangeté des mots captivait les adultes autant que les petits. » Pourquoi est-ce que les mots sont étranges ?

d. Retrouvez le mot « trouble » deux fois dans l'extrait. Quel est ce trouble ? Expliquez.

e. Que pensez-vous de cet extrait ? Indiquez votre mot préféré dans le texte à votre voisin(e) qui exprime la surprise.

> **Exprimer une surprise**
>
> Mais c'est quoi, ce truc ?
> Pas possible ?
> Ah bon ? Vraiment ?
> Incroyable !
> Ça alors !
> Ah ! Ah ! C'est une blague ?
> C'est pas vrai ?
> Tu rigoles ?

3. RÉDIGER
Rédigez une liste de dix conseils à donner aux enfants pour lire.

Aide à l'écriture
En groupes, échangez vos idées. Prenez des notes.
Individuellement, choisissez parmi ces conseils et personnalisez-les avec des détails (couleurs, émotions, adjectifs).

UNITÉ 1

#LaMinuteCulturelle

Créer un audio livre

▶ **Vous avez 2 minutes ?**

Installez-vous dans une pièce calme et lisez à voix haute un extrait de roman.

▶ **Vous avez 5 minutes ?**

Enregistrez votre lecture à voix haute sur votre smartphone et partagez-la à votre voisin(e).

▶ **Vous avez 15 minutes ?**

Écoutez un extrait de livre audio enregistré(e) par une voisin(e) de votre classe. Puis, demandez-lui d'expliquer le choix de l'extrait et donnez-lui des conseils pour un prochain enregistrement.

Mission

La question #1
Que veux-tu dire ?

MÉDIATION

Se conduire de façon positive et reconnaître les conseils du groupe.

 10 minutes / personne

 Intra-groupe

 Faire un monologue devant un public

 Sourire

Vous devez faire une présentation en français devant un public. Vous êtes stressé(e). Avant de penser à la grammaire ou au lexique, vous devez penser à votre attitude. Entraînez-vous !

 Une personne du groupe tire un sujet au sort. Elle a deux minutes pour réfléchir à ce qu'elle va dire. Avant de commencer, elle inspire et expire doucement, se met debout, face au groupe et sourit.

 La personne commence son monologue. Elle a trois minutes. Le groupe la déconcentre (rire, faire du bruit, jouer avec le téléphone…) et peut poser une question comme « Que veux-tu dire ? ». La personne doit conserver une bonne attitude et **expliquer** à nouveau, si besoin.

 À la fin, le groupe échange pour **donner des conseils** (voix, regard, gestuelle, attitude, etc.) à la personne qui prend des notes pour la prochaine fois.

→ Outils de la classe p. 183   → Cahier p. 12-13

Stratégie

Ensemble, lisez ces mots à voix haute. Vérifiez leur compréhension. Mémorisez-les !

La parole

Écouter

audio > un auditeur
l'écoute > des écouteurs
un podcast, un livre audio

écouter avec attention = attentivement
écouter un son
entendre un bruit
être à l'écoute
ouvrir grand ses oreilles

Parler

articuler > l'articulation
convaincre son public
s'exprimer > l'expression
s'exprimer avec aisance ≠ avec difficulté
parler > la parole
parler avec éloquence
parler à voix haute ≠ à voix basse
prendre ≠ donner la parole

L'amitié

Une relation

un(e) ami(e) = un(e) copain(ine) = un pote (fam.)
une relation amicale = une amitié

se connaître par cœur
(bien) s'entendre ≠ se disputer
se rencontrer = faire connaissance
se ressembler = être pareil
ressentir > un sentiment = une émotion
tisser des liens = se lier d'amitié

Discuter entre amis

un mot > une phrase > un texte > une histoire
(être) timide ≠ bavard

se confier à quelqu'un
se dire des choses = échanger
(beaucoup) discuter = bavarder
pleurer = chialer (fam.)
se raconter / partager un secret
rire = rigoler (fam.) = s'amuser

1. **Cachez le lexique. Vrai ou faux ?**
   a. Je peux écouter un bruit.
   b. Quand j'ouvre grand la bouche, j'articule.
   c. Quand j'ouvre grand mes oreilles, j'écoute avec attention.
   d. « Chialer » signifie « rire ».
   e. Les écouteurs sont des personnes qui écoutent.

2. **Cachez le lexique. À vous de jouer !**
   Voici trois mots à compléter en retrouvant le début commun et un mot mystère à découvrir à la fin.

   ...lation   ...ler   ...motion
   ...ssentir   ...ole   ...couteur
   ...ssembler   ...tager   ...changer

   Mot mystère : _ _ _ _ _ _ R
   Aide pour trouver le mot mystère : *J'ai cassé mes écouteurs : je dois absolument les _ _ _ _ _ _ _ ou en acheter d'autres.*

UNITÉ 1

Le subjonctif (1)

➡ se forme :
- à partir de la base du verbe à la 3ᵉ pers. du pluriel de l'indicatif présent :
que je prenne, que tu prennes, qu'il/elle prenne, qu'ils/elles prennent
- sauf pour nous / vous :
nous prenions, vous preniez

➡ peut exprimer :
- une nécessité : *il est nécessaire que ; il est indispensable que ; il faut que ; il vaut mieux que ; il est important que…*
- une volonté : *vouloir, exiger, ordonner, désirer, demander, souhaiter…*

Les adjectifs et pronoms indéfinis

➡ expriment une certaine quantité.
➡ Les adjectifs complètent un nom.
Aucun apprenant n'a fait son travail. (= 0 %)
Quelques (= 25 %) / Plusieurs (= 75 %) apprenants l'ont fait.
Tous les apprenants ont fait leur travail. (= 100 %)

➡ Les pronoms remplacent un nom.
Ils ont tous fait leur travail.
Elles sont toutes sérieuses.
Certains l'ont fait et d'autres, non.
Chacun(e) a eu un travail à faire.

1. a Lisez le verbe conjugué.
comprennes | comprenions | compreniez | comprennent
a. Quelles sont les deux formes manquantes ?
b. Quelles sont celles identiques à l'imparfait ?
c. Quelle est celle identique au présent de l'indicatif ?

b Selon le même principe, conjuguez : *parler, écouter, échanger, connaître, donner.*

2. a. Cherchez la forme irrégulière des verbes suivants.
être | avoir | savoir | pouvoir | aller
b. Puis, proposez cinq conseils avec ces verbes pour avoir une bonne relation amicale.
Exemple : Il faut que vous soyez honnête !

1. a a. Classez ces mots du plus grand au plus petit.
aucun | tous | quelques-uns | plusieurs
b. Quel est le mot qui exprime une négation ?
c. Quel est le mot qui est invariable ?
d. Quels sont les mots qui ne sont jamais singuliers ?

b Complétez le texte.
Eloquentia ? … les candidats présentent leur texte demain mais je pense que Paul n'a … chance d'y arriver. Depuis … mois, les candidats s'entraînent. À la fin de la présentation, il n'en restera plus que … .

2. Par deux, imaginez des slogans fous pour le concours d'Eloquentia.
Exemple : Un pour tous, tous pour un !
À chacun sa chance !

Rythme : le groupe rythmique ▶16

➡ On prononce chaque groupe de mots, chaque idée dans une seule respiration.

➡ On fait une pause entre chaque groupe de mots.
Vanessa, • c'est ma meilleure amie • depuis le collège.

Rythme : la syllabe accentuée ▶18

À la fin de chaque groupe de mots, il y a un accent tonique : la dernière syllabe est plus forte et plus longue.

*Vane**ssa**, c'est ma meilleure a**mie** depuis le co**llège**.*

1. ▶17 | Écoutez et séparez chaque groupe de mots.
a. Avec mes parents, on échange toutes les semaines.
b. Il m'a raconté un secret, l'autre jour.
c. J'aime échanger, discuter, partager avec les gens.
d. Je vous donne la parole, un instant !

2. ▶19 | Écoutez et répétez. Attention à la syllabe accentuée !
a. Avec mon père, on s'entend bien !
b. Avec ma mère, on se connaît par cœur !
c. Avec ma sœur, on se téléphone tous les jours.
d. Avec mes amis, j'aime parler de cinéma, de théâtre, de sorties…

trente et un | 31

Travail

n. masc.
n'est pas forcément
intellectuel.

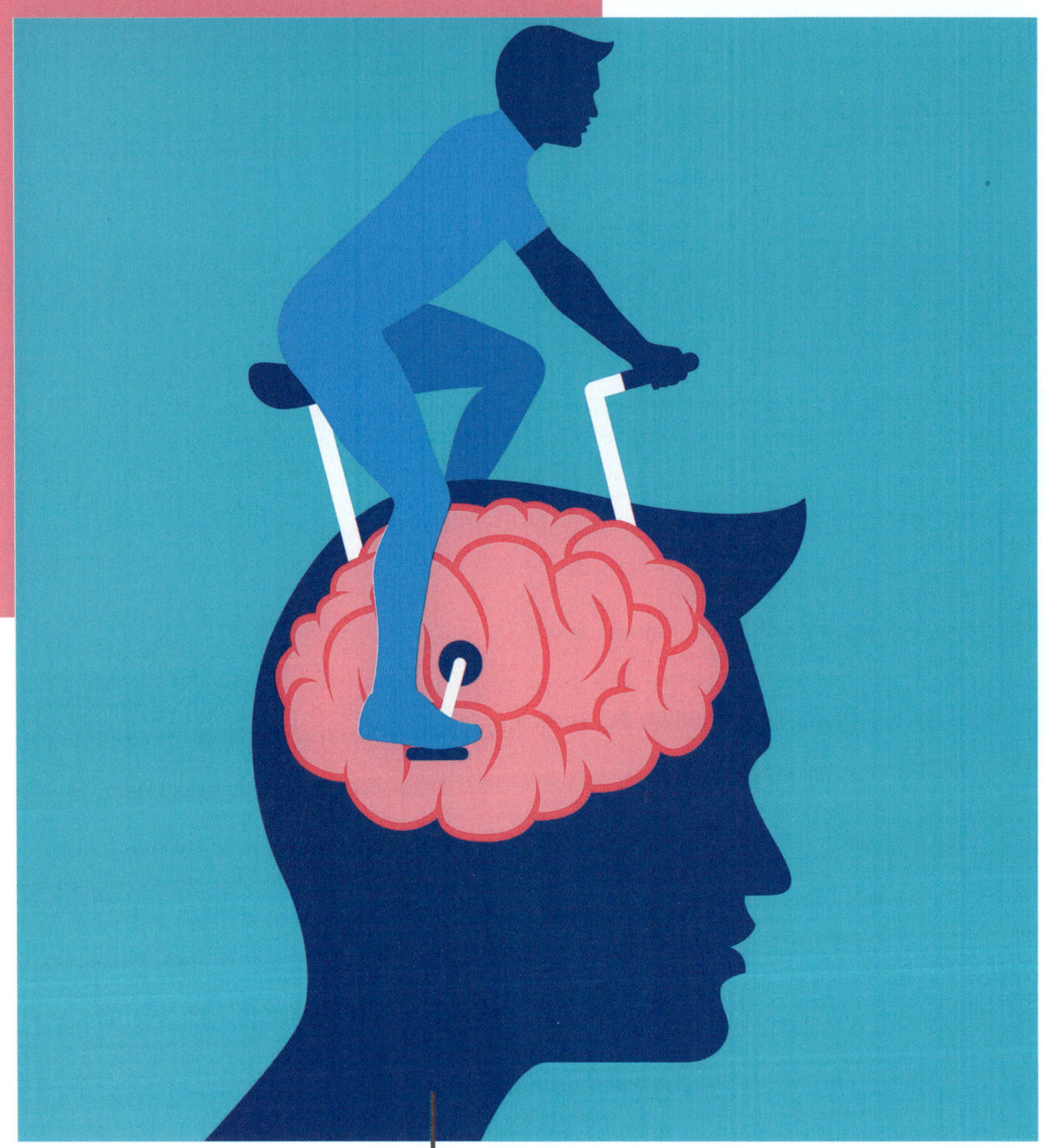

édito

Demander à un inconnu ce qu'il fait dans la vie, c'est comme lui demander comment il va. « Tu fais quoi dans la vie ? » est une question typiquement française et franchement banale. On passe un tiers de notre vie à bosser. Alors, le travail, c'est forcément plus qu'un gagne-pain !

UNITÉ 2

34
SITUATIONS

1. Présenter une entreprise | p. 34
   Présenter son travail | p. 35

2. Décrire une photo | p. 36
   Décrire son environnement de travail | p. 37

38
LA FABRIQUE | p. 38
AU QUOTIDIEN | p. 39

40
SITUATIONS

3. Parler de clichés | p. 40
   Parler de son métier | p. 41

42
LA FABRIQUE | p. 42
L'OPINION | p. 43

44
L'EXTRAIT | p. 44
LA MISSION | p. 45
Tu fais quoi dans la vie ?

46
MÉMO

SITUATIONS ❶

Présenter une entreprise

DOCUMENT 1

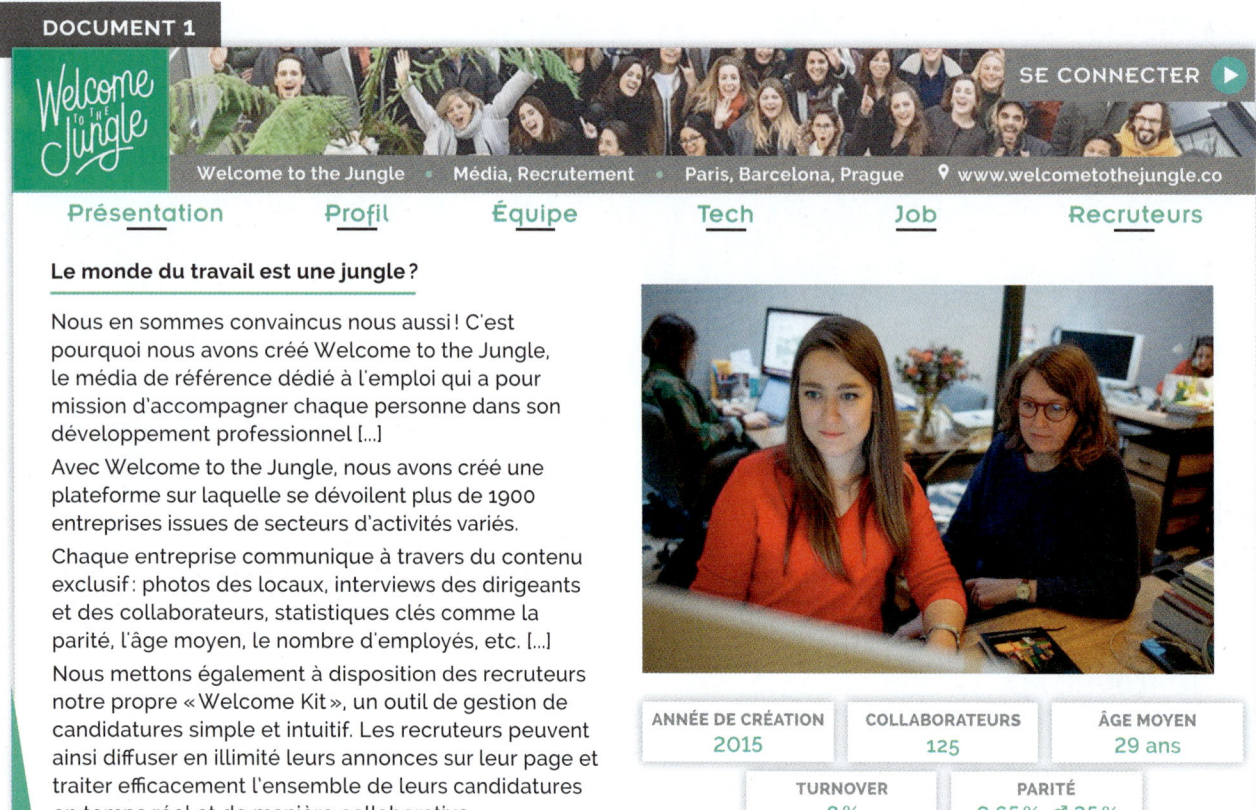

Welcome to the Jungle • Média, Recrutement • Paris, Barcelona, Prague • www.welcometothejungle.co

Présentation   Profil   Équipe   Tech   Job   Recruteurs

Le monde du travail est une jungle ?

Nous en sommes convaincus nous aussi ! C'est pourquoi nous avons créé Welcome to the Jungle, le média de référence dédié à l'emploi qui a pour mission d'accompagner chaque personne dans son développement professionnel [...]

Avec Welcome to the Jungle, nous avons créé une plateforme sur laquelle se dévoilent plus de 1900 entreprises issues de secteurs d'activités variés.

Chaque entreprise communique à travers du contenu exclusif : photos des locaux, interviews des dirigeants et des collaborateurs, statistiques clés comme la parité, l'âge moyen, le nombre d'employés, etc. [...]

Nous mettons également à disposition des recruteurs notre propre « Welcome Kit », un outil de gestion de candidatures simple et intuitif. Les recruteurs peuvent ainsi diffuser en illimité leurs annonces sur leur page et traiter efficacement l'ensemble de leurs candidatures en temps réel et de manière collaborative.

ANNÉE DE CRÉATION	COLLABORATEURS	ÂGE MOYEN
2015	125	29 ans

TURNOVER	PARITÉ
8 %	♀ 65 % ♂ 35 %

---

1. ⓐ Regardez le bandeau du DOCUMENT 1. Quelle est votre première impression sur cette entreprise ?

ⓑ Identifiez rapidement les informations de l'entreprise : le nom, le domaine professionnel, les lieux, le nombre et l'âge moyen des collaborateurs, l'année de création, la proportion hommes-femmes.

2. Lisez le texte de présentation. Répondez aux questions.

a. Quel est l'objectif de cette entreprise ?
b. Pour atteindre cet objectif, qu'ont-ils mis en place ?
c. Comment est-ce que le recrutement fonctionne ?

3. ⓐ Dans le texte, repérez l'utilisation du verbe *mettre*.

ⓑ Observez les adjectifs.
▶ *un outil de gestion simple et intuitif*
▶ *du contenu exclusif*

a. Quelle est leur place ?
b. Mettez ces adjectifs au féminin.

4. ⓐ 👉 **Échangez, en groupes, sur la mission de cette entreprise.**

ⓑ Donnez votre opinion : est-ce que vous pensez que le monde du travail est une jungle ? Justifiez votre réponse.

En France, **la loi sur la parité dans les entreprises** (2014) oblige à une mixité dans les métiers. Quel est l'objectif à atteindre d'ici 2025 ?
▶ 1/3 de métiers mixtes.   ▶ 1/2 de métiers mixtes.   ▶ 3/4 de métiers mixtes.

Présenter son travail

UNITÉ 2

DOCUMENT 2

Rencontrer Bertrand, co-founder

Rencontrer Anne-Claire, Head of Production

5. Regardez les visages, les couleurs et les éléments matériels du DOCUMENT 2. Quelle est votre première impression ?

6. Lisez les titres sur les photos. Comment traduire, en français, les deux professions nommées ? Proposez des idées et mettez en commun.

7. ▶20 | **Écoutez le DOCUMENT 3. Puis, répondez aux questions.**
   a. Quel est le métier de Bertrand ?
   b. Que faisait-il avant ?
   c. Quel objectif s'est-il fixé ? Pourquoi ?
   d. Quel est le mot-clé lié au recrutement dans l'entreprise ?
   e. Quelles sont les trois conditions pour travailler dans cette entreprise ?

8. Écoutez à nouveau. Quelles sont les compétences et qualités dont parle Bertrand ? Justifiez les affirmations suivantes.
   a. L'entreprise a des attentes impératives.
   b. Chacun peut imaginer de nouvelles solutions.
   c. L'entreprise est prête à voir les choses autrement.
   d. L'entreprise a envie de défis.

9. ▶21 | **Écoutez. Après quels mots Bertrand hésite-t-il ?**

> **Présenter son travail**
>
> Je suis…
> Je travaille chez… / dans…
> Chez…, il y a…
> Alors, moi, mon métier, c'est…
> Mon objectif, c'est de…
> On est très… chez…
> Pour nous, c'est important de…

10. | J'agis !

Vous êtes salarié(e) de Welcome to the Jungle. Vous êtes chef(fe) de production. Vous listez vos tâches et présentez brièvement votre job.

11. | On coopère !

En groupes, discutez des qualités entrepreneuriales qui ont de la valeur à vos yeux. Objectif : vous mettre d'accord sur trois qualités à mettre en valeur. Présentez ces trois qualités au groupe voisin et justifiez votre choix.

trente-cinq **35**

SITUATIONS ❷

Décrire une photo

DOCUMENT 1

© Steve McCurry/Magnum Photos,
Pêcheurs sur la côte de Weligama, Sri Lanka, 1995.

DOCUMENT 2

© Jean-Michel Turpin - *Usine d'électroménager*, Shanghai, Chine, 2006.

1. **Regardez les DOCUMENTS 1 ET 2.** Répondez aux questions : qui ? quoi ? où ? quand ? à quelle occasion ?

2. **Chacun votre tour, dites ce que vous voyez sur les photos** : hommes, femmes, mer, couleurs…

3. ⓐ ▶22 | Écoutez le DOCUMENT 3 et indiquez de quelle photo l'homme parle.

   ⓑ Donnez des informations sur la photo : quoi ? où ? qui ? quel type de travail ?

   ⓒ Quels sentiments ressent l'homme à regarder cette photo ?

4. ⓐ Quels sont les mots-clés liés au **travail** ?

   ⓑ Repérez les **adjectifs** du travail, de la femme et de l'espace.

5. ▶23 | Écoutez. Quel petit mot Youen utilise-t-il quand il hésite ?

6. **En groupes, les uns après les autres, rédigez une phrase pour décrire, avec précision (avec des adjectifs), une photo liée au travail. Qui écrira la dernière phrase ?**

> **Décrire une photo**
>
> Quand je regarde cette photo, je vois…
> On observe / On distingue / On remarque…
> J'ai l'impression de voir…
> J'ai l'impression qu'elle n'a pas…
> Les gens ont l'air + *adjectif*
> Ça me / nous fait penser à…
> Cette photo éveille en moi / nous des sentiments / émotions…

UNITÉ 2
Décrire son environnement de travail

DOCUMENT 4

J'arrive sur le quai en avance. Il est 5 h 40. Il fait encore nuit, le thermomètre indique 6 degrés et dans la rue, la rosée recouvre les capots de voiture [...] Je suis dans le port du Guilvinec, en terre bigoudène, tout au sud du Finistère. Nous sommes le quatrième mardi d'octobre [...] J'embarque pour trois jours à bord du Cap Coz III afin d'y travailler comme marin pêcheur. Le Cap Coz pêche la langoustine toute l'année [...] Je ne connais rien à la mer ni à la pêche professionnelle. Sur le parking, j'enfile la paire de bottes que j'ai apportée. Je porte un jean, deux épaisseurs de pull et un K-way [...] Une tête coiffée d'une casquette émerge du pont, les yeux pochés de fatigue et les yeux rougis par le froid. C'est Jean-Marie, l'employé de Serge. Il a dépassé les 50 ans. Il est grand, costaud, et porte un pull vert olive. On se serre la main. Serge n'est pas encore arrivé, me souffle-t-il. Jean-Marie disparaît dans le ventre du bateau. Je reste sur le pont [...] Il revient : « Mets tes affaires à l'intérieur ». L'« intérieur » du bateau consiste en trois fois rien : un petit espace cuisine, un coin couchettes en fond de cale, la cabine de pilotage.

Arthur Frayer-Laleix,
« Dans la peau d'un marin pêcheur »,
Zadig le mag, mars 2019.

7. **a** Lisez le DOCUMENT 4 et imaginez le décor !

b Dites si ces affirmations sont vraies ou fausses et justifiez vos réponses.
a. Il fait froid.
b. C'est l'automne.
c. Ça sent la mer.
d. Je m'appelle Jean-Marie.
e. Je suis marin pêcheur.
f. Je suis habillé chaudement.
g. L'employé est fort et fatigué.
h. Le bateau est gros.
i. Jean-Marie rentre dans le bateau et ressort.

c Ensemble, complétez la liste des éléments du décor : *l'heure, la météo,...*

8. **a** Retrouvez huit **adjectifs**.
b Expliquez leur forme et leur place.
c Repérez le verbe *mettre*.

9. 👉 **Échangez.** Qu'apporte ce décor à la profession de marin pêcheur ?

10. ✏️ | **J'agis !**
Rédigez un texte de quelques lignes pour présenter le décor de votre travail, sans le nommer.

11. 🔊 | **On coopère !**
En groupes, lisez votre texte à voix haute. Le groupe devine votre travail !

LA FABRIQUE

DES MOTS
Des adjectifs → des noms féminins

Observez.
exigeant → l'exig**ence**
pénible → la pénibil**ité**
beau → la beau**té**

Réfléchissez.
La partie en gras s'appelle un suffixe.
Ces mots sont : ▸ féminins. ▸ masculins.

Appliquez.
1. Retrouvez les noms à partir de ces adjectifs : *authentique, créatif, transparent, différent.*

2. Faites l'inverse : *la difficulté, la rapidité, la sensibilité, la tendresse, la paresse, la vieillesse, l'absence, la prudence, l'impatience.*

3. Écrivez quelques lignes sur les valeurs d'une entreprise que vous connaissez bien.

DE LA GRAMMAIRE
La place et la forme des adjectifs

Observez.
une tête **coiffée**
un pull **vert olive**
un **petit** espace
une **simple** fonction

Réfléchissez.
Vrai ou faux ? Justifiez votre réponse.
a. L'adjectif se place toujours après le nom.
b. Un participe passé peut être adjectif.
c. *Simple* peut se mettre avant et après le nom. Dans ce cas, il change de sens.

Appliquez.
1. Formez des adjectifs à partir de ces verbes : *habiller, rougir, réfléchir, poser, connaître, colorer, friser, marier.*

2. Décrivez un professionnel. Utilisez des adjectifs qui peuvent se placer avant et après le nom : *petit, grand, ancien…* Attention à la différence de sens !

DES VERBES
Mettre

Observez.
mettre en place
mettre ses affaires à l'intérieur
mettre ses talents au service de

Réfléchissez.
Le verbe a un sens différent dans chaque phrase. Trouvez-le !

Appliquez.
Trouvez un synonyme de *mettre.*
a. Je n'arrive pas à mettre un nom sur son visage.
b. Je mets les verres sur la table.
c. Pourquoi mettez-vous ce chapeau ?
d. Vous mettez un accent sur le « e » ?
e. Est-ce que vous vous mettez au travail ?

DES SONS
Marques de l'oral : l'hésitation

▶ 24 | Écoutez et observez.
Il y a encore quelques années, euh, j'étais, euh, producteur et compositeur de musique.
Quand je regarde cette photo, je vois euh…, j'ai l'impression de voir une usine.

Réfléchissez.
a. Sur quels mots y a-t-il une hésitation ?
b. Quel petit mot utilise-t-on quand on hésite ?

Appliquez.
Décrivez votre parcours… en hésitant !

Au quotidien

Ces phrases que vous entendrez forcément.

UNITÉ 2

- Mais dis-moi, tu ne vas pas faire ça toute ta vie ?
- J'ai peur de me faire virer.
- Et tu gagnes combien ?
- Vous pouvez m'apporter ce dossier ?
- Vivement ce week-end !
- Oui, je sais, c'est bon, je suis encore en retard.
- Arrête de râler !
- Télétravail, télétravail… c'est plus « télé » que « travail », non ?
- J'ai toujours voulu faire ce métier.
- Comme un lundi !
- T'as rencontré le nouveau ?
- Je n'en peux plus : si ça continue, je démissionne !
- Il me reste quatre jours de RTT à poser.

1. COMPRENDRE

▶ 25 | Écoutez le dialogue. Retrouvez le contexte, la situation et trouvez la phrase cachée.

2. SE PRÉPARER

a. Individuellement, pensez à des expressions que vous utilisez quotidiennement dans votre langue maternelle. Traduisez-les en français !

b. Faites lire vos phrases à votre voisin(e). Assurez-vous qu'il / elle comprend bien.

3. AGIR

a. Par deux, choisissez une phrase et placez-la dans un dialogue. Jouez votre dialogue au groupe voisin.

b. En groupes, échangez autour de cette phrase : *Mais dis-moi, tu ne vas pas faire ça toute ta vie ?* Remplacez « ça » par le métier que vous envisagez et justifiez votre choix. Présentez ce métier.

Stratégie

Quand on écoute un document, il est bon de commencer par le situer dans un contexte. Cela aide à comprendre le sens global. Des éléments lexicaux (virer, dossiers, retard) peuvent aider à trouver la situation.

 *Imaginer*

Il vous reste quatre jours de RTT* à poser ! Vous faites quoi ?

*RTT : récupération du temps de travail

SITUATIONS ❸

Parler de clichés

DOCUMENT 1

Julienne, 35 ans, chômeuse

Au début, je n'osais pas dire que j'étais au chômage, je ne sais pas trop pourquoi. Je ne sais pas si c'est moi qui m'autocensurais ou si c'est les autres, mais j'avais l'impression que c'était forcément vu comme quelque chose de très négatif par la personne en face, ça la mettait mal à l'aise…
Maintenant, je dis juste que j'ai arrêté de travailler depuis tel moment, et si la personne s'intéresse, j'explique que je suis en reconversion. Mais je n'utilise jamais le mot « chômage ». Sinon, les gens pensent que je suis forcément malheureuse, alors que pas du tout. J'ai la chance d'avoir choisi cette situation, je suis hyper dynamique et je prends le temps de trouver un travail dans lequel je serai bien.

Luc, 27 ans, journaliste

Ça m'étonne toujours au bout de 5 ans mais à chaque fois que je dis que je suis journaliste, les gens ont la même réaction. Les yeux qui s'agrandissent et un : « Ah ouais, c'est trop bien ça ! » […] Les gens s'imaginent que je pars sur des terrains de guerre, que je suis le Joseph Kessel des temps modernes… alors que moi, je couvre des kermesses quoi ! Mais ça encore, c'est la bonne réaction ! Parce que la seconde, qui vient plus tard dans la discussion, c'est : « Oui, mais vous les médias… » Nous les médias ? Nous qui sommes forcément au pouvoir, forcément à communiquer des informations déprimantes ou fausses…

DOCUMENT 2

Welcome to the Jungle,
« Tu fais quoi dans la vie ? », février 2019.

1. SEUL

a Lisez un des deux témoignages.

b Répondez, dans votre tête, à ces questions : qui ? quoi ? quel cliché ? pourquoi ?

2. EN GROUPES

a La moitié du groupe présente un des deux témoignages à l'autre moitié. L'autre moitié pose des questions pour faire avancer la discussion.

b Ensemble, nommez :

a. les expressions avec *avoir*.
b. le **complément de nom** avec *de*.
c. les **temps du passé** utilisés dans le témoignage de Julienne. Répondez aux questions.
▸ *Au début, je n'osais pas dire que j'étais au chômage…*
▸ *J'ai arrêté de travailler depuis tel moment.* Lequel présente une situation ? Une action ? À quoi sert *depuis* ?

3. EN CLASSE

a 👉 Échangez. Et vous, avez-vous des clichés sur le chômage ? Sur le métier de journaliste ?

b Faites un inventaire des clichés communs que vous avez sur d'autres métiers.

c Écrivez un témoignage à la manière de Juliette ou Luc sur un métier de votre choix et ses clichés.

Culture +

Joseph Kessel (1898-1979) est aviateur et combattant pendant les deux guerres mondiales, il compose avec Maurice Druon les paroles du *Chant des Partisans*, l'hymne de la Résistance française. Quel est son métier ?
▸ Romancier. ▸ Journaliste. ▸ Peintre.

UNITÉ 2

Parler de son métier

DOCUMENT 3

4. Regardez le DOCUMENT 3. À votre avis, que fait la personne ?

5. ⓐ ▶ 3 | Regardez la première partie de la VIDÉO 3. Ensemble, répondez aux questions.
a. Quel est le sujet du jour ?
b. Quelle est l'initiative proposée ?
c. Qui est concerné ?

ⓑ Regardez la deuxième partie de la video. Par deux, complétez la fiche projet du film.

```
Établissement : ..............................................
Classe : ..............................................
Métier choisi : ..............................................
Raison : ..............................................
Type de film :
    ☐ reportage   ☐ interview   ☐ fiction
Première inscription au concours :
    ☐ oui   ☐ non
```

ⓒ Répondez aux questions.
a. Combien de scènes vont-ils filmer ?
b. Quelles sont les différentes étapes pour faire cette vidéo ?
c. Qu'est-ce qu'un SDF ?
d. Quels clichés est-ce que l'on a sur les SDF ?
e. Quel est le diplôme pour le métier choisi ?
f. Quels métiers ont-ils filmés ces dernières années ?

6. ⓐ Observez.
▸ *2210 établissements se sont inscrits*
▸ *le métier qu'ils ont choisi*
▸ *Quels métiers ont-ils filmés ces dernières années ?*
▸ *La semaine dernière, on a repéré qu'il y avait des problèmes.*

Repérez les **temps du passé** et les **accords du participe passé**. À deux, expliquez leur forme, le choix et les accords.

ⓑ Relevez :
a. l'expression à la fin du document avec *avoir*.
b. un **complément de nom** avec *de*.

7. ▶ 26 | Écoutez. Sur quels mots Romain hésite-t-il ? Comment hésite-t-il ?

> **Parler de son métier**
>
> Je définis mon avenir professionnel.
> J'ai intégré le monde du travail à…
> J'ai choisi le métier de….
> C'est un métier sanctionné par un diplôme…
> J'ai obtenu le diplôme de…
> J'ai fait un stage dans une entreprise.
> J'ai plusieurs expériences professionnelles.

8. | **J'agis !**

On vous demande de témoigner de votre parcours et de votre métier. Vous écrivez un article et vous utilisez les temps du passé (160 mots).

9. | **On coopère !**

En groupes, vous participez au concours « Je filme le métier qui me plaît. » Vous choisissez un métier peu connu et vous écrivez un scénario de fiction. Vous jouez et tournez un film de 3 minutes maximum.

LA FABRIQUE

DES MOTS
Les compléments du nom avec *de*

👁 **Observez.**
le forum **de** l'emploi
des terrains **de** guerre
le métier **de** géologue

⚙ **Réfléchissez.**
Le mot en gras s'appelle une préposition.
Elle permet d'ajouter :
▸ un nom.   ▸ un adjectif.

✏ **Appliquez.**
1. Proposez des associations logiques avec *de*.

le train • • Marie
un cours • • 6 h 13
une paire • • l'entreprise
un chef • • les lunettes
le sac • • le français

2. Par deux, prenez des noms au hasard et créez de nouveaux mots !

DES VERBES
Des expressions avec *avoir*

👁 **Observez.**
avoir l'impression que
avoir la chance de
avoir l'habitude de

⚙ **Réfléchissez.**
Est-ce que vous en connaissez d'autres ?

✏ **Appliquez.**
1. Associez les contraires.

avoir tort (de) • • avoir froid
avoir chaud • • être
avoir envie (de) • • avoir raison
avoir l'air (de) • • avoir horreur (de)

2. Par deux, faites la liste de vos petites habitudes !

DE LA GRAMMAIRE
Les accords du participe passé

👁 **Observez.**
2210 établissements **se sont inscrits**.
Quels métiers **ont-ils filmés** ces dernières années ?
La semaine dernière, on **a repéré** qu'il y avait des problèmes.

⚙ **Réfléchissez. Complétez.**
Avec *être*, le participe passé s'accorde avec le … .
Avec *avoir*, le participe passé ne s'accorde pas sauf si le COD est placé … .

✏ **Appliquez.**
1. ▶27 | **Écoutez et accordez si nécessaire.**
a. je l'ai suivi… / j'ai abandonné…
b. je me suis inscrit… / j'ai trouvé…
c. ma sœur a quitté… / elle est parti…
d. tu l'as eu… / tu as travaillé…
e. elle m'a contacté… / elle m'a proposé…

2. Par deux, créez des phrases avec des participes passés placés avant et après le COD.

DES SONS
Marques de l'oral : l'hésitation

👁 ▶28 | **Écoutez et observez.**
Donc, leur expliquer **la, la** réalité des choses.
C'est vraiment agréable **de, de** travailler avec eux.

⚙ **Réfléchissez.**
a. Sur quels mots y a-t-il une hésitation ?
b. Que fait-on quand on hésite ?

✏ **Appliquez.**
Présentez votre travail… en hésitant !

UNITÉ 2

L'opinion

Ces opinions qui vous font réagir.

Je pense que la créativité, ça permet de se remettre en cause.

Tout est possible à partir du moment où on est engagé.

Il faut réinventer le monde du travail.

Tu dois avoir l'espace nécessaire pour travailler correctement.

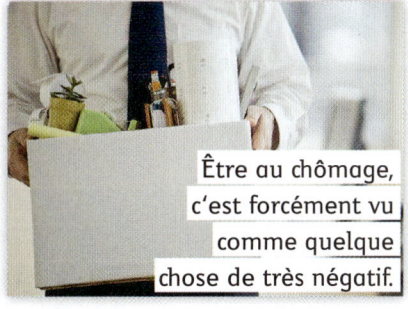
Être au chômage, c'est forcément vu comme quelque chose de très négatif.

Journaliste, c'est trop bien, ça !

Choisir un métier n'est pas toujours facile.

Avant d'intégrer le monde du travail, il faut définir son avenir professionnel.

Les jeunes sont très impliqués, très motivés.

1. SEUL

Choisissez l'opinion avec laquelle vous êtes : complètement d'accord ; moyennement d'accord ; pas du tout d'accord.

2. EN GROUPES

a. Formez des groupes d'opinions communes. *Exemple : Le groupe des « complètement d'accord ».* Dans chaque groupe, nommez un secrétaire.
b. L'un après l'autre, exprimez votre opinion et ensemble, trouvez d'autres idées communes.
c. Le secrétaire rédige une liste d'idées communes pour chaque opinion.
d. Choisissez la liste qui remporte le plus d'idées.

3. EN CLASSE

a. Chaque secrétaire lit la liste du groupe à voix haute.
b. Choisissez une liste et trouvez ensemble des exemples.
c. Rédigez, ensemble, le squelette d'un paragraphe organisé avec l'opinion générale ; une première idée et un exemple ; une deuxième idée et un exemple ; et une opinion personnelle.

Exprimer un point de vue	
Pour moi, …	Je crois / pense / trouve que…
À mon avis, …	Il me semble que…
D'après moi, …	Personnellement, …

Se détendre

Connaissez-vous la chanson d'Henri Salvador « Le travail, c'est la santé, ne rien faire, c'est la conserver » ?
Si vous ne la connaissez pas, écoutez-la. Et amusez-vous à changer les paroles.

L'EXTRAIT ▶29

– Je vais devoir me séparer de Mireille. Elle fait du très bon travail au guichet. Elle est très souriante. Mais je dois alléger la masse salariale*.
– Je comprends...
– Et donc, je voudrais que vous la remplaciez.
– Quoi ?
– Enfin, pas à temps plein, bien sûr. Vous conservez votre bureau, et votre poste. Mais il faudrait que vous soyez au guichet une vingtaine d'heures par semaine.
– ...
– Vous m'avez entendu ?
– ...Oui.
– Alors ?
– Mais... ce n'est pas possible...
– C'est comme ça. Je ne peux pas faire autrement.
– ...Et mes clients ?
– Vous vous arrangerez. Nous n'avons pas le choix. Vous me comprenez ? Je ne peux pas faire autrement.
– ...
– Voulez-vous un autre café ?

Je suis sorti de son bureau, complètement abasourdi. Je devais accepter de redescendre au rez-de-chaussée de l'ambition pour conserver mon poste. Mais pourquoi moi ? J'avais une telle ancienneté. Je ne méritais pas ça [...]

« Vous avez une belle tête Bernard. J'ai besoin de quelqu'un comme vous à l'accueil ». Ma tête avait bon dos. C'était une humiliation. On devait tout accepter pour ne pas finir dehors. Je me suis enfermé dans mon bureau. J'avais envie de pleurer ou de crier.

* diminuer le nombre de salariés

David Foenkinos (écrivain français), *La tête de l'emploi*, Flammarion, 2014.

1. OBSERVER

Que pensez-vous du choix de la photo par rapport au titre ?

2. RÉAGIR

Lisez l'extrait.

▸ **Individuellement**

a. Décrivez le personnage de Bernard (travail, émotions, réaction).

b. Expliquez la décision de son patron.

▸ **En groupes**

c. Commentez la phrase : « Je devais accepter de redescendre au rez-de-chaussée de l'ambition pour conserver mon poste. »

d. Quel sentiment ressentez-vous à la lecture de cet extrait ? Échangez.

e. Relatez une expérience similaire (vécue ou non) d'humiliation professionnelle. Les autres expriment de la compassion.

Exprimer de la compassion

C'est triste.
Je le plains.
Il n'a pas de chance.
Je suis désolé(e) pour lui.
Le pauvre !
C'est moche !
Oh ! là ! là !
Je compatis.

---

3. RÉDIGER

Rédigez un témoignage professionnel en deux parties : un dialogue (100 mots), un ressenti (60 mots).

Aide à l'écriture — Pour vous aider à écrire le dialogue, discutez avec votre voisin(e). L'un de vous joue le rôle du patron, et l'autre, celui de l'employé. Puis, rédigez ce dialogue et ajoutez votre ressenti.

UNITÉ 2

#LaMinuteCulturelle

Être bien au travail

AVOIR MOINS PEUR FAIRE PLUS D'ERREURS

▶ **Vous avez 2 minutes ?**

Regardez la photo. Rédigez une phrase similaire pour « être bien au travail ». Faites un selfie. Publiez sur un réseau social.

▶ **Vous avez 5 minutes ?**

Regardez les publications. Choisissez-en une !

▶ **Vous avez 15 minutes ?**

Rédigez une description rapide de la photo et exprimez votre opinion sur la phrase. Envoyez !

Mission

La question #2
Tu fais quoi dans la vie ?

MÉDIATION

Résumer, par écrit, les informations principales d'un texte oral.

- 5 minutes / personne
- Inter-groupes
- Parler d'un parcours fictif
- Rester dans son rôle

Vous devez faire deviner votre nouveau travail insolite sans donner le nom de votre travail. Restez logique !

1. Dans chaque groupe, attribuez à un membre, une profession surprenante.
Exemple : gardienne d'îles.
Construisez ensemble son identité professionnelle insolite.
Décidez d'une personne qui prendra des notes.

2. Le membre change de groupe. Il **présente et décrit son environnement de travail.** Il explique son rôle, ses tâches au quotidien et **parle de son métier.** Il ne nomme pas son travail.

3. Le groupe pose des questions.
Exemple : Vous gagnez combien ?
Le membre doit rester dans son rôle !
À la fin, le groupe se concerte à partir des notes prises et se met d'accord sur une seule proposition pour deviner la profession surprenante.

quarante-cinq

mémo

→ Outils de la classe p. 183   → Cahier p. 24-25

Stratégie

▶ 30 | **Ensemble, écoutez ces phrases et repérez les mots-clés. Répétez-les !**

Le travail

Travailler

un travail = un emploi = un métier

avoir un job (fam.) = un boulot (fam.)
être en arrêt maladie
être en congés payés ≠ sans solde
être rémunéré = recevoir un gagne-pain
exercer une activité = bosser (fam.) = taffer (fam.)
gagner sa vie = recevoir un salaire / un revenu
occuper un poste / une fonction

Être salarié

un(e) chef(fe) = le boss (fam.)
un(e) collaborateur(trice)
un(e) collègue de travail dans une entreprise
un(e) directeur(trice) = un patron
un employeur ≠ un employé
un(e) ouvrier(ère) dans une usine

avoir un CDD / un CDI (contrat à durée indéterminée)
être à mi-temps / à temps plein

La recherche d'emploi

La situation professionnelle

chercher du travail
démissionner = quitter son travail
être en reconversion professionnelle
être licencié(e) = être viré(e)
être chômeur = être au chômage
être retraité(e) = être à la retraite
faire appel à son réseau professionnel
licencier = renvoyer quelqu'un = mettre quelqu'un à la porte

La démarche

sélectionner une offre d'emploi
postuler = poser sa candidature
se porter candidat à un poste
faire un CV
rédiger une lettre de motivation
passer un entretien d'embauche
recruter = embaucher
valoriser ses compétences

---

1. Trouvez les réponses à ces énigmes.
   a. François a 75 ans. Que fait-il dans la vie ?
   b. Juliette a quitté son travail mais elle ne l'a pas fait volontairement. Que s'est-il passé ?
   c. Jérôme s'est porté candidat pour un poste. Qu'a-t-il fait ?
   d. Que signifie l'expression « gagne-pain » ? Expliquez.
   e. Damien travaille à 50 %. On peut aussi dire qu'il travaille…

2. Lisez bien le mémo. Cachez-le. C'est à vous !
   a. Dialoguez avec votre voisin(e) pour lui expliquer que vous avez quitté votre travail et que vous recherchez un emploi.
   b. Votre voisin(e) vous parle de sa situation professionnelle.

UNITÉ 2

L'accord du participe passé

➡ Avec *être* : le participe passé s'accorde avec le sujet.
La directrice s'est énervée car deux de ses employés se sont endormis pendant une réunion de travail.

➡ Avec *avoir* : le participe passé s'accorde avec le COD s'il est placé avant.
L'entreprise a créé une salle de repos qu'ils ont installée au dernier étage.

La place et la forme des adjectifs

➡ **Après le nom :** les adjectifs de couleur, de nationalité, de forme et la majorité des adjectifs.
➡ **Avant le nom :** les adjectifs courts.
beau, joli, bon, mauvais, petit, grand, gros, nouveau, jeune, vieux...
➡ **Avant ou après :** le sens change.
ancien, cher, curieux, drôle, pauvre, grand, sale, simple, vrai...
➡ Un adjectif peut être **un participe passé**.
Une fois la lecture du dossier terminée, vous pourrez venir me voir.

1. a Lisez l'exemple.
La directrice s'est fâchée car deux employés se sont endormis pendant la réunion qu'elle a animée ce matin.
  a. **Trouvez les trois participes passés.**
  b. **Expliquez les trois accords.**

  b **Remplacez :** la directrice > le patron ; les employés > les employées ; la réunion > les ateliers. **Accordez de nouveau.**

2. Imaginez ce que remplacent les pronoms.
  a. Elle l'a faite en dix minutes.
  b. Ils ne les ont pas écrites eux-mêmes.
  c. Il l'a mise à la poubelle.
  d. Elle l'a renvoyée pour faute professionnelle.
  e. Elle l'a occupée des années avant de démissionner.

1. À deux, trouvez l'intrus et expliquez pourquoi.
  a. jaune | américaine | petite
  b. célibataire | divorcé | marié
  c. grand | carré | vert
  d. pauvre | sale | extraordinaire

2. Trouvez des synonymes aux adjectifs soulignés.
  a. Napoléon n'était pas un homme grand mais un grand homme.
  b. Avez-vous votre propre bureau ? Est-il propre ?
  c. Nous avons un vrai problème, cher ami !
  d. Mon chef est un ancien camarade de classe.

L'hésitation (1)

Quand on hésite en français, on dit *euh* à la fin d'un mot.
Je vois euh... une femme heureuse sur cette photo.

L'hésitation (2)

Quand on hésite en français, on répète le même mot.
C'était pas quelque chose qui, qui venait de moi-même.

1. ▶31 | Écoutez. Sur quels mots la personne hésite-t-elle ?
Ce que j'aime dans mon travail, c'est le partage, les échanges avec des personnes qui viennent de milieux très différents. Et puis, je voyage beaucoup ! C'est toujours formidable d'aller à la rencontre d'autres cultures.

2. Glissez une hésitation dans chaque phrase. Lisez-les. Votre voisin(e) doit la retrouver !
  a. Je m'appelle Igor, j'ai 24 ans et je suis boulanger.
  b. Moi, mon rôle, c'est de faire plaisir aux clients.
  c. J'ai fait un stage en informatique.
  d. Je viens de créer mon profil sur LinkedIn.

Vie

n. fém.
ressemble souvent
à un puzzle.

édito

Famille, amis, travail, sport, santé, etc. Quel est l'élément le plus important dans votre vie ? Il est bien souvent difficile de choisir. Et d'ailleurs, pourquoi faudrait-il faire des choix ? Après tout, il suffit de prendre tous ces éléments et de reconstituer le puzzle !

UNITÉ 3

50 — SITUATIONS

1. Choisir de ralentir | p. 50
   Choisir de rire | p. 51

2. Organiser un plan d'action | p. 52
   Organiser sa to-do-list | p. 53

54
LA FABRIQUE | p. 54
AU QUOTIDIEN | p. 55

56 — SITUATIONS

3. Expliquer une qualité | p. 56
   Expliquer une conséquence | p. 57

58
LA FABRIQUE | p. 58
L'OPINION | p. 59

60
L'EXTRAIT | p. 60
LA MISSION | p. 61
Le plus important ?

62
MÉMO

SITUATIONS 1

Choisir de ralentir

DOCUMENT 1

Lac Léman, Vevey (Suisse). « La Fourchette » œuvre conçue en 1995 par le plasticien neuchâtelois Jean-Pierre Zaugg et le serrurier veveysan Georges Favre pour les dix ans de l'Alimentarium.

1. Regardez le DOCUMENT 1 et lisez la légende. C'est où ? À quoi vous invitent les chaises ? Aimeriez-vous vous y asseoir ?

2. ⓐ ▶4 | Visionnez une première fois la VIDÉO 4. Nommez l'invitée, le titre de son livre et sa philosophie de vie.

ⓑ Visionnez à nouveau et répondez aux questions.
a. Pourquoi a-t-elle choisi de ralentir ?
b. Comment cela s'est-il traduit physiquement ?
c. Quelles expressions expriment les gens au quotidien face à ce problème ?
d. Qu'est-ce que « ralentir » selon le dictionnaire ? Selon Nelly Pons ?
e. Quels exemples donne-t-elle ?

3. ⓐ Ensemble, retrouvez le mot anglais et proposez une traduction.

ⓑ Relevez des mots pour parler de bien-être et de son contraire.

ⓒ Observez ces phrases. Elles ont un point commun : le gérondif. Retrouvez-le. Indiquez ce qu'exprime ce gérondif.
▶ *En travaillant sur ce livre, j'ai ouvert le dictionnaire, tout simplement.*
▶ *On peut continuer à faire des choses tout en prenant le temps.*
▶ *On peut continuer à faire des choses en habitant chaque instant.*

4. ⓐ 👍 Échangez. Comment traduiriez-vous « la lenteur » dans votre langue ? Comment pouvez-vous expliquer ce mot ?

ⓑ Que faites-vous pour l'appliquer au quotidien ?

Le **burn-out** est un état d'épuisement physique et mental dû à une surcharge de travail.
Le **bore-out** est aussi un épuisement physique et mental. À quoi est-il dû ?
▶ À une surcharge de travail.   ▶ À un manque de travail.   ▶ À une pression au travail.

Choisir de rire

DOCUMENT 2

Le rire comme « thérapie » : nouveau remède pour une (r)évolution intérieure au quotidien ?

Et si le rire devenait l'outil de développement personnel par excellence ? Rigologie, yoga du rire, rirothérapie… autant de techniques de bien-être autour du rire qui fleurissent en France depuis
5 une quinzaine d'années. Leurs buts ? Permettre un lâcher-prise au quotidien et réussir à se reconnecter à ses émotions et à celles des autres.

C'est devenu un rendez-vous incontournable. Tous les lundis soir,
10 Emmanuel se presse de rejoindre, dans un petit local de Fontenay-le-Fleury (Yvelines), son club de… rire ! Ce directeur d'administration a découvert le yoga du rire par un
15 membre de sa famille et participe aux séances depuis plus d'un an maintenant. « *C'est un pur moment de détente où je fais le plein d'énergie et qui me permet de mieux appré-*
20 *hender ma semaine* », explique-t-il.

Ici, il n'est pas question de se raconter des blagues, mais de pratiquer une technique de bien-être venue d'Inde – théorisée par le Dr Madan
25 Kataria en 1995 – qui combine des « rires sans raison » et des exercices corporels et respiratoires. « *On s'échauffe en se frottant le corps et en pratiquant des respirations*
30 *abdominales, puis on attaque des séries d'exercices où l'on provoque la mécanique du rire* », explique Carole Fortuna, animatrice du club de Fontenay-le-Fleury. Sans se par-
35 ler, les participants sont ainsi invités à taper des mains en poussant des « ah ah ah », « oh oh oh » de manière accentuée, ou bien à se déplacer dans la salle en se passant du « rire
40 en pommade » tout en jouant avec son voisin. « *Le yoga du rire se base sur un fait scientifique : le cerveau ne fait pas la différence entre un rire forcé et un rire naturel […]* », détaille
45 l'animatrice.

Maëlys Vésir, *Kaizen*, n° 43, mars 2019.

5. Regardez la photo du DOCUMENT 2. Décrivez ce que ressentent ces gens.

6. Lisez le document 2.

a Expliquez en une phrase le mot « (r)évolution » du titre.

b Résumez par écrit, dans votre langue maternelle, ce que vous avez compris.

7. Vrai ou faux ? Justifiez votre choix.
a. Grâce aux clubs de rire, les membres apprennent à ne plus tout maîtriser.
b. Le club de rire aide Emmanuel dans son travail.
c. Les membres du club de rire discutent et font des activités physiques.
d. Il existe plusieurs types de rire.

8. Repérez :
a. les cinq verbes au **gérondif**. Pour chacun, indiquez s'il exprime la manière ou le temps.
b. le lexique lié au **bien-être**.

> **Choisir**
> J'ai choisi de…
> Je passe à l'acte !
> Ça été l'occasion de…
> Ça a été une prise de conscience.
> J'ai décidé de…
> Je me suis décidé(e) à…

9. J'agis !

Un jour, vous avez choisi d'agir ! Vous écrivez un message à un(e) ami(e) francophone pour lui raconter votre choix et votre expérience (160 mots).

10. On coopère !

Faites deux groupes dans la classe. Chaque membre du premier groupe tire au sort une façon de faire rire. *Exemple : avec des grimaces, avec des blagues, avec un rire contagieux, etc.* Le deuxième groupe applique les méthodes proposées. À la fin de la séance, chacun exprime son ressenti.

SITUATIONS 2

Organiser un plan d'action

1. **Regardez le DOCUMENT 1.** D'après le document, que signifie « procrastiner » ?
   ▸ Remettre au lendemain.
   ▸ Prendre des congés.
   ▸ Faire une sieste.

2. 🎧 32 | **Écoutez le DOCUMENT 2.**

   a Répondez aux questions.
   a. De quoi parle-t-on ?
   b. Est-ce que c'est un sujet important ?

   b Ordonnez ces conseils, selon l'ordre des propos de la journaliste.
   a. Avoir des moments et des lieux habituels pour faire ses tâches.
   b. Se fixer un délai pour faire une tâche.
   c. S'interroger sur la raison de procrastiner.
   d. Avoir un programme précis découpé en petites tâches.

1	2	3	4
…	…	…	…

3. **Réécoutez le document 2.** Trouvez un exemple pour chaque conseil. Puis, vérifiez votre compréhension auprès de votre voisin(e).

4. 🎧 33 | **Écoutez.** À la fin des phrases, la voix monte ou descend ?

5. **a Écoutez à nouveau le document et repérez le gérondif.** Quel est l'infinitif du verbe ?

   b Notez les mots-clés liés au bien-être et au mal-être.

DOCUMENT 1

6. **a 👉 Échangez.** Êtes-vous un procrastinateur ? Quels sont les conseils donnés dans l'émission qui vous sont utiles ?

   b Par deux, proposez une illustration avec une légende ou des vignettes pour la journée de la procrastination.

La **journée mondiale de la procrastination** existe. Savez-vous à quelle date ?
▸ Le 8 mars. ▸ Le 20 mars. ▸ Le 25 mars.
À quoi correspondent les autres dates ?

UNITÉ 3

Organiser sa to-do-list

DOCUMENT 3

Prioriser & Profiter
VERS UNE VIE PLUS DOUCE

RECHERCHE PANIER

Une to-do-list efficace

On met parfois la main sur des outils d'organisation qui nous paraissent très bons sur le papier, mais qu'on a laissé tomber parce qu'ils nous ont paru trop compliqués à l'usage. Et si on jetait un petit coup d'œil aux grands classiques de l'organisation [...] pour être sûrs qu'ils nous servent réellement ?

Dans cette catégorie, l'incontournable to-do-list a ses adeptes mais peut aussi se transformer en véritable liste sans fin [...]

Une to-do-list ? Oui, mais...

Si votre to-do-list est bien faite et que vous la consultez régulièrement, c'est votre meilleur système d'organisation. C'est la plus simple et la plus accessible, puisque dans l'absolu vous n'avez besoin que d'un papier et d'un stylo. Elle vous permet de décharger le contenu de votre tête pour vous libérer l'esprit, et retrouver de l'espace mental pour des choses plus importantes. La to-do-list est aussi une garantie de ne pas oublier ce qu'on a à faire, c'est pourquoi elle offre une belle tranquillité d'esprit. En bref, elle est simple mais complète.

Que demande le peuple ? Mais attention aux pièges. Trop longue elle n'est pas efficace car vous risquez de vous disperser sur des choses sans grande importance ; elle peut aussi devenir intimidante voire paralysante. Si elle n'est pas assez réaliste par rapport au temps dont vous disposez, le processus devient vite frustrant. Attention également à ne pas y passer des heures, on est là pour être efficace, pas pour trouver une bonne excuse pour procrastiner en ayant l'impression de s'organiser (ça sent le vécu).

Cécile, prioriseretprofiter.com, 20/02/2019.

---

7. Lisez le titre de la page et observez l'illustration. Comment traduiriez-vous « to-do-list » en français ? Quel outil est utilisé ici pour faire sa to-do-list ?

8. Lisez le DOCUMENT 3. Répondez aux questions.
   a. Quelle difficulté rencontrons-nous avec les outils d'organisation ?
   b. Qu'est-ce qu'une to-do-list réussie ?
   c. Quels inconvénients présente la to-do-list ?
   d. Pourquoi peut-elle servir d'excuse ?

9. a Relevez le gérondif. Quel est l'infinitif du verbe ?

   b Dans le texte, trouvez trois expressions qui sont synonymes de *vider* et participent au bien-être psychique.

   c Expliquez la formation du verbe *décharger*.

> **Organiser**
> Faire un plan précis
> Faire une liste
> Planifier des récompenses
> S'obliger à faire quelque chose (qqch)
> Ne pas se disperser
> Ne pas passer des heures à faire qqch

10. J'agis !

Quelle personne organisée êtes-vous ? Rédigez un texte de 160 mots pour présenter et expliquer votre façon de vous organiser.

11. On coopère !

Par groupes, choisissez une célébrité. Imaginez sa to-do-list. Présentez-la à la classe. *Exemple : la to-do-list du président, d'une star, etc.*

LA FABRIQUE

DES MOTS
Le suffixe *-logie*

👁 **Observez.**
la rigologie

⚙ **Réfléchissez.**
Le suffixe en *-logie* signifie « étude de » ou « science ». Qu'est-ce que la rigologie ? Quels mots de la même famille connaissez-vous ?

✎ **Appliquez.**
1. Complétez.
a. La numérologie est la science de…
b. La musicologie est la science de…
c. La volcanologie est la science de…
d. La technologie est la science de…

2. Par deux, trouvez la science du vin, de l'être humain, de l'environnement, de l'Antiquité et de la peau.

DES VERBES
Charger et ses dérivés

👁 **Observez.**
charger un cheval
décharger un coffre
se charger d'un dossier

⚙ **Réfléchissez.**
Quel est le sens de chacun de ces verbes ?

✎ **Appliquez.**
Complétez avec le bon verbe.
a. Je m'en occupe, je …, ne t'inquiète pas !
b. Mon portable s'est …, je n'ai pas pu te rappeler, désolé.
c. Tu as trop … la voiture, je ne sais pas si on va pouvoir rouler !

DE LA GRAMMAIRE
Le gérondif

👁 **Observez.**
…à faire des choses <u>tout</u> **en prenant** le temps.
On s'échauffe **en pratiquant** des respirations.

⚙ **Réfléchissez.**
a. Comment se forme le gérondif ?
b. Que peut-il exprimer ?
c. Qu'apporte *tout* devant le gérondif ?

✎ **Appliquez.**
1. Conjuguez ces verbes au gérondif.
écrire | être | se mettre | venir | faire

2. Complétez ces phrases avec un des verbes ci-dessus au gérondif.
a. … économe à 17 ans, tu bouscules les idées des gens.
b. … au club de rire, Emmanuel passe un très bon moment.
c. Je m'organise mieux … une liste.
d. Il arrête de procrastiner … au travail.
e. … son livre, Nelly Pons a rencontré beaucoup de gens victimes de burn-out.

DES SONS
Intonation : la phrase déclarative (terminée)

👁 ▶ 34 | **Écoutez et observez.**
Ce qu'on conseille, c'est vraiment de se créer un rituel ↘.

⚙ **Réfléchissez.**
Sur quelle syllabe la voix descend ?

✎ **Appliquez.**
Listez trois conseils pour s'organiser. À la fin de chaque phrase, votre voix descend.

Au quotidien

UNITÉ 3

Ces phrases que vous entendrez forcément.

- Ça m'a fait du bien !
- Demain, je m'y mets !
- J'ai du mal à respirer.
- Oh, puis non, tant pis, je ferai ça demain.
- J'en peux plus !
- Oh là là, vivement ce soir que je me couche !
- Je me sens tellement détendu(e).
- Écoute, là, je suis débordé(e), je verrai ça plus tard !
- C'est très reposant.
- J'en ai ras-le-bol !
- Je vais d'abord me reposer et après, on verra !
- Je me sens vraiment, mais vraiment, soulagé(e).

1. COMPRENDRE

▶ 35 | Écoutez ces situations. Répondez aux questions : c'est qui ? c'est quoi ? c'est où ?

2. SE PRÉPARER

a. Individuellement, repérez les phrases entendues parmi celles ci-dessus. Classez-les dans le tableau.

Bien-être	Mal-être	Procrastination
…	…	…

b. Classez les autres phrases de la page dans le tableau précédent.

c. En groupes, vérifiez votre classement.

3. AGIR

Faites des groupes de quatre. Parmi vous, trois personnes sont assises sur trois chaises : une chaise « bien-être », une chaise « mal-être », une chaise « procrastination ». L'un d'entre vous se promène de chaise en chaise et propose une idée bizarre.
Exemple : Il propose « travailler » à la chaise bien-être.
Chacun réagit.

Stratégie

Pour mettre en valeur un ressenti, on peut ajouter un adverbe que l'on répète ou accentue oralement.

Imaginer

Guide pratique de classe

Vous allez jouer au jeu « Drôles de phrases » !
Imaginez que vous prêtez votre voix pour un film. Écrivez une phrase. Répétez-la plusieurs fois pour la mémoriser. Puis, en groupes, piochez une carte et suivez la consigne pour exprimer votre phrase à haute voix. Le jeu se termine quand vous avez pioché toutes les cartes.

SITUATIONS ❸

Expliquer une qualité

DOCUMENT 1

J'ai toujours travaillé pour ne pas être une charge pour ma famille
Par Inès A. • 14 juin 2019

J'ai toujours voulu être indépendante. Décider de ce que j'achète. Née dans un milieu défavorisé, je n'ai jamais voulu être une charge en plus pour 5 ma mère. Quand tu vis dans une famille monoparentale, forcément, les revenus sont faibles, surtout quand la pension alimentaire n'est pas versée. Ma mère a dû élever quatre filles sans 10 père, en travaillant pour le SMIC* dans un centre d'accueil d'urgence pour les SDF** (à côté d'eux, on avait tout). Et les allocations ne suffisent absolument pas ! C'est pour ça qu'au-15 jourd'hui, je suis peu dépensière, car on n'a jamais pu l'être [...] De nature économe, je n'ai donc jamais dépensé sans réfléchir et ça agace mes amies [...] Je pense que l'une des raisons 20 pour laquelle elles sont dépensières facilement, c'est parce qu'elles n'ont pas conscience de la réelle valeur de l'argent. Tout ce qu'elles possèdent aujourd'hui provient de leurs parents, 25 de leur famille en général, mais c'est jamais le fruit de leur travail [...]
J'ai commencé à travailler quand j'étais en seconde [...] Il y a différents types de jobs que j'ai faits : baby-30 sitting, femme de ménage, cours particuliers, vendeuse, aide administrative, aide aux personnes âgées. Il faut toujours postuler, même si tu te dis que tu ne vas pas être prise. C'est 35 la vie, tu n'es pas la seule à vouloir travailler. Il ne faut jamais désespérer, car, si je l'ai fait en partant de rien, tout le monde peut le faire s'il le veut vraiment. Certes, faire du ménage 40 chez des particuliers n'est pas aussi enrichissant que donner des cours particuliers ou faire du baby-sitting. Ça reste mes plus belles expériences ça. Vraiment, j'adore jouer le rôle de 45 baby-sitter cool et drôle avec qui on ne s'ennuie jamais. Je m'amuse tellement avec les enfants que je fais des heures supplémentaires avec plaisir [...]
Je sais que ces expériences profes-50 sionnelles ont contribué à la maturité que j'ai aujourd'hui [...] Je suis heureuse et je ne regrette absolument pas ce que j'ai vécu. Toutes ces expériences professionnelles m'ont énormément 55 apporté, même si je compte bien désormais me consacrer à mes études.

*SMIC : salaire minimum interprofessionnel de croissance
**SDF : sans domicile fixe

lazep.fr

---

1. SEUL

a Lisez le titre du DOCUMENT 1. Devinez le sens de l'expression « être une charge pour quelqu'un ».

b Lisez le texte. Répondez aux questions. Justifiez vos réponses.
a. Pour quelles raisons l'enfance d'Inès a-t-elle été difficile ?
b. En quoi Inès est-elle différente de ses amies ?
c. Pourquoi Inès a-t-elle aimé faire de petits emplois ?
d. Quel est le trait de caractère d'Inès ?

2. EN GROUPES

a L'un de vous vérifie que tout le monde a compris le texte. Il vérifie les réponses que vous avez données à l'activité précédente.

b Trouvez, dans le texte, les mots qui parlent du **quotidien financier** d'une famille.

c a. Lisez et trouvez la **cause** à cette phrase : *C'est pour ça qu'aujourd'hui, je suis peu dépensière.*
b. Lisez et trouvez la **conséquence** pour compléter la phrase : *Je m'amuse tellement que…*
c. Relevez d'autres mots qui expriment la **cause** ou la **conséquence**.

3. EN CLASSE

👉 **Échangez.** Parmi les emplois d'Inès, lesquels aimeriez-vous faire ? Ne pas faire ? Pourquoi ?

Le **SMIC**, salaire minimum interprofessionnel de croissance sert à réglementer la rémunération des salariés en France. Quel est le montant brut du salaire minimum ?
▶ Moins de 10€ / heure.   ▶ Plus de 10€ / heure.

UNITÉ 3

Expliquer une conséquence

DOCUMENT 2

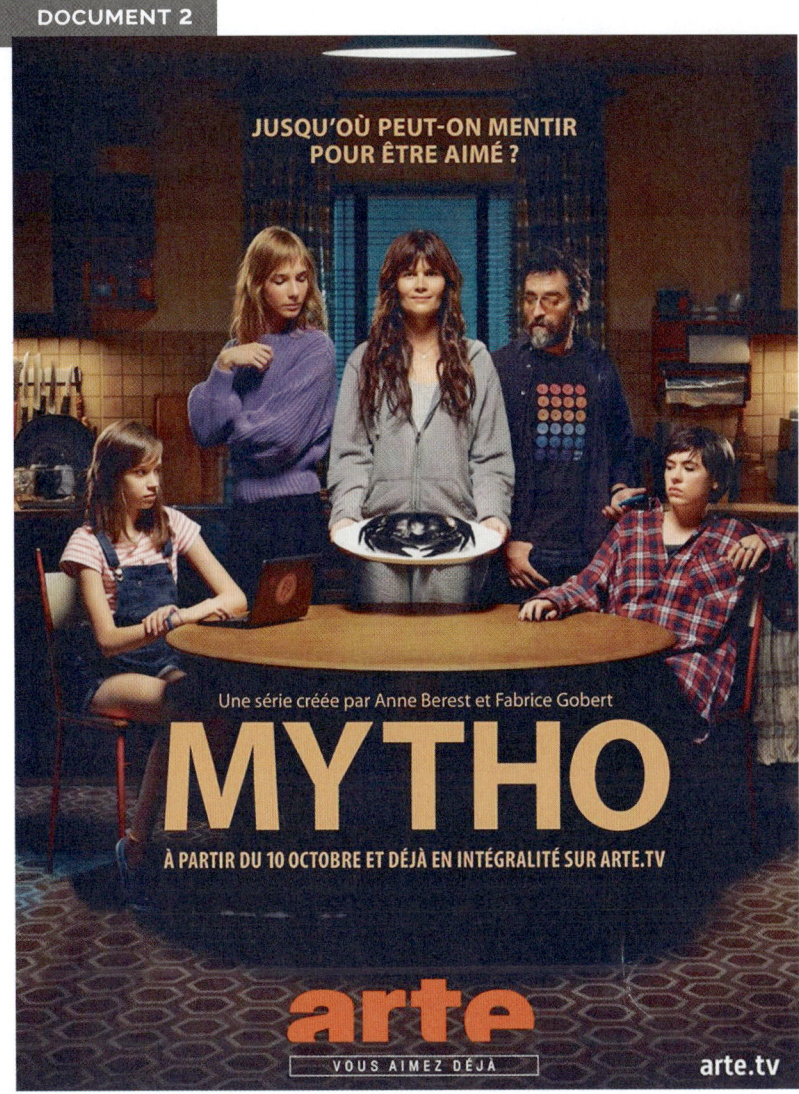

4. Observez le DOCUMENT 2. Retrouvez le mot qui correspond à l'**abréviation** « Mytho ». Puis, répondez à la question posée sur l'affiche.

5. ▶36 | Écoutez le DOCUMENT 3. Répondez aux questions.
   a. Quelle est la situation familiale du personnage principal de la série ?
   b. Pour quelle(s) raison(s) a-t-on besoin de mentir ? Et à quel âge ?
   c. Quels sont les deux types de mensonges ? À quoi les compare-t-on ?
   d. Qu'est-ce qui est important pour Anne Berest ? Et pour son personnage ?

Expliquer une conséquence

C'est comme un domino.
L'un en entraîne un autre.
C'est l'effet papillon.
Cela provoque / cause…
C'est une réaction en chaîne.

6. Écoutez à nouveau le document 3.
   a. Repérez trois phrases qui expriment la relation de **cause-conséquence**. Reformulez-les.
   b. Repérez l'expression synonyme de *donc* qui est très populaire dans le français oral.
   c. Quel est le **verbe** qui est répété trois fois dans la même phrase et qui exprime une conséquence ?

7. ▶37 | Écoutez. La voix monte ou descend sur ces syllabes ?
   ▸ My|tho, c'est la nouvelle série d'Ar|te.
   ▸ Le men|songe, c'est un |mot| pour dire beaucoup de |choses|.

8. | J'agis !
Et vous, est-ce que vous mentez souvent ? Quel type de mensonge ? Décrivez votre relation au mensonge dans un témoignage de 160 mots environ.

9. | On coopère !
Vous êtes invité(e) à dîner dans une famille. Pendant le dîner, la famille raconte un mensonge vécu et explique les conséquences qui ont suivi. Vous montrez votre compréhension du problème et vous posez des questions pour obtenir des clarifications.

LA FABRIQUE

DES MOTS
Les abréviations

Observez.
T'es complètement **mytho** !
Les **ados** mentent souvent.

Réfléchissez.
a. Retrouvez les mots complets.
b. Connaissez-vous d'autres abréviations en français ?

Appliquez.
1. Pour vous aider à lire un dictionnaire, trouvez le sens des abréviations grammaticales suivantes.
a. adj.
b. adv.
c. n.
d. ex.
e. lat.
f. v.
g. fém.
h. masc.

2. Par deux, créez la définition d'un mot pour le dictionnaire de la classe. Ajoutez des abréviations.

DES VERBES
(S')entraîner

Observez.
Il m'entraîne dans ses soirées.
Je m'entraîne pour une compétition.
Son mensonge risque d'entraîner une catastrophe.

Réfléchissez.
Quels sont les différents sens de ces trois exemples ? Associez.
– provoquer : …
– emmener : …
– faire des exercices sportifs : …

Appliquez.
Quels sont les deux autres verbes qui expriment la conséquence ? *venir de, produire, causer ou déclencher ?*
Écrivez une phrase avec l'un des verbes.

DE LA GRAMMAIRE
La cause et la conséquence

Observez.
Il ne faut jamais désespérer, **car** tout le monde peut le faire s'il le veut vraiment.
Je m'amuse **tellement** avec les enfants **que**…
L'une des raisons pour laquelle elles sont dépensières facilement, c'est **parce qu'**elles n'ont pas conscience de la réelle valeur de l'argent.

Réfléchissez.
Quels mots expriment la cause ?
Quels mots expriment la conséquence ?

Appliquez.
1. Dans chaque phrase, repérez l'articulateur. Dites s'il exprime la cause ou la conséquence. Puis, inversez l'ordre des deux idées et changez l'articulateur.
a. J'ai toujours travaillé, donc j'ai de l'argent.
b. Comme il a besoin d'argent, je l'aide à trouver un emploi.
c. Il ment beaucoup. C'est pour cette raison qu'il n'est plus mon ami.
d. La série est réussie car les acteurs sont bons.

2. Par deux, discutez et trouvez les causes ou les conséquences des mensonges.

DES SONS
Intonation : la phrase déclarative (non terminée)

38 | Écoutez et observez.
My**tho** ↗, c'est la nouvelle série d'Ar**te** ↘.
Le men**songe** ↗, c'est un **mot** ↗ pour dire beaucoup de **choses** ↘.

Réfléchissez.
a. Il y a combien de groupes de mots ?
b. Sur quelles syllabes la voix monte et descend ?
c. La voix monte et descend : quand la phrase est terminée ? quand elle n'est pas terminée ?

Appliquez.
À votre tour, prononcez les deux phrases sur la série *Mytho*.
Pour vous aider : levez le bras quand la voix monte et baissez-le quand la voix descend.

UNITÉ 3

L'opinion

Ces opinions qui vous font réagir.

Pour moi, ralentir, c'est habiter l'instant.

Le rire permet de se détendre.

Faire le plein d'énergie permet de mieux appréhender sa semaine.

Il faut s'obliger à avoir un échéancier.

La to-do-list, c'est votre meilleur système d'organisation.

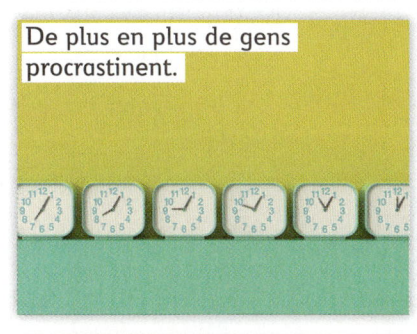
De plus en plus de gens procrastinent.

Elles sont dépensières parce qu'elles n'ont pas conscience de la réelle valeur de l'argent.

La famille est le premier lieu du mensonge.

Un mensonge en entraîne un autre qui en entraîne un autre qui en entraîne un autre.

1. SEUL

Lisez ces opinions.
a. Choisissez trois opinions avec lesquelles vous êtes tout à fait d'accord.
b. Pour chaque opinion choisie, trouvez un exemple.

Introduire un exemple
Je vais prendre un exemple.
Je vous donne un exemple.
On peut prendre l'exemple de…
Cet exemple montre bien que…
C'est comme… qui…
C'est comme si…
Ça me fait penser à…

2. EN GROUPES

Formez des groupes d'opinion commune. Chacun partage son exemple. L'un de vous est rapporteur et prend des notes. Il les transmet au professeur.

3. EN CLASSE

Un membre de la classe tire au sort une prise de notes. Il lit le contenu à la classe. La classe donne aussi son opinion sur les exemples. Elle propose, si besoin, de remplacer un exemple par un autre. À la fin, classez les exemples par ordre d'importance. À partir de la discussion, écrivez individuellement un paragraphe sur le sujet choisi, en ajoutant des arguments aux exemples choisis.

 *Se détendre*

Un mot en entraîne un autre ! À trois, jouez à l'association de mots : l'un de vous commence avec un mot (*exemple : mensonge*) ; un autre l'associe à un mot (*exemple : vérité*), le dernier en ajoute un (*exemple : confiance*), etc.

L'EXTRAIT ▶39

Installée dans un refuge moderne accroché à une roche, une femme s'isole du reste du monde. En plus de la solitude, elle s'impose un entraînement physique et spirituel intense dans des conditions extrêmes
5 *au cœur des éléments.*

S'il y a une esthétique dans ce volume, c'est celle de la survie. S'il y a une décision, c'est la
10 mienne, celle de vouloir m'installer dans des conditions difficiles. En grande autonomie. À l'abri. Dans un lieu
15 couvert, chauffé par le soleil, où entre la lumière, qui protège. L'environnement dans lequel j'ai situé mon abri
20 est celui qui me convient. Qui me procure, par l'extérieur, en frottant et raclant l'enveloppe de mon corps, qui résiste et s'adapte, la forme nécessaire de ma vie. Ce monde d'isolement, de
25 vide, de grands froids, de grosses chaleurs, de roche dure, de silence et de cris d'animaux, laisse peu de choix. C'est un guide précis. La situation dans laquelle je suis est pensée, calculée pour établir un entraînement maximal. Je l'ai soigneusement choisie. Je lui ai accordé mon assentiment
30 le plus profond.
Reste à découvrir si l'empreinte qu'elle a laissée dans mon esprit est une lumière – ou une erreur.

Céline Minard (écrivaine française),
Le Grand Jeu, Payot et Rivages, 2016.

1. OBSERVER
Regardez la couverture et décrivez-la. Imaginez les conditions de vie dans cet environnement.

2. RÉAGIR
Lisez l'extrait et répondez aux questions.
▶ **Individuellement**
a. Le personnage a-t-il choisi cette situation ? Relevez les termes qui le justifient.
b. Comment le corps du personnage vit-il cette situation ?

▶ **En groupes**
c. Recherchez, dans le texte, deux gérondifs.
d. Qu'apporte le refuge au personnage ?
e. Que pensez-vous du choix de vie de ce personnage ? Pensez-vous qu'elle est folle ? Aimeriez-vous vivre la même expérience ? Quel refuge choisiriez-vous ?

Exprimer une intention
Je vais faire quelque chose (qqch).
Je pense faire qqch.
Je veux faire qqch.
J'ai décidé de faire qqch.
J'ai décidé que + *subjonctif*
C'est décidé !
J'envisage de faire qqch.
J'ai l'intention de faire qqch.

3. RÉDIGER
En vous mettant à la place du personnage principal, rédigez une page de son journal intime après plusieurs mois de vie dans un tel environnement. Exprimez ses sentiments et évoquez sa décision de vivre ainsi.

Aide à l'écriture
Pour comprendre ce que vit le personnage et vous mettre à sa place, n'hésitez pas à fermer les yeux pour imaginer le décor et à vous répéter les phrases : « Je suis seul(e), dans des conditions difficiles. Cette situation, je l'ai choisie… ».

#LaMinuteCulturelle

UNITÉ 3

Proposer une idée

▶ **Vous avez 2 minutes ?**

Individuellement, faites la liste des idées d'isolement les plus extrêmes.

▶ **Vous avez 5 minutes ?**

En binôme, comparez vos idées et mettez-vous d'accord sur une idée commune.

▶ **Vous avez 15 minutes ?**

En groupe-classe, présentez votre idée d'isolement extrême et justifiez vos choix. La classe élit la situation extrême la plus difficile à vivre !

Mission

La question #3
Le plus important ?

> **MÉDIATION**
>
> Expliquer comment quelque chose fonctionne en donnant des exemples qui s'appuient sur les expériences quotidiennes des personnes.

 3 minutes / personne

 Inter-groupes

 Expliquer une méthode à l'aide d'exemples

 Être enthousiaste

Vous devez expliquer, à des amis, pourquoi vous avez choisi la méthode japonaise IKIGAI qui permet de trouver sa raison d'être.

 1. En groupes, **proposez des exemples** pour ces quatre catégories :
▶ *ce que vous aimez ;*
▶ *ce pour quoi vous êtes doué(e) ;*
▶ *ce dont le monde a besoin ;*
▶ *ce pour quoi vous êtes payé(e).*

 2. En groupes, listez des raisons qui poussent à utiliser cette méthode et à **choisir d'agir**. Sélectionnez la meilleure. **Expliquez les conséquences** de cette méthode sur le bien-être. Désignez un présentateur et une personne qui a testé cette méthode.

 3. En classe, le présentateur explique comment fonctionne la méthode en 3 minutes. Il s'appuie sur les exemples du testeur pour illustrer son propos.

→ Outils de la classe p. 183 → Cahier p. 36-37

Stratégie

Lisez le mémo et ne procrastinez pas ! Commencez dès aujourd'hui à stimuler vos neurones. Recommencez demain. Et après-demain. Ne reportez pas tout au dernier jour !

Vivre

Le mal-être

être en burn-out = faire un burn-out
être débordé(e)
manquer de temps / d'énergie
ne plus être en capacité de…
procrastiner
ressentir un épuisement physique et psychique
toucher le fond
vaincre le mal du siècle

Le bien-être

accepter le lâcher-prise
décharger le contenu de sa tête
habiter l'instant
offrir une tranquillité à son esprit
recharger ses batteries
se libérer de l'espace mental
se reconnecter à ses émotions
vivre un moment de détente

La vie de famille

Le quotidien familial

donner de l'amour
enchaîner une journée de travail
être confronté(e) à
faire les courses / les lessives / la bouffe (fam.)
mentir ≠ dire la vérité
respirer ≠ manquer d'oxygène
s'engueuler
soigner / vaincre une maladie

Le quotidien financier

avoir un faible revenu
connaître la valeur de l'argent
enchaîner les petits boulots / jobs
être dépensier(ère) ≠ être économe
être une charge ≠ être indépendant(e)
faire des heures supplémentaires
toucher le SMIC
verser une pension alimentaire

---

1. **a** Regardez le mémo. Cachez-le et répondez aux questions avec deux exemples.
   a. Que peut-on enchaîner ?
   b. Que peut-on vaincre ?
   c. Que peut-on décharger / recharger ?
   d. Que peut-on faire ?
   e. Que peut-on toucher ?

   b Vérifiez et mémorisez tout de suite !

2. **a** Retrouvez, dans le mémo, un synonyme pour chaque expression ci-dessous.
   ▸ un salaire
   ▸ un travail
   ▸ une fatigue
   ▸ se disputer
   ▸ repousser au lendemain

   b Écrivez des exemples personnels avec les mots trouvés.

UNITÉ 3

Le gérondif

➡ sert à exprimer : la **simultanéité** et la **manière**.

On peut insister en ajoutant *tout* devant le gérondif : *tout en prenant le temps.*

➡ se construit avec : *en* + radical de la 1e personne du présent + *-ant*.

Pratiquer ➡ je <u>pratiqu</u>e ➡ <u>pratiqu</u>**ant**

➡ peut aussi exprimer la **cause** et la **condition**.

La cause et la conséquence

Une cause (origine d'une action) entraîne une conséquence (résultat d'une action).

➡ La **cause** : *parce que, grâce à* + nom, *à cause de* + nom, *puisque, car, comme, étant donné que…*

➡ La **conséquence** : *alors, si bien que, c'est pourquoi, par conséquent, donc, d'où, du coup…*

On peut aussi utiliser un verbe pour exprimer la conséquence : *provoquer, entraîner, causer, déclencher…*

---

1. a Trois verbes ont une forme irrégulière : *être, avoir* et *savoir*. **Trouvez-les !**

b Utilisez ces trois verbes au gérondif pour compléter la phrase :
En …, en … et en …, je ne procrastine jamais !

2. Complétez avec le verbe entre parenthèses au gérondif.
a. J'arrive à la salle de gym (courir) … .
b. Elle effectue ses tâches de travail (sourire) … .
c. Il a compris sa situation (lire) … le livre de Nelly Pons.
d. Je commence toujours ma journée en (écrire) … une to-do-list.
e. J'ai acquis de l'expérience (faire) … différents jobs.

1. Observez ces phrases.

Grâce à toi, je fais plus de sport. Du coup, je suis en bonne santé.

À cause de cela, il n'a plus de travail. Par conséquent, il s'est inscrit à Pôle Emploi.

a. Quelle cause est : positive ? négative ?
b. Quelle phrase est : à l'écrit ? à l'oral ?

2. À deux, imaginez la suite de l'histoire du personnage de la maman dans *Mytho* qui enchaîne mensonge sur mensonge. Passez de cause en conséquence !

Elle a raconté qu'elle avait un cancer du sein. Donc…

La phrase déclarative (non terminée)

Quand la phrase n'est pas terminée, la voix monte sur la dernière syllabe du groupe de mots (= la syllabe accentuée).

*Le men**songe** ↗, c'est un **mot** ↗ …*

La phrase déclarative (terminée)

Quand la phrase est terminée, la voix descend sur la dernière syllabe du groupe de mots (= la syllabe accentuée).

*…pour dire beaucoup de **choses** ↘.*

---

1. ▶ 40 | Écoutez ces extraits et dites si la phrase est terminée ou non.
a. La jalousie, c'est un sentiment…
b. La joie, c'est un sentiment…
c. La colère, c'est une émotion…
d. La peur, c'est une émotion…

2. Décrivez en une phrase une série que vous aimez.
Isolez les groupes de mots, notez les syllabes accentuées et précisez si la voix monte ou descend.
Prononcez votre phrase !

soixante-trois **63**

Recyclage

n. masc.
peut se faire
à tout âge.

édito

Lutter contre le changement climatique, participer au développement durable, se mettre à la culture du zéro déchet… Depuis une quarantaine d'années, on nous invite à agir pour le respect de l'environnement. L'occasion de revenir à l'essentiel !

UNITÉ 4

66
SITUATIONS

1. Expliquer un problème | p. 66
   Expliquer une initiative | p. 67

2. Décrire un lieu de recyclage | p. 68
   Décrire une œuvre d'art | p. 69

70
LA FABRIQUE | p. 70
AU QUOTIDIEN | p. 71

72
SITUATIONS

3. Raconter son lien avec la nature | p. 72
   Raconter une expérience | p. 73

74
LA FABRIQUE | p. 74
L'OPINION | p. 75

76
L'EXTRAIT | p. 76
LA MISSION | p. 77
Ça se recycle ?

78
MÉMO

SITUATIONS 1

Expliquer un problème

DOCUMENT 1

La face cachée de la pollution plastique

Bidons, bouteilles, tongs… Ces déchets que l'on trouve en nombre sur les plages du monde entier ne sont que la partie visible de la pollution plastique qui frappe les océans. On y trouve aussi
5 de nombreux plastiques invisibles à l'œil nu, dont les nanoplastiques, inférieurs au millième de millimètre. Les scientifiques […] mènent l'enquête en Guadeloupe pour mieux comprendre l'origine et la transformation de ces fines poussières de
10 plastique ainsi que leur impact sur les écosystèmes. Chaque année dans le monde, plus de 9 millions de tonnes de déchets plastiques sont déversées dans les océans. Pour les chercheurs, les mangroves* représentent un véritable laboratoire à ciel ouvert
15 qu'ils parcourent avec leur instrument de mesure installé sur une planche de surf.

Carnets de sciences n°6, CNRS, 2019.

*forêt en bord de mer, située dans des zones tropicales

---

1. Lisez le titre du **DOCUMENT 1**.
   a. Donnez des exemples de pollution plastique.
   b. Expliquez ce que signifie « la face cachée ».

2. Lisez l'article.
   a. Nommez le contexte général : le problème, les conséquences et le lieu de l'enquête.
   b. Donnez des précisions sur les recherches : qui ? comment ? pourquoi ? où ?
   c. Cherchez la définition de « nanoplastique ».

3. **a** Donnez des exemples de *déchets*.
   b Nommez ce que remplacent ces *pronoms*. Expliquez leur fonctionnement.
   ▸ *Ces déchets que l'on trouve…*
   ▸ *La pollution plastique qui frappe…*
   ▸ *De nombreux plastiques dont les nanoplastiques…*
   c Repérez les deux verbes *trouver*. À deux, proposer un synonyme.

4. ▶41 | Écoutez le témoignage du **DOCUMENT 2**.
   a. Relevez les objets en plastique.
   b. Regardez ces phrases.
   ▸ *Je file sous la douche.*
   ▸ *J'utilise du shampooing dans ma douche.*
   c. Écoutez à nouveau et relevez le *pronom* qui les relie.

5. 👉 Échangez sur votre consommation de plastique : êtes-vous un grand consommateur de plastique ? Quels sont les objets en plastique dont vous pourriez vous passer ?

La **Guadeloupe** est un territoire français d'outre-mer. Où ce groupe d'îles est-il situé ?
▸ Dans le sud de la mer des Caraïbes.
▸ En Amérique du Sud, près du Brésil et du Suriname.
▸ Dans l'archipel des Comores, dans l'océan Indien.
Localisez ces propositions et nommez les autres territoires français d'outre-mer.

UNITÉ 4

Expliquer une initiative

DOCUMENT 3

SANS SUPERMARCHÉ... TOUTE L'ANNÉE ?
Après le défi « Février Sans Supermarché », beaucoup ont décidé de continuer !

Vous avez peut-être entendu parler du défi « Février sans supermarché » initié en 2017 par des citoyennes de Neuchâtel et En Vert Et Contre Tout.

envertetcontretout.ch

6. Regardez le DOCUMENT 3. Ensemble, nommez : le nom du site, le nom du défi, le contexte de création (date et lieu) et les objectifs de ce défi.

7. 42 | Écoutez le DOCUMENT 4. Répondez aux questions.
   a. Comment s'appelle la radio ? Qui est l'invitée ?
   b. Quel est le lien avec le document 3 ?
   c. Quel est le problème du supermarché ?
   d. Quelle critique de la société fait l'invitée ?
   e. Quelles sont les initiatives dont parle l'invitée ? Pourquoi ?

8. Écoutez à nouveau.
   a. Trouvez deux mots qui indiquent un *excès*.
   b. Quels sont les mots liés aux courses ?

9. 43 | Écoutez. Vous entendez des liaisons ? Pour quels mots ?

10. | J'agis !

Réagissez au défi *Février sans supermarché*. Pourriez-vous relever ce défi ? Expliquez pourquoi dans un texte de 160 mots.

11. | On coopère !

En groupes, réfléchissez à un défi pour la planète. Expliquez le problème de départ et exposez votre défi au reste de la classe qui vous pose des questions. Votez pour le meilleur défi !

Expliquer un problème

Chaque année, il y a…
On trouve plus / moins de…
Cela représente…
Le problème, c'est que…
Il y a des problèmes de…
On est dans une société qui…

SITUATIONS 2

Décrire un lieu de recyclage

DOCUMENT 1

lareservedesarts.org

1. Regardez le DOCUMENT 1. Que pouvez-vous dire sur La Réserve des arts ?

2. ▶44 | Écoutez le DOCUMENT 2.

   a Répondez aux questions.
   a. La Réserve des arts, c'est quoi ? Où est-elle située ? Qui est la directrice ?
   b. Cette réserve sert à quoi ? À qui ?
   c. D'où viennent les matériaux ?
   d. Que ressentent les structures qui donnent les matériaux ?
   e. Qui peuvent être les artistes ? Sont-ils motivés ? Pourquoi ?

   b Retrouvez l'information qui correspond aux nombres :
   10 | 14ᵉ | 4500 | 60 | 140 tonnes.

3. Transformez à l'aide d'un **pronom relatif**.
   On va parler d'une association qui transforme les déchets.
   → *L'association … on va parler transforme les déchets.*

4. a Lisez ces verbes issus du document.
   réduire | transformer | peser | mesurer | collecter | soutenir | jeter
   Quel verbe ne peut-on pas utiliser pour parler de déchets ?

   b Que signifie cette phrase : « Les déchets vont **trouver une issue** auprès de la culture » ?
   ▶ La culture est une solution pour résoudre le problème des déchets.
   ▶ Les déchets sont jetés dans la terre cultivée.
   ▶ Pour réduire les déchets, il faut contacter le ministère de la Culture.

5. ▶45 | Écoutez et dites si vous entendez la consonne soulignée.
   a. e<u>n</u> œuvre d'art – e<u>n</u> région parisienne
   b. u<u>n</u> entrepôt – u<u>n</u> lieu de vente
   c. de<u>s</u> objets décoratifs – de<u>s</u> vases

6. 👉 Échangez. Est-ce que vous avez déjà recyclé des matériaux pour créer un objet ? Si oui, décrivez l'objet de départ et l'objet final.

UNITÉ 4

Décrire une œuvre d'art

DOCUMENT 3

Bruges : une baleine géante en plastique dénonce la pollution des océans.

Cette impressionnante sculpture de baleine installée à Bruges dénonce la pollution des océans à cause des déchets plastiques. Haute de près de 11 mètres, cette sculpture a été réalisée à partir de 5 tonnes de déchets plastiques. En réponse au concours Liquid City lancé par la triennale 2018 de Bruges, l'agence d'architecture et de design Studio KCA [...] a eu l'idée de concevoir cette œuvre à partir de déchets recueillis dans les océans Pacifique et Atlantique [...] Le projet vise bien évidemment à dénoncer l'accumulation des déchets qui tue peu à peu la vie marine et dénature les côtes. Baptisée Skyscraper, la baleine en plastique ne représente qu'une infime part des déchets plastiques estimés à 150 millions de tonnes [...] « *À l'heure actuelle, 150 millions de plastique nagent dans nos océans,* explique Klimoski dans une vidéo créée pour le projet, *c'est bien plus que le nombre de baleines qui y vivent...* »

OphélieB, golem13.fr.

7. Regardez la photo et lisez le titre du **DOCUMENT 3**. Choisissez trois mots-clés pour décrire cette œuvre d'art.

8. a Lisez le texte. Expliquez pourquoi on parle de :
   a. Bruges.
   b. baleine.
   c. plastique.

b Complétez les informations sur l'œuvre d'art.
nom | taille | poids | matériaux | auteur

Décrire une œuvre d'art

C'est en bois / plastique / verre…
Ça fait deux mètres sur…
Cela mesure…
Cela pèse… / Ça fait 5 tonnes.
C'est pour…
Cela sert à…
C'est décoratif.
Cela représente…

---

9. a Repérez, dans le texte, les deux phrases avec un **pronom relatif**. Que remplace le pronom ?

b Remplacez le mot qui est répété cinq fois par des synonymes : *poubelles, ordures, saletés, résidus*.

c À votre avis, que signifie « l'accumulation de déchets dénature les côtes » ?

10. ✏️ | **J'agis !**

Écrivez un texte de 160 mots pour répondre à la question suivante : Êtes-vous d'accord pour dire qu'une œuvre d'art peut être faite de déchets ?

11. 🔊  | **On coopère !**

En groupes, imaginez une seconde vie aux objets de la classe. Faites la liste des objets que vous pourriez recycler. Proposez une nouvelle fonction et décrivez-les. L'un de vous prend des notes pour résumer vos idées à la classe.

LA FABRIQUE

DES MOTS
Les préfixes *dé-* et *sur-*

 Observez.
dénaturer | **sur**emballage | **dés**installer

Réfléchissez.
a. Quel préfixe exprime une privation (ou négation) ? Un excès ?
b. Que se passe-t-il quand le verbe commence par une voyelle ?

Appliquez.
1. Choisissez le(s) bon(s) préfixe(s) et proposez de nouveaux mots.
poids | faire | coller | prendre | ordre | monter | coiffer | charger

2. Pour chaque phrase, trouvez le verbe avec un préfixe.
a. Il enlève ses vêtements.
b. Il sort du bateau.
c. Il quitte son appartement.
d. Il enlève la prise de son ordinateur.

DES VERBES
Trouver

Observez.
On **trouve** des plastiques sur la plage.
Je **trouve** qu'il faut moins gaspiller.
Il faut **trouver une issue** à ce problème.

Réfléchissez.
Attribuez un synonyme à chaque phrase ci-dessus.
solutionner | penser | découvrir

Appliquez.
Remplacer le verbe *trouver* par un synonyme.
a. Il a trouvé à se loger.
b. Il a trouvé son sac.
c. Il trouve qu'il trie mal ses déchets.
d. Il trouve ce plat trop salé.
e. Avec la chaleur, il s'est trouvé mal.

DE LA GRAMMAIRE
Les pronoms relatifs

 Observez.
L'association **dont** on parle transforme les déchets.
Sur la plage, il y a de nombreux déchets, **dont** les nanoplastiques.

Réfléchissez.
a. Dans quelle phrase peut-on remplacer *dont* par *parmi lesquels* ?
b. Dans quelle phrase utilise-t-on un verbe avec *de* ?

Appliquez.
1. Révision : Complétez ces phrases avec *qui, que, où, dont*.
a. Quels sont les objets ... tu as besoin pour ton œuvre ?
b. Je vous présente Julie, ... j'ai rencontrée à Bruges.
c. La pollution est un problème ... nous concerne tous.
d. Quel est le mois ... il fait le plus chaud ?
e. C'est d'une pause ... j'ai envie !

2. Créez des propositions relatives à partir des verbes suivants.
rêver (de) | parler (de) | avoir besoin (de) | être fier (de)

DES SONS
Marques de l'oral : la liaison obligatoire

46 | Écoutez et observez.
vous êtes | vous gérez
en œuvre d'art | en région parisienne
un entrepôt | un lieu de vente
des objets décoratifs | des vases

Réfléchissez.
a. On fait la liaison entre quels types de mots ?
b. On fait la liaison devant quel type de lettre ?
c. La consonne de liaison est-elle prononcée quand elle est suivie d'une consonne ?

Appliquez.
47 | Écoutez. Dans quelle expression entend-on la liaison ?
de plus en plus de temps | en plus de ça

UNITÉ 4

Au quotidien

Ces phrases que vous entendrez forcément.

- Dites non aux sacs plastiques !
- Il suffirait d'un geste pour sauver la planète.
- C'est quand même pas très difficile de trier ses déchets.
- De toute façon, il sera bientôt trop tard.
- Il faut se mobiliser !
- J'ai mauvaise conscience.
- Je ne me sens pas concerné(e).
- Le surcyclage, c'est encore mieux que le recyclage !
- Il est encore temps d'agir !
- Changeons le système, pas le climat !
- Et alors, c'est pas ma faute ?
- Adoptez de bons réflexes : pensez à éteindre ou débrancher vos appareils !

1. COMPRENDRE

a. ▶ 48 | Lisez les phrases et écoutez la présentation du journaliste. Retrouvez les phrases énoncées.

b. Retrouvez le contexte : c'est qui ? où ? quoi ?

c. Quel est le message fort de cette présentation ?

2. SE PRÉPARER

Par deux, réfléchissez à cinq gestes simples à faire au quotidien pour la planète. Discutez-en !

3. AGIR

En groupes, rédigez cinq slogans pour encourager votre classe à agir pour la planète. Un groupe se lève et circule dans la classe comme s'il manifestait en faveur de l'environnement. Il énonce un des slogans, haut et fort. Il se rassoit. Un autre groupe se lève. Et ainsi de suite. Soyez bien à l'écoute car vous devez noter tous les slogans énoncés.

Stratégie

Pour clamer un slogan, pensez à bien articuler et à mettre en valeur le mot-clé de votre phrase, en l'accentuant.

Imaginer

Une vie sans déchet. C'est ce que fait Béa Johnson, blogueuse et conférencière spécialiste du mode Zéro déchet. Suivez son exemple et imaginez, à deux, des solutions pour réduire le nombre de déchets dans votre quotidien.

soixante et onze **71**

SITUATIONS ❸

Raconter son lien avec la nature

DOCUMENT 1

1. SEUL

ⓐ Regardez les photos du DOCUMENT 1 **et lisez le titre de la page.** À votre avis, quels liens ont-ils avec la nature ?

ⓑ ▶5 | Regardez la VIDÉO 5 **et dites si ces affirmations sont vraies ou fausses. Justifiez vos réponses.**
a. La femme a toujours voulu être maraîchère.
b. Stéphane avait déjà des terres avant de rencontrer Sophie.
c. Ils vivent à la montagne, à 1100 mètres d'altitude.
d. Ils cultivent une trentaine d'espèces de légumes.
e. La terre n'est pas très adaptée au maraîchage.
f. Ils ont choisi la culture biologique pour trois raisons.

2. EN GROUPES

ⓐ Trouvez des mots liés à la culture de la terre. Réécoutez et complétez votre liste.

ⓑ Repérez dans ce paragraphe les temps du passé et justifiez leur utilisation. Retrouvez l'adverbe qui indique une évolution.
Je voulais travailler la terre. On a essayé et, progressivement, on s'est agrandi. Pendant 4 ans, j'étais seule sur l'exploitation et après, on a voulu se diversifier.

ⓒ ▶49 | Écoutez. Vous entendez des liaisons ?

3. EN CLASSE

ⓐ Pour quelles raisons, Stéphane et Sophie ont-ils fait ce choix de vie ? Listez au minimum quatre verbes.

ⓑ 👍 Échangez. Et vous, pour quelles raisons seriez-vous prêt(e) à changer de vie ?

 +

À Paris, il existe un quartier qui s'appelle « **Le Marais** ». Autrefois, dans ce quartier, on faisait du maraîchage, c'est-à-dire qu'on y cultivait des légumes et des plantes. C'était comme un grand potager ! Vrai ou faux ?

UNITÉ 4

Raconter une expérience

DOCUMENT 2

Mon expérience de la permaculture est venue, comme beaucoup d'autres, de la simple curiosité et du désir de mieux connaître une philosophie, ses principes et d'en faire l'expérience dans mon jardin. J'avais vu des amis atteindre des résultats impressionnants sur des terrains a priori incultivables [...] J'ai donc suivi un cours, le temps d'un week-end, qui m'a beaucoup aidée à comprendre la théorie et la pratique de la permaculture. J'ai vite réalisé que ce que je venais d'apprendre avait imprégné ma façon de penser en général. Je me suis vite retrouvée à chercher des solutions de type permaculture dans des domaines étrangers à mon potager : le travail, les problèmes personnels, la vie pratique, l'accomplissement de projets, la gestion de mon temps et de mon énergie, l'utilisation de mes relations. Les principes qui me motivaient étaient « obtenir un résultat » et « valoriser la diversité ».

J'aime tout ce qui est solutions économiques, multifonctionnelles et à faire soi-même. L'idée d'utiliser tout ce qui est à ma disposition et d'en faire un usage mutualisé* m'a tout de suite séduite. Je me suis mise à observer mon environnement plus attentivement : les étendues vertes entourant l'immeuble où je vivais, régulièrement tondues par la mairie et facilement transformables en verger, et le parc du quartier recouvert de parterres de fleurs [...] J'ai réfléchi à un système communautaire de partage d'outils, et d'échange de graines et de pousses, pour que tout le monde puisse bénéficier de ce qu'ont les uns et les autres au lieu de dépenser des fortunes à la boutique de jardinage pour ses besoins personnels. Enfin, pour être parfaitement honnête, j'ajouterais que le principe « faites-en le moins possible » m'a aussi considérablement charmée.

Magazine *Respire*, mars 2019.

*commun

4. Lisez le début du texte en gras et regardez l'illustration du DOCUMENT 2. Expliquez « permaculture » à l'aide de la construction du mot.

5. Lisez le texte. Répondez aux questions.
a. Qui écrit ?
b. Comment cette personne s'est-elle préparée à la permaculture ?
c. Quelles sont les motivations de la personne ?
d. Quel trait de personnalité est lisible dans la dernière phrase du texte ?

6. Lisez ces phrases. Classez-les par ordre chronologique. Repérez le plus-que-parfait.
Elle poursuit sa philosophie dans son quotidien. | Elle a commencé la permaculture. | Elle avait vu des amis atteindre des résultats impressionnants.

7. ⓐ Trouvez les mots liés à la culture de la terre.
ⓑ Repérez les trois adverbes en -ment.
ⓒ Par quel synonyme pouvez-vous remplacer *suivre* dans « suivre un cours » ?

Raconter une expérience

Mon expérience est venue de…
J'ai suivi…
Je me suis retrouvé(e)…
Je me suis mis(e) à…
J'ai réfléchi à…
L'idée de… m'a charmé(e).
D'abord, … / Ensuite, … / Enfin, …

8. **J'agis !**

Le magazine *Respire* vous invite à raconter une expérience en lien avec la nature. Rédigez un texte de 160 mots environ.

9.  **On coopère !**

Réfléchissez à « un système communautaire de partage d'outils », matériels ou non, basé sur les compétences de chacun. Exposez-le à la classe.

LA FABRIQUE

DES MOTS
Des adjectifs → Des adverbes

👁 **Observez.**
progressivement   **considérable**ment
attentivement   **parfaite**ment

⚙ **Réfléchissez.**
a. L'adverbe en *–ment* se forme à partir de l'adjectif au masculin ou au féminin ?
b. Quel adjectif se termine déjà par une voyelle ? Dans ce cas, on ajoute … .
c. Dans cette phrase : « Récemment, il a parlé méchamment. », comment se forment les adverbes ? Pourquoi ?

✏ **Appliquez.**
1. Formez des adverbes.
facile | durable | seul | particulier | fréquent | courant | pratique | individuel

2. Individuellement, écrivez un bref article sur une actualité écologique de votre choix. Utilisez cinq adverbes.

DES VERBES
Suivre

👁 **Observez.**
J'**ai suivi** un cours pendant un week-end.
Ce chien m'**a suivi** jusque chez moi.
C'est de là que j'**ai suivi** la manifestation.

⚙ **Réfléchissez.**
Que signifie le verbe *suivre* dans chaque phrase ?
▸ Être derrière quelqu'un.
▸ Assister à quelque chose (événement, concert, etc.).
▸ Observer à distance.

✏ **Appliquez.**
Lisez ce texte. Par deux, trouvez des synonymes au verbe *suivre*.
Hier, j'ai suivi un cours de grammaire. En grammaire, il est bon de suivre les règles.
En classe, le professeur donne l'exemple. Alors, on le suit. Et puis, on suit aussi ses explications attentivement. Moi, je n'avais pas mon livre mais j'ai suivi le texte sur le livre de ma voisine.

DE LA GRAMMAIRE
Les temps du passé et le plus-que-parfait

👁 **Observez.**
Elle **avait** vu des amis atteindre des résultats impressionnants.
Elle **a suivi** un cours qui l'**a** beaucoup **aidée**.
Elle s'**est** vite **retrouvée** à chercher des solutions.

⚙ **Réfléchissez. Vrai ou faux ?**
a. Le plus-que-parfait s'utilise seul.
b. L'accord du participe passé suit les mêmes règles que le passé composé.
c. Le plus-que-parfait indique une postériorité dans le passé.

✏ **Appliquez.**
1. Regardez ces deux actions. Placez-les dans un ordre logique.
a. faire un gâteau | aller acheter des œufs
b. recycler ses déchets | trier ses déchets
c. préparer sa valise | partir en voyage

2. Faites des phrases avec chaque couple d'actions. Utilisez les indicateurs de temps suivants et le plus-que-parfait.
a. le mois dernier - le mois précédent
b. hier - la veille
c. il y a deux minutes - le matin même

DES SONS
Marques de l'oral : la liaison interdite

👁 ▶ 50 | **Écoutez et observez.**
Ça me plaît beaucoup et ça me ressource.
Il y avait un ancien lac.
Pour les clients au marché.
Pour pallier au froid ou au gel.

⚙ **Réfléchissez.**
a. Dans chaque extrait, il y a combien de groupes de mots ?
b. Fait-on la liaison entre deux groupes de mots ?

✏ **Appliquez. Lisez les phrases suivantes. Attention aux liaisons !**
Tu cultives des pommes ou des poires ?
Je veux préserver l'environnement et faire plaisir à mes clients.

UNITÉ 4

L'opinion

Ces opinions qui vous font réagir.

Il y a des déchets en nombre sur la plage.

Le problème des supermarchés, c'est le suremballage.

On est dans une société supercapitaliste.

Il y a de plus en plus de systèmes pour favoriser les commerces de proximité.

On apprécie que les déchets trouvent une issue auprès de la culture.

C'est motivant de créer à partir d'un matériau qui devrait être jeté.

Les déchets dénaturent les côtes.

Être dans cet environnement naturel, ça me ressource.

J'aime le principe : faites-en le moins possible.

1. SEUL

Choisissez trois opinions avec lesquelles vous êtes en désaccord. Écrivez, pour chacune, les raisons de votre désaccord.

2. EN CLASSE

Sous la forme d'un speed dating, rencontrez une personne de la classe toutes les trois minutes.
Exprimez votre désaccord par rapport à une opinion choisie ou par rapport à l'opinion de votre collègue.

3. EN GROUPES

a. Désignez un modérateur. Il sera neutre lors des discussions et veillera à ce que chacun soit poli et respectueux envers les autres.

b. Créez une bataille de désaccord(s) sur le thème de la pollution et du recyclage.

Exprimer un désaccord

Je ne partage pas cet avis.
Je n'ai pas la même opinion (que toi).
Je ne suis pas tout à fait / du tout d'accord.
Bien sûr que non.
Ce n'est pas vrai.
Tu plaisantes ?
Et puis quoi encore ?

Se détendre

Vous étiez en désaccord avec un de vos collègues. Allez le voir et serrez-lui la main, comme après un match sportif ! Ou bien prenez le temps de lui sourire et faites-lui un compliment.

L'EXTRAIT ▶51

Serge Joncour
Chien-Loup

« L'annonce parlait de calme, de paix assurée. »

Lise était tombée sur cette annonce en cherchant au hasard sur Internet. En lisant ce descriptif [...] elle y retrouvait une grande partie des critères qu'elle s'était fixés : la nature, le soleil et l'isolement*. L'isolement justement. Le petit détail qui l'intriguait, c'est que parmi toutes les locations présentées sur le site celle-ci était la seule dont aussi peu de cases étaient cochées. Les équipements semblaient minces, l'installation rudimentaire, autant dire qu'il n'y aurait pas de piscine, pas de clim, et même pas de télé. Mais surtout pas de téléphone, et par conséquent pas de Wi-Fi [...] Depuis plusieurs années Lise disait souffrir des ondes [...], voilà pourquoi elle voulait faire l'expérience de s'en tenir à l'écart. Et plus que tout, vivre le plus sainement possible, au rythme des jours, voir le soleil se lever et le suivre jusqu'à son coucher, regarder le temps en face, ne rien faire d'autre que marcher, méditer, respirer un air traversé d'aucune particule, d'aucun bruit... En poussant les recherches, elle avait repéré qu'au premier village on trouvait un magasin bio, pour le reste elle se voyait déjà cueillant des baies et des fleurs, des racines qu'elle avait répertoriées, tel était son rêve, passer trois semaines dans un état de nature, trois semaines quasi sauvages en étant coupée de tout.

— Je t'assure, Franck, des gîtes en pleine nature, sans télé ni Wi-Fi, ça n'existe pas. Une chance que je sois tombée sur celui-là, et en plus il est encore libre tout le mois d'août !

— C'est ce qui m'inquiète. Tu vois bien qu'il n'y a pas un avis, pas un commentaire de client, c'est quand même étrange.

Serge Joncour (écrivain français), *Chien-Loup*, Éditions Flammarion, 2018.

*être séparé, tenu à l'écart, coupé de tout

1. OBSERVER

Regardez la couverture. Lisez le titre et la citation. À votre avis, de quelle annonce s'agit-il ? Pourquoi avoir choisi cette citation ?

2. RÉAGIR

Lisez l'extrait.
▸ **Individuellement**
a. Rédigez l'annonce de départ.
b. Listez les critères de la femme.
▸ **Par deux**
c. Nommez les personnages. Expliquez leurs sentiments face à cette annonce. Justifiez ces sentiments.
▸ **En groupes**
d. Repérez les éléments grammaticaux de l'unité : *dont* et le plus-que-parfait. Listez toutes les règles d'accord du participe passé que vous connaissez.
e. Est-ce que vous aimez le personnage de Lise ? Est-ce qu'elle vous ressemble ? À sa place, seriez-vous inquiet(ète) ? Échangez.

3. RÉDIGER

Rédigez un extrait de carnet de voyage (160 mots) qui commence par « J'étais tombé(e) sur cette annonce en cherchant au hasard sur Internet ».

Exprimer une inquiétude

C'est ce qui m'inquiète.
Ça m'inquiète. / Ça me préoccupe.
Je suis inquiet(ète).
Je suis soucieux(euse).
Je suis préoccupé(e).
Ça me donne du souci.
Je me fais du souci pour...

Aide à l'écriture

Individuellement, faites un tableau à deux colonnes sur un brouillon : ce que vous aviez imaginé avant de partir / la surprise agréable en arrivant.
Exemple : la taille de la maison, l'équipement, le prix, etc.

UNITÉ 4

#LaMinuteCulturelle

Tester vos compétences en recyclage !

▶ **Vous avez 2 minutes ?**

Individuellement, regardez les quantités de produits à recycler et pour chaque produit, proposez une réponse.

▶ **Vous avez 5 minutes ?**

En groupes, comparez vos propositions. Exprimez votre désaccord, si nécessaire.

▶ **Vous avez 15 minutes ?**

De la même manière, posez trois questions au groupe voisin. *Exemple : Que feriez-vous avec 3 rouleaux de papier-toilette vides ?* Demandez au groupe de donner la réponse la plus « bête » possible.
Astuce : Les réponses « bêtes » sont parfois les meilleures.

Mission

La question #4
Ça se recycle ?

MÉDIATION

Participer à une tâche commune. Par exemple faire des suggestions et y répondre, demander l'avis des gens et proposer d'autres approches.

 8 minutes / personne

 Intra-groupes

 Trouver des solutions

 Être empathique

Vous avez trop de choses dans votre vie. Vous ne savez pas comment faire le tri. L'essentiel est de commencer !

 Individuellement, identifiez ce qui vous paraît polluant dans votre environnement aussi bien dans vos relations aux autres et dans votre organisation que dans les objets inutiles ou abîmés que vous conservez. Vous pouvez établir une liste qui commence par : *Je ne veux plus…*

 En groupes, exposez quelques éléments de votre liste à vos collègues. **Expliquez le problème** que vous rencontrez avec ces éléments et pourquoi vous avez des difficultés à faire le tri. Ensemble, trouvez des solutions ! L'un de vous aide à trouver la meilleure solution.

 Individuellement, notez la solution et **racontez votre expérience**, à l'écrit : *Le jour où j'ai décidé de me débarrasser de…*

➜ Outils de la classe p. 183   ➜ Cahier p. 48-49

Stratégie

Faites appel à votre mémoire et nommez, collectivement, les mots que vous connaissez sur les deux thématiques : art et écologie. Vérifiez avec le mémo ci-dessous.

L'écologie

L'environnement

consommer local / responsable = favoriser le commerce de proximité
créer une opération = lancer une initiative
faire du tri = recycler des déchets
jeter le suremballage = acheter en vrac
lutter contre le changement climatique
participer au développement durable
soutenir une cause écologique

La terre

la biodiversité
la permaculture
le produit bio

cueillir des baies / des fleurs
cultiver des légumes de saison
préserver l'écosystème
protéger la terre
semer des graines

L'art

Objets et matériaux

l'aluminium
le bois
le carton
le papier

collecter un déchet plastique
mesurer / compter / peser
photographier un objet décoratif
transformer / réutiliser / récupérer

Une œuvre

une démarche artistique
un / des matériau(x)
une palette d'outils
un plasticien
une sculpture

concevoir une œuvre
travailler la matière
utiliser ce qui est à disposition

---

1. Cachez le lexique. Quel objet suis-je ?
Je suis un objet …
a. …installé dans un parc ou un musée.
b. …recyclable.
c. …utile pour déménager.
d. …utilisé pour bricoler.

2. Regardez le lexique. Complétez la chaîne de mots pour répondre à la question suivante :
Que peut-on ?
a. préserver …   **d.** consommer …
b. faire …   **e.** cultiver …
c. jeter …

UNITÉ 4

Les pronoms relatifs

➡ font la relation entre deux phrases.

➡ remplacent un nom pour éviter une répétition.

- *qui* = sujet
- *que* = complément
- *où* = lieu
- *dont* ➡ est complément d'un nom, adjectif ou verbe introduit par *de*

1. ⓐ ▶52 | Écoutez.
   a. Combien de pronoms relatifs entendez-vous ?
   b. Pour chacun, nommez la répétition à éviter.
   c. Expliquez le choix du pronom.
   ⓑ Créez un texte similaire avec votre voisin(e) pour parler d'un lieu de recyclage.

2. Challenge à deux. Complétez ces phrases avec quatre pronoms !
   a. Je suis allée faire mes courses à la Biocoop … qui / que / où / dont
   b. Les artistes se sont retrouvés à La Réserve des arts … qui / que / où / dont
   c. Marine est fière de son projet écologique … qui / que / où / dont

Le plus-que-parfait

➡ se forme avec l'auxiliaire *avoir* ou *être* à l'imparfait + un participe passé.

➡ a besoin du passé composé ou de l'imparfait pour exister.

➡ indique une antériorité dans le passé.

1. a. Lisez ce texte.
   Entre le lycée agricole qui le poussait à la productivité et son voisin qui lui disait qu'il avait sali sa terre le jour où il y avait mis des pesticides, cet agriculteur mayennais a finalement décidé de se mettre à l'agriculture biologique. Il a récemment planté 1000 arbres pour redonner vie à sa terre.
   b. Pour chaque verbe, indiquez le temps utilisé.
   c. Expliquez le choix du plus-que-parfait.
   d. Vérifiez vos réponses avec votre voisin(e).

2. Pour chaque information, indiquez une antériorité et faites des phrases.
   a. Les Français ont gagné la Coupe du Monde.
   b. Vivaldi a composé *Les Quatre Saisons*.
   c. Léonard de Vinci a peint *La Joconde*.
   d. A. de Saint-Exupéry a publié *Le Petit Prince*.
   e. Le jeu « Super Mario Bros » est sorti sur Nintendo.

Marques de l'oral : la liaison obligatoire

➡ On fait la liaison entre deux mots qui appartiennent au même groupe de mots :
– un sujet et un verbe : *ils ont*
– un article et un nom : *les entreprises*

➡ On fait la liaison entre une consonne (généralement non prononcée) et une voyelle.
ils sont | ils ont   les structures | les entreprises

1. ▶53 | Écoutez et notez les liaisons.
   a. Cette association propose des outils innovants.
   b. Ces entreprises proposent des services intéressants.
   c. Les structures apprécient ce concept.
   d. Elles aiment beaucoup ce concept.

Marques de l'oral : la liaison interdite

On ne fait pas la liaison entre deux mots qui appartiennent à deux groupes de mots différents.

Ça me plaît beaucoup // et ça me ressource.

2. ▶54 | Écoutez et prononcez.
   a. des initiatives écologiques
   b. des emballages écologiques
   c. un événement culturel
   d. un objet décoratif

Curiosité

n. fém.
n'est pas toujours
un vilain défaut.

édito

— Si vous êtes de nature optimiste, vous verrez qu'il est facile de découvrir le monde qui vous entoure et de plonger dans l'histoire pour enrichir vos connaissances. Et ceci avec plaisir !

— Non, mais vous n'êtes pas sérieux ?

UNITÉ 5

SITUATIONS

1. Introduire des faits incertains | p. 82
   Introduire des faits scientifiques | p. 83

2. Se poser des questions | p. 84
   Se poser des défis | p. 85

LA FABRIQUE | p. 86
AU QUOTIDIEN | p. 87

SITUATIONS

3. Mettre en valeur un événement | p. 88
   Mettre en valeur une découverte | p. 89

LA FABRIQUE | p. 90
L'OPINION | p. 91

L'EXTRAIT | p. 92
LA MISSION | p. 93
T'es pas sérieux ?

MÉMO

SITUATIONS 1

Introduire des faits incertains

DOCUMENT 1

LES SAVOIRS INUTILES

20% des téléspectateurs disent regarder le Tour de France pour les paysages.

D'après des chercheurs japonais, les chats reconnaissent leur nom. S'ils ne le font pas, c'est qu'ils choisissent d'ignorer celui qui le prononce.

Un(e) Français(e) consomme en moyenne 2,4 kilos d'aliments par jour.

Le nombre d'utilisateurs de trottinettes en France est estimé à 500 000.

Pendant son sommeil, on bouge toutes les 20 minutes environ.

La population mondiale compterait 25 % de personnes dites du matin, et 25 % de personnes dites du soir, le tout déterminé par les gènes.

NEON
www.neonmag.fr/les-savoirs-inutiles

---

1. ⓐ Regardez le **DOCUMENT 1**. Lisez les deux premiers savoirs sous chaque illustration. D'après vous, qu'est-ce qu'un savoir inutile ?

ⓑ Lisez tous les **savoirs**. Attribuez un nom de rubrique à chacun.
les animaux | l'activité | l'inactivité | les médias | l'alimentation | les transports

2. Dans le texte, repérez le verbe *compter*. À quel temps est-il conjugué ? Savez-vous pourquoi ?
→ Aidez-vous des Outils de la classe p. 183

3. ⓐ 👍 **En groupes, échangez sur ces savoirs.** Classez-les par ordre d'utilité : du plus inutile au plus utile.

ⓑ Faites un sondage : Quel est le nombre d'utilisateurs de trottinettes dans votre groupe ? Et le nombre moyen d'aliments consommés par jour ?

Introduire des faits incertains

en moyenne / environ
à peu près / plus ou moins
on estime à… / le nombre de… est estimé à…
il y aurait… / on compterait…
en général / de façon générale

Culture +

Le Tour de France, créé en 1903, est une course cycliste internationale qui se déroule en 21 étapes et qui a lieu pendant trois semaines. Les gagnants remportent des maillots de couleur différente.
Associez chaque couleur de maillot (jaune, vert, blanc, blanc à pois rouges) à sa signification :
▸ meilleur sprinter.
▸ meilleur jeune (moins de 25 ans).
▸ meilleur classement général.
▸ meilleur grimpeur de montagne.

Introduire des faits scientifiques

UNITÉ 5

4. Regardez le DOCUMENT 2.

a Nommez la chaîne de télévision et l'émission, devinez la profession de l'invité.

b Lisez la question du document 2. À votre avis, en quoi consiste l'émission ?

5. ▶6 | Visionnez la VIDÉO 6.

a Donnez des informations sur cet homme.

b Vrai ou faux ? Justifiez vos réponses.
a. Dans l'espace, on fait attention aux miettes de pain.
b. Dans l'espace, on dort sous un ventilateur.
c. Dans l'espace, on ne s'amuse jamais.
d. En 2022, il y aura une nouvelle expédition dans l'espace.

6. Observez la question suivante.
« Tout votre travail dans l'espace, il a servi à quoi ? »

a Expliquez le verbe *servir*.

b Répondez à la question et expliquez pourquoi aller dans l'espace augmente la connaissance.

7. Observez la phrase suivante.
« Il paraît que tu repars en 2020. »

a Peut-on remplacer cette phrase par On dit que tu repars en 2020. **ou** par « Il repart en 2020 », dit-on. ?

b Quelle différence entre les types de discours des phrases de la question précédente ?

8. a ▶55 | Écoutez. La voix monte ou descend à la fin de la question ?

b ▶56 | Écoutez. La voix monte ou descend sur ces syllabes ?
*Basket avec Michael Jor**dan** ou un duo saxo avec Maceo Par**ker** ?*

DOCUMENT 2

POURQUOI C'EST DANGEREUX LES MIETTES DE PAIN DANS L'ESPACE ?

LA BOÎTE À QUESTIONS
CANAL+

9. ✏️ | J'agis !

Individuellement, écrivez cinq questions que vous souhaitez poser à votre voisin(e) pour enrichir vos connaissances dans un domaine particulier. Donnez-lui vos questions. Il enregistre ses réponses comme s'il était dans une boîte à questions !

10. 🔊 | On coopère !

En groupes, discutez de quelques savoirs inutiles et incertains que vous connaissez dans n'importe quel domaine (alimentation, francophonie, sport, sciences, espace, etc.). Inventez-les si nécessaire.

SITUATIONS 2

Se poser des questions

1. ⓐ Regardez le DOCUMENT 1. **Qui parle à qui ? Sur quel ton ? Comment le savez-vous ?**

ⓑ Lisez la phrase sous l'illustration. Quel est l'argument de l'enfant ? Que pensez-vous de cet argument ?

DOCUMENT 1

- Je n'aime pas ce ton. Dois-je une fois de plus te rappeler qu'un jour, c'est *moi* qui choisirai ta maison de retraite ?

2. ▶57 | **Écoutez le** DOCUMENT 2. **Répondez aux questions.**

a. Comment l'enfant pose-t-il des questions quand il a moins d'un an ? Et après ? À quel âge ?

b. Sur quoi est-ce que l'enfant pose des questions ?

c. Quelles sont les trois raisons qui expliquent les « pourquoi » d'un enfant ?

d. Que ressent parfois l'adulte envers les questions répétitives de l'enfant ?

3. Repérez dans le document une expression synonyme de curiosité.

4. ⓐ Écrivez au discours direct : Eva voudrait savoir pourquoi les enfants posent autant de questions. **Écoutez pour vérifier votre réponse.**

ⓑ Écrivez au discours indirect : L'enfant pose aussi des questions pour savoir : « Est-ce que l'adulte sait les mêmes choses que moi ? ». **Écoutez pour vérifier votre réponse.**

5. ▶58 | **Écoutez. La voix monte ou descend sur le mot interrogatif ? Et à la fin de la question ?**

6. 👍 Échangez. En groupes, partagez trois questions que vous vous posez souvent à vous-même. Expliquez pourquoi.

Se poser des questions

Je voudrais (bien) savoir pourquoi…
Je ne sais pas comment…
Je me demande si…
Je m'interroge sur…
Et si + *imparfait*… ?
Est-ce que je ne devrais pas… ?

Culture +

Né en 1958 à Paris, **Olivier Chapougnot** publie des illustrations humoristiques dans des revues et magazines comme *Télérama, Lire, Pyschologies* ou encore *Madame Figaro* depuis 1995. Il signe ses illustrations avec un autre nom : Voutch. Ce nom est un anonyme, un éponyme ou un pseudonyme ?

Se poser des défis

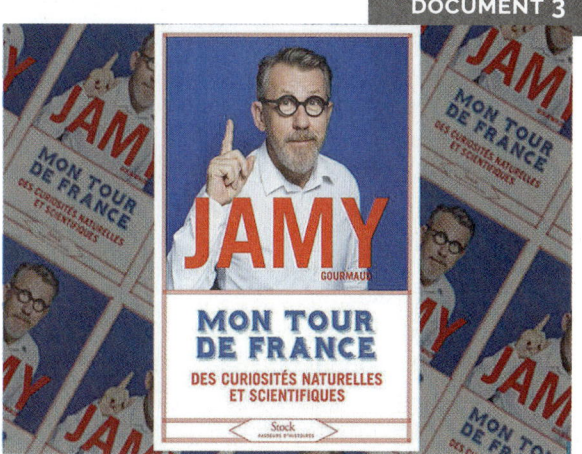

DOCUMENT 3

Passeur de savoirs et d'histoires, Jamy est un spécialiste de la vulgarisation qui a inspiré bien des curieux et amateurs de science avec ses émissions télévisées. Mais ce *Tour de France des curiosités naturelles et scientifiques* représente un exercice inédit […] Pour ce livre, « j'avais besoin d'avoir autre chose à raconter que de la pédagogie », poursuit-il. Et l'écriture a offert l'opportunité parfaite. « *Les émotions sont parfois dures à faire passer par l'image. Avec les mots, c'est plus facile. On peut prendre son temps, choisir le bon mot* ». Après un choix géographique et thématique, Jamy a finalement décidé d'emmener les lecteurs à travers seize voyages bien différents à la découverte de ce qu'il se plaît à nommer « le gai savoir » […] « *J'avais déjà visité la plupart des lieux mais je suis retourné sur certains. Il y en a d'autres où je suis allé pour la première fois pour écrire ce livre. Et j'ai fait des rencontres passionnantes* », précise l'auteur qui ne dément pas sa frustration à avoir dû limiter son choix à une liste de seize lieux et réfléchit déjà d'ailleurs à un second tome.

Car si le défi était inédit, il est réussi pour l'ancien animateur de *C'est pas sorcier**. Son ouvrage mêle souvenirs personnels, explications scientifiques ou techniques, récits d'histoires et immersion. Le résultat est à la fois fascinant, pédagogique et poétique.

Evelyne Ferrand, geo.fr, 19/03/2019.

*magazine télévisé français qui explique des faits scientifiques aux enfants

7. Regardez le DOCUMENT 3 et lisez le texte. Donnez des indications générales sur Jamy Gourmaud et sur son livre *Mon Tour de France des curiosités naturelles et scientifiques*.

8. a Lisez de nouveau le texte. Classez les adjectifs suivants selon ce qu'ils décrivent.

inédit | pédagogique | seize | géographique | personnel | poétique | thématique | fascinant | frustré | passionnant

Jamy	le livre *Mon Tour de France*	les lieux

b En groupes, vérifiez vos réponses et trouvez un synonyme pour chacun.

9. Dans le document, relevez :
  a. des mots relatifs à la connaissance.
  b. des verbes introducteurs du discours direct.

10.  | J'agis !

Vous vous posez des questions sur le défi que s'est lancé Jamy Gourmand. Enregistrez toutes les questions que vous vous posez sur votre smartphone.

11. | On coopère !

Choisissez un pays. Sélectionnez entre cinq et six curiosités scientifiques et naturelles qui pourraient plaire à vos lecteurs. Écrivez, à plusieurs mains, votre mini-livre.

LA FABRIQUE

DES MOTS
Les verbes introducteurs (1)

 Observez.

entendre dire | paraître
dire | affirmer | indiquer | préciser
vouloir savoir | demander
répondre | répliquer

Réfléchissez.
Pour chaque ligne, choisissez la signification des verbes : donner une réponse | donner une affirmation | poser une question | faire circuler une rumeur.

Appliquez.
1. Choisissez les verbes qui pourraient introduire au mieux ces phrases.
a. Pourquoi pleures-tu ?
b. Le Tour de France passe à Lyon en 2025.
c. Josh : « Tu vas à Paris ce week-end ? »
d. Élise : « Le dîner est prêt ! »

2. Par trois : l'un se place au milieu. Il rapporte au troisième ce que dit ou demande le premier. Pensez à changer de rôle !

DES VERBES
Servir

Observez.
servir un plat   servir son ami
ne servir à rien   servir de modèle

Réfléchissez.
Attribuez une définition au verbe *servir* de chaque phrase.
a. être de bon / mauvais usage
b. être un exemple
c. mettre sur la table
d. aider quelqu'un

Appliquez.
Retrouvez le contexte.
a. Madame est servie !
b. Prête-moi ce marteau : il va me servir à enfoncer ce clou.
c. Jean a servi de modèle à son père, Claude Monet.
d. Faire son service civique, c'est servir sa patrie.

DE LA GRAMMAIRE
Le discours indirect au présent

 Observez.
Il paraît que tu repars en 2020.
Je voudrais savoir pourquoi les enfants posent autant de questions.
L'enfant veut savoir **si** l'adulte sait les mêmes choses que lui.

Réfléchissez.
a. Quels éléments changent dans le discours indirect au présent ?
b. Que remplace *si* dans la dernière phrase ?

Appliquez.
1. Transformez ces phrases en discours indirect. Attention aux changements.
a. « Elle n'ira pas au Québec », paraît-il.
b. « Les Français utilisent beaucoup leurs trottinettes », indique le dernier sondage.
c. « Est-ce que tu aimes le Tour de France ? », demande Pauline à sa sœur.
d. « Comment est-ce que la grotte de Lascaux a été découverte ? », demande Marc.

2. Par deux, rédigez quelques rumeurs sur l'actualité. *Exemple : Il paraît que le président français a participé au marathon de New York.*

DES SONS
Intonation : la phrase interrogative

▶ 59 | **Écoutez et observez.**
T'imagines un astronaute aveugle à cause de miettes de pain ↗ ?
Pourquoi ↗ il est comme ça ↘ ?
À quoi ↗ ça sert ↘ ?
Basket avec Michael Jordan ↗ ou un duo saxo avec Maceo Parker ↘ ?

Réfléchissez.
Où est-ce que la voix monte ? Et descend ?

✏ **Vous interviewez une personnalité avec trois questions :** une question en *Oui/Non*, une question avec un mot interrogatif et une question avec *ou*.

Lisez vos questions en mimant la montée et la descente de la voix avec votre main.

Au quotidien

Ces phrases que vous entendrez forcément.

- Non, mais, t'es pas sérieux ?
- Vous plaisantez ?
- Tu (me) racontes des salades !
- Ce n'est pas croyable !
- De quoi je me mêle ?
- Tu déconnes ?*
- Je n'aurais jamais imaginé ça de sa part.
- Je serais curieux de savoir pourquoi il a réagi comme ça !
- Honnêtement, ça me surprend de sa part.
- Petit curieux !
- Vous êtes bien indiscret !
- Je ne pensais pas ça de vous.

*familier

1. COMPRENDRE

▶ 60 | Écoutez les trois situations. Retrouvez celle :
- avec une expression qui contient un nom de légume.
- avec une expression familière.
- avec une intonation assez neutre.

2. SE PRÉPARER

Individuellement, lisez les phrases à voix basse. Par deux, entraînez-vous : votre voisin(e) dit une phrase de son choix à voix haute ; vous reprenez la même en exagérant l'intonation.

3. AGIR

Par groupes de trois, choisissez :
- une intonation : neutre, interrogative, excessive.
- une situation : entre amis, entre collègues, en famille, entre membres d'un club.
- un sujet de discussion quotidien : le travail, la politesse, les fêtes de famille, les loisirs, l'argent…

Imaginez une scène et jouez-la entre vous.

Stratégie

Dans les conversations quotidiennes, il est important de s'appuyer sur le ton donné à la discussion pour comprendre le sens.

Imaginer

Vous trouvez une lampe à huile poussiéreuse. Au moment où vous la nettoyez, un génie en sort. Il peut exaucer trois vœux. Jouez la scène avec votre voisin(e) et choisissez des vœux.

SITUATIONS 3

Mettre en valeur un événement

DOCUMENT 1

LE FIGARO.fr culture

Langue Française | Télévision | Musique | Cinéma | Théâtre | Art-expos | Livres

Acteurs, écrivains, musiciens… De nombreuses personnalités françaises et étrangères du monde culturel ont réagi avec émotion à l'incendie qui a ravagé la cathédrale de Paris dans la nuit de lundi 15 à mardi 16 avril.

Pour la directrice générale de l'Unesco Audrey Azoulay, « Notre-Dame parle à tout le monde ». « C'est pour ça qu'une telle émotion nous étreint, tous. Paris est symbolique, et Notre-Dame est le cœur de Paris. C'est à ce titre qu'elle est inscrite sur la liste du patrimoine mondial », a-t-elle expliqué en précisant que l'Unesco se mobiliserait pour la sauvegarde de la cathédrale […] Au micro de France Info, l'ancien ministre de la Culture Jack Lang a lui relaté son épouvantable soirée […] Sur Twitter, Bernard Henri-Lévy a rendu hommage à la cathédrale, dans un texte accompagné d'une photo de l'effondrement de la flèche. Pour lui, « Notre-Dame, c'est la France de la Résistance et l'Europe de la littérature. C'est la sainteté gothique et la douceur de la Seine. La foi et la beauté. Aragon et Hugo » […] Sur France Inter, l'écrivain Sylvain Tesson a témoigné de sa tristesse. « Je vois Notre-Dame tous les jours, et maintenant je ne verrai plus qu'un trou dans le paysage », explique-t-il. Il raconte qu'il y a trente ans, il s'était « amusé à escalader cent fois la flèche de la cathédrale ». Sur Instagram, Marion Cotillard a avoué être « envahie de tristesse. » « Paris, mon amour. Paris, ma terre en deuil. Notre-Dame merveilleuse. Je pleure ta splendeur », a-t-elle ajouté. L'acteur Omar Sy a quant à lui partagé son émotion avec un émoji de cœur brisé et quelques photos de la charpente et de la flèche embrasées.

Thomas Hermans, lefigaro.fr, 16/04/2019.

Omar Sy @OmarSy
💔 Quelle tristesse …. #NotreDame

1. SEUL

a Regardez le DOCUMENT 1. De quel événement est-il question ? Quelle émotion est mise en avant ?

b Lisez le texte. Repérez : le nom des six personnalités, les médias, l'émotion commune ressentie et les éléments physiques de la cathédrale.

b Dans la phrase « Notre-Dame est le cœur de Paris. C'est à ce titre qu'elle est inscrite au patrimoine de l'Unesco », comment la cathédrale est-elle **mise en valeur** ?

c Dans le texte, trouvez les verbes introducteurs d'un discours. Quelles différences avec *dire* ?

2. EN GROUPES

a Retrouvez les mots-clés qui symbolisent la cathédrale. Indiquez celui que vous préférez.

3. EN CLASSE

a 👉 Échangez. Que pensez-vous de l'importance accordée à cet événement ?

b Quel monument de votre pays pourriez-vous pleurer s'il venait à brûler ?

Les 15 et 16 avril 2019, un incendie majeur survient à la cathédrale Notre-Dame de Paris. Cet événement entraîne une importante émotion, en France et dans le reste du monde. Un incendie avait déjà eu lieu en 1830 mais, à l'époque, le monument n'intéressait personne, sauf un jeune romancier. Comment s'appelait-il ?

▸ Gustave Flaubert.   ▸ Émile Zola.   ▸ Victor Hugo.

UNITÉ 5

Mettre en valeur une découverte

DOCUMENT 2

Grotte de Lascaux.

4. Regardez le DOCUMENT 2. Décrivez-le.

5. ▶61 | Écoutez le DOCUMENT 3.

a Choisissez le titre approprié.
▶ Le chien de Marcel ▶ Une grande grotte
▶ Un véritable trésor

b Répondez à ces questions générales : qui ? quoi ? où ? quand ? comment ? pourquoi ?

6. Écoutez à nouveau pour préciser vos réponses avec des prénoms, émotions et descriptions.

a. Comparez vos réponses avec celles de votre voisin(e).

b. À deux et à l'oral, résumez ce que vous comprenez de cette histoire.

7. a ▶62 Écoutez ces deux phrases issues de l'audio. Que remarquez-vous ?

b ▶63 Écoutez. Vous entendez l'accent sur quelle syllabe ?
incroyable | magnifiques | véritable

8. a Repérez les mots relatifs à la **découverte historique**.

b Regardez ce mot : *une lampe à huile*. De quoi est-il composé ?

Mettre en valeur

Ce qui est incroyable, c'est…
Ce que…, c'est…
C'est un véritable trésor !
Extraordinaire ! / Incroyable !
Ça, c'est…
Et surtout, …

---

9. | J'agis !

Vous venez de faire une incroyable découverte historique. Rédigez un texte dans lequel vous mettez en valeur cette découverte.

10. | On coopère !

Faites un inventaire des événements qui ont marqué l'histoire. À partir de votre discussion, créez des cartes avec, au recto, le nom de l'événement et au verso, la date de l'évènement. Échangez vos cartes avec le groupe voisin et jouez, en remettant les événements dans l'ordre chronologique !

LA FABRIQUE

DES MOTS
Les compléments du nom avec *à*

Observez.
une lampe à huile
une tasse de café ≠ une tasse à café
une tarte aux pommes

Réfléchissez.
Expliquez la différence entre *à* et *aux* et la différence entre *tasse de café* et *tasse à café*.

Appliquez.
1. Complétez par *à* ou *de*.
a. Est-ce que tu peux me passer le plateau … fromages ?
b. J'ai bu un verre … eau.
c. Je suis en train de lire un livre … poche.
d. Est-ce que tu as pris ton sac … dos ?
e. Zut ! J'ai oublié ma brosse … dents.

2. Par deux, trouvez la suite !
Un moteur à …   Une boîte de …
Une cuillère à …   Une assiette à …

DES VERBES
(Se) dire

Observez.
dire la vérité
se dire que…
dire son opinion

Réfléchissez.
Les trois verbes n'ont pas le même sens. Lequel a le sens d'*affirmer, penser, raconter* ?

Appliquez.
Remplacez *dire* par un autre verbe.
a. Il dit une histoire.
b. Elle dit son point de vue.
c. Ils disent leurs difficultés.
d. Cela nous dit quelque chose.
e. Il dit les propos de quelqu'un.

DE LA GRAMMAIRE
La mise en relief

Observez.
Ce qui est incroyable, **c'est** ce qu'il y a sur les murs.
Ce que les gamins de Montignac ont découvert, **c'est** un véritable trésor.
Ce dont j'ai besoin, **c'est** d'un café !

Réfléchissez et complétez.
a. Quel pronom relatif est sujet, complément d'objet direct ou indirect ?
b. La virgule (,) entraîne…

Appliquez.
1. Complétez ces phrases par *ce qui*, *ce que* ou *ce dont*.
a. ………. est cher, c'est la vie !
b. ………. je ne comprends pas, c'est pourquoi il continue.
c. ………. nous savons, c'est que demain est un autre jour.
d. ………. j'ai envie, c'est de voyager.
e. ………. tu oublies, c'est qu'il est petit.

2. Par deux, discutez de vos goûts à l'aide de ces phrases.
Ce qui me plaît, c'est… | *Ce que je déteste, c'est…* | *Ce dont j'ai peur, c'est…* | *Ce dont je rêve, c'est…*

DES SONS
Marques de l'oral : l'accent d'insistance

▶64 | Écoutez et observez.
Ce qui est **in**croyable, c'est ce qu'il y a sur les murs.
Partout, il y a des peintures. **Ma**gnifiques.
C'est un véri**table** tré**sor**.

Réfléchissez.
En général, l'accent est sur quelle syllabe ? Et quand on veut insister sur un mot ?

Appliquez.
Prononcez « C'est un véritable trésor » **en insistant sur** « véritable ».

UNITÉ 5

L'opinion

Ces opinions qui vous font réagir.

La curiosité est un vilain défaut.

Il est possible d'apprendre sans en avoir l'air.

Le travail dans l'espace sert à augmenter nos connaissances.

Les questions sont un bon moyen d'obtenir des réponses.

Répondre aux questions de l'enfant permet d'entretenir sa curiosité.

Les émotions sont parfois dures à faire passer par l'image.

C'est frustrant de choisir seulement seize lieux pour illustrer un pays.

La cathédrale de Notre-Dame, c'est une splendeur.

Les grottes de la préhistoire, c'est un véritable trésor !

1. SEUL

Individuellement, vous avez une minute pour choisir une opinion et quatre minutes pour développer deux arguments.

Développer un argument

En (règle) générale, … / D'une façon générale, …
En réalité, on peut dire que…
De fait, il est possible d'affirmer que…
De la même manière, …
Cette idée (me) fait penser à…
Cela prouve que…

2. EN GROUPES

Formez des groupes de six personnes pour discuter sur une opinion tirée au sort. L'un d'entre vous organise la discussion : c'est le modérateur. Il attribue un domaine d'expertise et un rôle à chacun.
▸ Rôles : défenseur, neutre, attaquant, utopiste, fou.
▸ Domaines d'expertise : histoire, sciences, psychologie, éducation, géographie.
Il invite et aide chaque membre à écrire deux à trois arguments en fonction de son rôle et de son domaine. Discutez !

3. EN CLASSE

Créez ensemble un mur collaboratif qui résume la discussion et répond à la problématique de départ commençant par « Pourquoi… ? ».

Se détendre

Remettez dans l'ordre chronologique les différents hommes préhistoriques : *Homo erectus* ; *Homo habilis* ; *Homo sapiens* ; *Australopithèque* ; *Homme de Néandertal*.

L'EXTRAIT ▶ 65

Le maire parcourut* la liste des postes à pourvoir que lui avait envoyée le ministère de la Guerre.
– Tu sais conduire un tracteur ?
5 – Non, monsieur.
– Et là – on cherche un soudeur au chalumeau. Tu sais souder ?
– Non, monsieur.
– Je vois ça. J'imagine que tu ne
10 sais pas non plus polir des lentilles optiques, hein ? […]
Le maire eut* un petit rire, l'affaire commençait à l'amuser.
– Non, monsieur.
15 – Tu es peut-être médecin spécialisé en médecine interne ? Expert en droit de commerce international ? Ingénieur électricien ? Dessinateur pour les Ponts et Chaussées ? […]
– Non, monsieur […] Le morse**, monsieur. Je sais le morse.
20 Effectivement, quelques semaines auparavant, une revue pour la jeunesse à laquelle Léon était abonné, *Le Petit Inventeur*, avait reproduit l'alphabet morse et par un après-midi dominical pluvieux, Léon avait eu la fantaisie de l'apprendre par cœur […]
25 – Bon, alors transcris-moi quelque chose en morse […]
C'est ainsi que par une journée de printemps 1918, Léon Le Gall fixa* sa valise en carton sur sa bicyclette, embrassa* tendrement sa mère et, après une brève hésitation, donna* même l'accolade à son père avant de grimper sur son
30 vélo et d'appuyer sur sa pédale. Il accéléra* comme s'il était censé décoller du sol au bout de la rue des Fossés, comme ce Louis Blériot qui avait récemment traversé la Manche sur son aéroplane bricolé avec du bois de frêne et des roues de bicyclette.

Alex Capus (écrivain franco-suisse), *Léon et Louise*, Actes Sud, 2012.

*Dans cet extrait littéraire, le passé simple est utilisé. C'est un temps propre au récit et à la littérature.

**un code utilisé dans le langage télégraphique international

1. OBSERVER
À l'aide de la couverture du livre, nommez les deux personnages principaux et l'auteur de ce roman.

2. RÉAGIR
Lisez l'extrait.

▸ **Individuellement**

a. Complétez les informations principales :
- La scène a lieu au printemps … en pleine première … mondiale.
- Les deux personnages sont monsieur le … et … Le Gall.
- Le jeune homme a appris par cœur l'alphabet … .
- Le jeune homme va quitter ses … pour aller … .

▸ **En groupes**

b. Retrouvez tous les métiers cités. Cherchez leur signification. Discutez du métier que vous aimeriez faire.

c. Que pensez-vous du personnage de Léon Le Gall ? Avez-vous envie de le rencontrer ? Pourquoi ?

3. RÉDIGER
Imaginez la suite de ce récit. Six mois plus tard, Léon rentre dans son village. Il rencontre le maire à qui il raconte ce qui lui plaît dans son travail. Le maire lui exprime sa satisfaction.

Exprimer une satisfaction
Bon / Très bien / Parfait.
C'est très bien.
C'est bien comme ça.
Ça suffit.
C'est satisfaisant.
Je suis satisfait de…

Aide à l'écriture — Préparez votre brouillon avec trois paragraphes : chaque paragraphe reprend un élément et une mise en relief. Pensez à donner des détails (un exemple pour le travail ; un trait de personnalité de Léon, etc.)

UNITÉ 5

#LaMinuteCulturelle

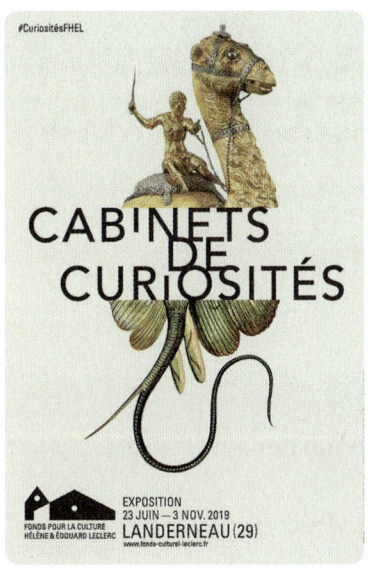

Rassembler des curiosités francophones

▶ **Vous avez 2 minutes ?**

Regardez l'affiche et imaginez les curiosités que vous pourriez trouver à cette exposition. Nommez cinq curiosités et leur origine.

▶ **Vous avez 5 minutes ?**

Avec votre voisin(e) et grâce à Internet, cherchez des curiosités qui représentent les pays francophones suivants : *la Belgique, le Canada, le Congo, Haïti, le Liban, le Mali, Madagascar, le Maroc, la Suisse, le Vietnam.*

▶ **Vous avez 15 minutes ?**

En groupes, comparez vos recherches et rassemblez vos curiosités francophones pour créer un cabinet de curiosités francophones. Publiez-le pour en faire un tableau Pinterest !

Mission

La question #5
T'es pas sérieux ?

MÉDIATION
Montrer sa compréhension des problèmes clés dans un différend sur un sujet qui lui est familier et adresser des demandes simples pour obtenir confirmation et / ou clarification.

 30 minutes

 Collectif

 Mettre en valeur un élément

 Être ouvert à toute proposition

Vous ne savez pas quoi répondre aux « Pourquoi » des enfants car vous n'avez pas les éléments de réponses. Posez des questions et trouvez l'élément à retenir !

 En groupes, faites une liste de questions que les enfants se posent généralement. Mettez-vous d'accord pour en garder une chacun.

 Individuellement, **posez une question** à plusieurs personnes dans la classe. Notez les réponses. Résumez-les à votre groupe et mettez-vous d'accord sur la réponse la plus juste.

 Individuellement, faites un podcast avec les réponses obtenues en les rapportant à vos auditeurs. Pour ne pas endormir vos auditeurs, **mettez en valeur l'élément** à retenir.

quatre-vingt-treize

→ Outils de la classe p. 183   → Cahier p. 60-61

Stratégie

Lisez le mémo. Pour mémoriser une série de mots d'une même catégorie (les événements), pensez à la technique de l'abécédaire : *A comme…*

L'histoire

Un événement

un attentat
une crise
une disparition
une découverte
un effondrement = une chute
une grève
une guerre
un incendie

raconter / témoigner d'un événement

La mémoire

une frise chronologique
un monument

entretenir la mémoire = commémorer
marquer l'histoire = garder en mémoire
raconter un récit
rendre hommage à quelqu'un
sauvegarder le patrimoine = préserver
se rappeler un événement = évoquer des souvenirs

Les connaissances

Le savoir

un connaisseur ≠ un amateur
un spécialiste ≠ un non-spécialiste

apprendre par cœur
acquérir par l'expérience
être pédagogique = éducatif = instructif
être utile ≠ inutile
savoir qqch / faire qqch = connaître qqn / un lieu
transmettre des connaissances = être un passeur de savoirs
vulgariser = rendre accessible

Les objectifs du savoir

améliorer la vie des gens
augmenter la connaissance
comprendre un fonctionnement
développer de nouveaux outils
entretenir la curiosité
inspirer les gens
se poser des questions = s'interroger sur = se demander
servir la science

---

1. Chacun de ces événements à un nom. Retrouvez-le. Aidez-vous du lexique.
   a. Les grottes de Lascaux
   b. Le 11 septembre 2001
   c. Le Mur de Berlin
   d. La cathédrale Notre-Dame (2018)
   e. 1914-1918

2. Regardez le lexique.

   a Retrouvez, le plus rapidement possible :
   ▸ 3 mots terminant par le son *-oir*
   ▸ 4 verbes à la forme pronominale
   ▸ 4 mots terminant par les lettres *-eur*

   b Créez trois phrases : chacune doit contenir quatre fois la lettre « M », et à chaque fois, dans des mots différents.

UNITÉ 5

Le discours indirect au présent

➡ sert à rapporter les propos de quelqu'un.

➡ s'utilise avec **un verbe introducteur** : *il paraît que, il dit que, il affirme que, il précise que, il indique que, il (se) demande si / pourquoi / comment...*

➡ s'accompagne d'un changement de ponctuation, de pronoms personnels et d'indicateurs temporels.

1. ⓐ Observez le dialogue.
– Je lui demande pourquoi le ciel est bleu.
– Il répond : « Je ne sais pas ».
a. Repérez la phrase directe.
b. Transformez-la au style indirect.
c. Expliquez les changements.

ⓑ Faites une liste de questions que vous vous posez dans la vie !

2. Murmurez à l'oreille :
Par trois : Votre voisin(e) de gauche vous pose une question ; celui / celle de droite, une affirmation. Vous rapportez.
Exemple : – (à gauche) Est-ce que la curiosité est un vilain défaut ? → Mon voisin de gauche se demande si la curiosité est un vilain défaut.
– (à droite) Les Français consomment 10 milliards de baguettes par an. → Ma voisine de droite me dit que les Français consomment 10 milliards de baguettes par an.

La mise en relief

➡ sert à valoriser.

➡ se forme avec **ce** + **un pronom relatif** :
• *qui* = sujet
• *que* = complément direct
• *dont* = complément indirect

Ce que j'adore, c'est la langue française et ce dont je rêve, c'est de parler français couramment.

1. ⓐ ▶66 | Écoutez.
a. Repérez, dans chaque phrase, l'élément important.
b. Repérez le pronom relatif.
c. Reformulez chaque phrase sans mise en relief.

ⓑ Rédigez quelques lignes sur ce qui vous ennuie le plus dans le savoir. Lisez-les à voix haute à votre voisin(e). Insistez sur l'élément important.

2. Sur tous les tons !
Pensez à un événement historique et exprimer votre opinion face à cet événement. Mettez-vous debout ou montez sur une chaise et mettez en valeur ce que vous pensez !
Exemple : Ce que je ne comprends pas, ce sont les attentats. Je me demande pourquoi ça existe !

Intonation : la phrase interrogative

Dans une question :

➡ en *Oui/Non*, la voix monte à la fin de la question.
T'imagines un astronaute aveugle ↗ ?

➡ avec **un mot interrogatif**, la voix monte sur le mot interrogatif et descend à la fin de la question.
*Pour**quoi** ↗ il est comme ça ↘ ? À **quoi** ↗ ça sert ↘ ?*

➡ avec *ou*, la voix monte avant le *ou* et descend à la fin de la question.
*Basket avec Michael Jordan ↗ ou un duo saxo avec Maceo Par**ker** ↘ ?*

1. ▶67 | Écoutez ces questions. Dites si la voix monte ↗ ou descend ↘.
a. Tu préfères la **mer** ou l'es**pace** ?
b. Tu aimes les dé**fis** ?
c. Est-ce **que** tu aimes voya**ger** ?
d. Tu es plutôt cu**rieux** ou coura**geux** ?

Marques de l'oral : l'accent d'insistance

➡ En général, l'accent est sur la **dernière syllabe** du mot.
*Un véri**table** tré**sor**.*

➡ Quand on veut insister sur un mot, on accentue la **première syllabe**.
*Ce qui est **in**croyable...*

2. ▶68 | Écoutez et prononcez.
a. C'est **gé**nial !
b. C'est **hal**lucinant !
c. C'est **for**midable !
d. C'est **ex**traordinaire !

quatre-vingt-quinze **95**

Actualité

n. fém.
ne tient parfois
qu'à un fil.

édito

– Alors, quoi de neuf ?
– Oh, rien de spécial !
À moins bien sûr d'être allé(e) au concert
d'Angèle ou au dernier spectacle
de Jamel Debbouze. Bref, l'actualité
ne tient qu'à un fil !

UNITÉ 6

98
SITUATIONS

1. Informer à l'écrit | p. 98
   Informer à l'oral | p. 99

2. Raconter un fait divers | p. 100
   Raconter une histoire | p. 101

102
LA FABRIQUE | p. 102
AU QUOTIDIEN | p. 103

104
SITUATIONS

3. Exprimer une critique | p. 104
   Exprimer un intérêt | p. 105

106
LA FABRIQUE | p. 106
L'OPINION | p. 107

108
L'EXTRAIT | p. 108
LA MISSION | p. 109
Alors, quoi de neuf ?

110
MÉMO

SITUATIONS 1

Informer à l'écrit

DOCUMENT 1

Le Monde Afrique

Politique | Économie | Culture & Style | Santé | Sport

Au Ghana, Serge Attukwei Clottey transforme des bidons en œuvre d'art

On a suivi l'artiste de 34 ans dans son atelier d'Accra pour voir ses étonnantes tapisseries de plastique composées à partir de jerrycans jaunes récupérés.

Publié le 20 août 2019 à 19h00
Marie de Vergès

Pari du tourisme durable au Cap-Vert

Alors que la population ne profite pas du tourisme de masse, l'État souhaite l'impliquer dans l'accueil des visiteurs en quête de séjours plus authentiques.

Publié le 27 août 2019 à 19h01

Le PassMousso, création d'un petit bijou de santé numérique

« CARNET DE SANTÉ ». L'Ivoirienne Corinne Maurice a créé un bracelet connecté qui contient toutes les données utiles à une prise en charge rapide et sûre des malades.

Publié le 24 juillet 2019 à 20h37
Maryline Baumard

Le Soudan lance un championnat féminin de football

Une sélection nationale de joueuses est par ailleurs en projet pour représenter le pays dans les compétitions internationales.

Publié le 22 août 2019 à 09h47

1. Regardez le **DOCUMENT 1**.
   a L'actualité porte sur quel continent ? Et quels pays ?
   b Associez un titre à une rubrique du journal.

2. Lisez le document.
   a En groupes de quatre :
   a. Chacun lit une actualité et extrait trois mots-clés.
   b. Échangez et mettez-vous d'accord sur ces mots-clefs.
   b En classe, vérifiez !
   c Qu'est-ce que les titres de ces actualités ont en commun ?

   > **Informer à l'écrit**
   >
   > On a suivi…
   > X a fait…
   > Création de…
   > X a créé…
   > Lancement de…
   > X lance…
   > L'État souhaite…
   > C'est un projet pour…

3. Repérez :
   a. les titres avec des **verbes** : transformez-les en noms.
   b. les titres avec des **noms** : transformez-les en verbes.
   c. le verbe *lancer* et sa construction. Trouvez un synonyme.

4. **a** 👉 Échangez. Vous suivez l'actu ? Quelles rubriques vous intéressent ?
   b Vous partagez les informations ? Avec qui ? Sur quels réseaux ?

Le Monde est le journal français le plus vendu à l'étranger.
Attribuez un pays à chaque journal francophone :
Le Devoir | *Le Temps* | *Le Soir* | *Le Matin* | *Le Courrier* | *Libération*

Informer à l'oral

DOCUMENT 2

LES HAUT-PARLEURS

5. Regardez le DOCUMENT 2. Êtes-vous accro à votre téléphone portable ? Vous l'utilisez pour quoi ?

6. a ▶69 | Écoutez une première fois le DOCUMENT 3. Répondez rapidement : où ? qui ? quoi ?

b Écoutez à nouveau. Dites si ces affirmations sont vraies ou fausses. Justifiez votre choix.

a. Au Sénégal, il y a 8 millions d'internautes.
b. 5 millions sont abonnés à Facebook.
c. La révolution numérique va bientôt toucher l'Afrique.
d. Sur Internet, on trouve beaucoup de rumeurs.
e. Sur les réseaux sociaux, les gens partagent toute leur vie.
f. On ne peut rien faire pour lutter contre l'addiction au téléphone.

c Quels adjectifs utilise Xuman pour parler des internautes ?

7. a Retrouvez les noms formés à partir des verbes suivants : *évoluer, isoler, consommer, déprimer.*

b Ces noms sont-ils masculins ou féminins ? Comment le savez-vous ?

8. 👉 Échangez. À votre avis, la musique, ou l'art en général, sont-ils de bons moyens d'informer ?

9. ✏️ | J'agis !

Quel sujet de société vous touche ? Trouvez un titre et rédigez un chapeau. Pensez à utiliser un nom dans le titre.

10. 🗣️ | On coopère !

Regardez l'actualité du jour sur différents médias. Mettez-vous d'accord sur les sujets les plus pertinents et présentez votre revue de presse collaborative.

SITUATIONS 2

Raconter un fait divers

DOCUMENT 1

Hérault : Réveillé en pleine nuit, un gendarme sauve une famille d'une maison en feu

Un gendarme a sauvé une famille d'une maison en flammes, vendredi, aux alentours de 4 heures du matin, à Bédarieux, dans l'Hérault. Selon les services de gendarmerie du département, cet homme, qui dormait dans son appartement à la brigade de gendarmerie, aurait été réveillé par une violente détonation. Quand il ouvre les volets, il aperçoit des flammes qui s'échappent d'un balcon, dans une maison située à proximité. Il quitte alors précipitamment son appartement, décroche un extincteur dans son immeuble et court vers la maison en feu.

La famille n'avait pas entendu l'explosion

Le militaire saute le portail de la maison, crie pour alerter les occupants, avant de frapper à la porte pour les réveiller. Une maman, qui vit ici avec ses trois enfants, finit par lui ouvrir. Ni elle, ni ses enfants n'avaient entendu l'explosion.

Le gendarme grimpe alors à l'étage pour empêcher la propagation des flammes. Dépêchés sur place, les sapeurs-pompiers sont parvenus à éteindre l'incendie, d'origine accidentelle, aux alentours de 5 h 30, indique la gendarmerie. Il n'y a eu aucun blessé.

« Bravo à ce gendarme qui n'est pas Superman, mais qui a l'étoffe d'un héros », saluent les services de gendarmerie de l'Hérault.

Nicolas Bozom-20Minutes.fr-03/09/2019.

---

1. Regardez le DOCUMENT 1.
  a. Liez la photo et le titre à l'aide d'un mot-clé.
  b. Nommez le nom du journal, la date de publication et la région dont on parle.

2. Lisez l'article.
  a Nommez les éléments principaux et résumez l'article, à votre voisin(e), avec vos mots à vous.
  b Remettez les étapes dans l'ordre : faits | hommage | conclusion | actions | contexte.
  c Associez une étape à un paragraphe de l'article.

3. a Retrouvez les mots pour parler : du gendarme | de la famille | de l'incendie.
  b Listez les verbes d'action utilisés dans l'article.
  c Pourquoi ces verbes sont-ils nombreux ? Que ressent le lecteur ?
  d Retrouvez un nom de la même famille qu'exploser. Comment est-il formé ?

4. 👍 Échangez. Connaissez-vous des héros du quotidien ? En faites-vous partie ?

Les **faits divers** sont des événements plus ou moins importants qui ne relèvent ni de l'actualité mondiale, ni de la politique, ni de l'économie. Quel autre nom leur donne-t-on ?
▶ La rubrique des chats malades.   ▶ La rubrique des chiens écrasés.
▶ La rubrique des poulets rôtis.

UNITÉ 6

Raconter une histoire

DOCUMENT 2

©francetv

5. **ⓐ** Regardez le DOCUMENT 2. Quel est le sujet de l'émission ?

ⓑ ▶70 | Écoutez une première fois le DOCUMENT 3 et répondez aux questions.

a. Quelles sont les différences entre le premier journal et le journal télévisé aujourd'hui ?

b. Où le concept de présentateur-vedette est-il né ?

c. Le journal télévisé a-t-il encore un avenir ?

ⓒ Écoutez à nouveau l'émission et reconstituez l'histoire du JT.

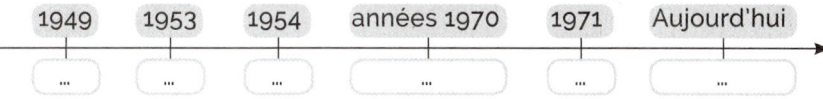

1949 — 1953 — 1954 — années 1970 — 1971 — Aujourd'hui

> **Raconter une histoire**
>
> Aujourd'hui, …
> Désormais, …
> Ce n'est qu'en…
> Il faut attendre…
> Depuis…
> 70 ans après sa création

6. **ⓐ** Relevez les verbes et les expressions en lien avec le *changement* ou la *stagnation*.

ⓑ Repérez le verbe *lancer*. Par quel verbe peut-on le remplacer ?

7. **ⓐ** Retrouvez les noms utilisés dans le reportage.

a. Elisabeth II a **été couronnée**.

b. C'est un homme et un style qui **informent** les téléspectateurs.

c. Le JT **a été créé** il y a 70 ans.

d. Les chaînes d'info **se développent**.

e. La manière de traiter l'actualité **a évolué**.

ⓑ Comment se terminent ces noms ?

8. ▶71 | Écoutez et observez. La voix monte ou descend ?
▸ Le journal est diffusé à vingt **heures**.
▸ Mesdames, Mesdemoiselles, Messieurs, bon**soir** !

9. | J'agis !

Quels sont les événements médiatiques forts qui vous ont marqués ? Donnez quelques grandes dates.

10. 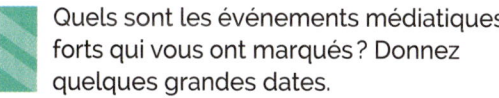 | On coopère !

En groupes, imaginez un fait divers. Chacun choisit une étape : le contexte, les témoignages, le récit, la conclusion. Échangez des idées, construisez votre histoire, prenez des notes et rédigez votre partie.

cent un **101**

LA FABRIQUE

DES MOTS
Le genre des noms

 Observez.
un lance**ment** | un repor**tage** | un journ**al** |
un atel**ier** | un proj**et** | un rés**eau** |
une évolu**tion** | une actuali**té** | une hist**oire** |
une donn**ée** | une brig**ade**

Réfléchissez.
Comment se terminent les mots masculins ?
Et les mots féminins ?

Appliquez.
1. Masculin ou féminin ? Devinez !
a. Les jeunes vivent dans l'**isolement**.
b. Ce rappeur aborde des **sujets** d'actualité.
c. Je regarde les **émissions** sportives.
d. Leur **cerveau** s'éteint à cause du smartphone.

2. À deux, trouvez le maximum de mots qui ont les mêmes terminaisons.

DES VERBES
Lancer

 Observez.
lancer un journal
lancer une fusée
se lancer dans un projet

Réfléchissez.
a. Dans quelle phrase *lancer* est synonyme d'*envoyer* ?
b. Quel est son sens dans les autres phrases ?

Appliquez.
Écrivez des phrases avec *lancer* et les noms suivants.
une accusation | un moteur | un satellite | un appel

DE LA GRAMMAIRE
La nominalisation des verbes

 Observez.
Le Soudan **lance** un championnat.
→ **Lancement** d'un championnat au Soudan.
Elle **a créé** un bracelet connecté.
→ **Création** d'un bracelet connecté.
Le Cap-Vert **a parié** sur le tourisme durable. → **Pari** sur le tourisme durable au Cap-Vert.

Réfléchissez.
a. Comment sont formés les noms ?
b. Quelle est la formulation la plus courte ?

Appliquez.
1. Transformez en phrases nominales.
a. Les pratiques digitales ont évolué.
b. Le Festival a ouvert ses portes hier.
c. Les ventes en ligne augmentent en France.

2. Rédigez des titres de presse avec des noms en vous inspirant de l'actualité.

DES SONS
Intonation : la phrase déclarative et la phrase exclamative

▶ 72 | **Écoutez et observez.**
Le journal est diffusé à vingt → heures ↘.
Mesdames, Mesdemoiselles, Messieurs, bon ↗ soir ↘ !

Réfléchissez.
À quelle phrase ci-dessus correspondent ces schémas ?

a.    b.

Appliquez.
Prononcez avec la bonne intonation.
Bonjour ! Bonsoir ! Bonne nuit ! À bientôt !

UNITÉ 6

Au quotidien

Ces phrases que vous entendrez forcément.

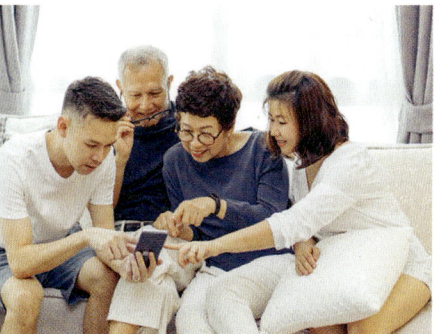

Rien de spécial !

Ben, comme d'hab…*

T'es pas au courant ?

Il s'est passé un truc de fou !

Tu ne vas pas le croire !

T'as vu la une du *Canard enchaîné*, ce matin ?

T'as entendu ce qui s'est passé ?

Pas de nouvelles, bonne nouvelle !

Si ! C'est passé aux infos !

Tu connais la dernière ?

Aux dernières nouvelles, ils ont créé un nouveau vaccin !

Rien de neuf, que du vieux !

*familier

1. COMPRENDRE

▶ 73 | Écoutez le dialogue.
Retrouvez les nouvelles de chaque personne. Laquelle est fausse ? Pourquoi ?

2. SE PRÉPARER

Individuellement, classez ces phrases selon leur but :
▶ Demander des nouvelles.
▶ Donner des nouvelles.
▶ Créer un « effet d'annonce ».

3. AGIR

Individuellement, imaginez une nouvelle importante à partager et écrivez-la sur un papier.

Par deux, tirez chacun au sort un papier. Improvisez un dialogue en retardant au maximum le moment de l'annonce.

Stratégie

Pour créer du suspense, il faut faire comme si votre nouvelle était incroyable (Exemple : *Il s'est passé un truc de fou !*) et énoncer les informations les unes après les autres.

Imaginer

C'est le premier avril. Imaginez un « poisson d'avril » et inventez une information insolite. Qui va deviner la fausse information ?

cent trois **103**

SITUATIONS ❸

Exprimer une critique

DOCUMENT 1

L'Écho d'Acadie | Spectacle | Théâtre | Concert | Enfants

✔✔ – **Un super moment !**
C'était mon premier opéra rock et ce groupe est surprenant ! Ils ont tout donné ! La mise en scène est parfaite, les décors sont colorés et joyeux et, musicalement, c'est très fort ! La version *live* vient d'être enregistrée et… je cours l'acheter !

✔ – **Déçu**
La présence scénique du groupe a été félicitée par la presse. C'est vrai que les musiciens sont supers, ils s'en sont donné à cœur joie, mais je n'ai rien compris à l'histoire et aux personnages… Du coup, j'ai trouvé ça un peu long !

✔ – **Bof…**
Le spectacle m'a été conseillé par des amis. Je n'ai pas du tout aimé la mise en scène : trop de couleurs, des costumes ridicules… Par contre, musicalement, ils sont très bons !

✔ – **De qualité mais looong**
Le groupe a été ovationné par le public et je n'ai pas compris pourquoi. De simples applaudissements auraient suffi. C'était sympa, c'est vrai, mais sans plus ! Perso, j'ai trouvé ça trop long et trop bruyant.

✔✔ – **Un mauvais mélange…**
Je n'ai vraiment pas aimé le mélange des styles. On passe de la country à la pop, avec quelques touches de rock. Et puis ces costumes couleur bonbon, quelle horreur !

1. SEUL

a Regardez l'affiche du **DOCUMENT 1**. C'est quel genre ? Ça se passe où ?

b Lisez les titres des avis des spectateurs. À votre avis, quelles critiques sont positives ? Négatives ? Mitigées ?

c Lisez les critiques. Retrouvez et classez les adjectifs liés : au spectacle en général | au groupe / aux musiciens | à la musique | à la mise en scène | aux décors | aux costumes.

Exprimer une critique

Franchement, j'ai trouvé ça long.
Perso, je n'ai pas du tout aimé les décors !
C'était sympa, mais sans plus !
Les musiciens étaient bons !
La mise en scène est sympa. Par contre, musicalement, c'est mauvais !

---

2. EN GROUPES

a Ensemble, retrouvez les expressions pour :
a. introduire une **opinion**.
b. opposer une **critique** positive et une critique négative.

b À votre avis, de quelle **couleur** sont les costumes « couleur bonbon » ?

c Observez ces phrases. Relevez leurs points communs et mettez-les à la **forme active**.
▶ *Le spectacle m'a été conseillé par des amis.*
▶ *Le groupe a été ovationné par le public.*
▶ *La présence scénique a été félicitée par la presse.*

d Retrouvez une autre phrase à la **forme passive**. Quelle est la différence ?

e Relevez les deux expressions avec le verbe **donner** et expliquez-les.

3. EN CLASSE

👍 **Échangez**. Critiquez l'affiche du spectacle.

Culture +

L'Acadie n'est pas un pays mais elle a son propre drapeau et sa fête nationale : « Le Tintamarre ». Que font les Acadiens pendant cette fête ?
▶ Ils font le plus de bruit possible pour montrer qu'ils existent.
▶ Ils font sonner les cloches plusieurs fois pour célébrer la naissance de cette tradition.
▶ Ils organisent des concerts pour s'amuser.

Exprimer un intérêt

UNITÉ 6

DOCUMENT 2

4. Regardez le DOCUMENT 2. Un parc d'attractions, c'est quoi ? À votre avis, qu'y fait-on ?

5. a) ▶7 | Visionnez une première fois la VIDÉO 7. Répondez rapidement : C'est quel festival ? Ça se passe où ? C'est pour qui ?

b) Visionnez une nouvelle fois la vidéo et répondez.
a. Quelles sont les activités proposées ?
b. Pour les enfants, pourquoi lire est une bonne chose ?
c. Quel est l'objectif de ce festival ?
d. Pour Sylvie Vassallo, quel est le point commun entre la société et la culture ?

6. a) Relevez dans la vidéo une phrase à la forme passive.

b) Transformez à la forme passive la phrase suivante.
L'accès au livre conditionne la réussite scolaire.

7. ▶74 | Écoutez. À votre avis, ce sont des affirmations, des questions, des exclamations ?

8. Comment décrire ce parc d'attractions ? Retrouvez les synonymes des mots suivants : ingénieux | marrant | divertissant | jamais fatigant | inventif.

9. | J'agis !
Donner le goût de la lecture aux enfants, c'est important ? À l'oral, proposez trois arguments pour convaincre les écoles de participer au parc d'attractions littéraires.

10. | On coopère !
En groupes, imaginez un festival pour enfants dans votre ville : quel thème ? quelles activités ? L'un de vous prend des notes et un autre présente à la classe votre projet.

cent cinq **105**

LA FABRIQUE

DES MOTS
Les nuances de couleurs

👁 Observez.
un costume **couleur bonbon**
un pull **rouge sang**
un costume **gris taupe**
un mur **vert sapin**

⚙ Réfléchissez.
Quel adjectif de couleur est lié : à la nourriture ? à la nature ? aux animaux ? au corps humain ?

✏ Appliquez.
1. Associez.
   - noir • • baiser
   - bleu • • corbeau
   - jaune • • canard
   - rouge • • citron

2. Décrivez la couleur de vos vêtements le plus précisément possible !

DE LA GRAMMAIRE
La forme passive

👁 Observez.
Le spectacle m'**a été conseillé** par des amis.
→ Des amis m'**ont conseillé** ce spectacle.
La version live **vient d'être enregistrée**.
→ On **vient d'enregistrer** la version live.

⚙ Réfléchissez.
a. Nommez les phrases actives (= le sujet agit) et leurs contraires, les phrases passives.
b. *On* est un sujet imprécis. À votre avis, pourquoi ?
c. Comment passe-t-on de la forme active à la forme passive ?

✏ Appliquez.
1. Transformez à la forme passive.
a. Les spectateurs ont applaudi le groupe.
b. Ce festival encourage les enfants à lire.
c. Le groupe a joué le tube de l'été.
d. On a organisé une expo-photos.

2. Inventez le titre d'un fait divers insolite à la forme passive.

DES VERBES
Donner

👁 Observez.
tout donner
s'en donner à cœur joie
donner le goût de la lecture aux enfants
donne envie de lire

⚙ Réfléchissez.
a. Quelle(s) expression(s) signifie(nt) : créer le désir ? se faire plaisir ? faire le maximum ?
b. Comment est construit le verbe ?

✏ Appliquez.
Reformulez les phrases.
a. Ils ont donné le jour à un charmant bébé.
b. Elle a donné sa vie pour ce combat.
c. Il s'est donné les moyens de réussir.
d. Un livre contre une BD, c'est donnant donnant !

DES SONS
Intonation : la phrase interrogative et la phrase exclamative

👁 ▶75 Écoutez et observez.
La lecture, c'est apprendre avec de l'intelligence ↗ !
La lecture, c'est apprendre avec de l'intelligence ↗ ?

⚙ Réfléchissez.
À quelle phrase correspondent ces schémas ?
a.    b.

✏ Prononcez.
C'est intéressant ?
C'est intéressant !

UNITÉ 6

L'opinion

Ces opinions qui vous font réagir.

Les jeunes sont accros à leur téléphone et aux réseaux sociaux.

Le téléphone portable a rendu les gens si dépendants.

Une génération de « m'as-tu vu » qui expose tout de sa vie.

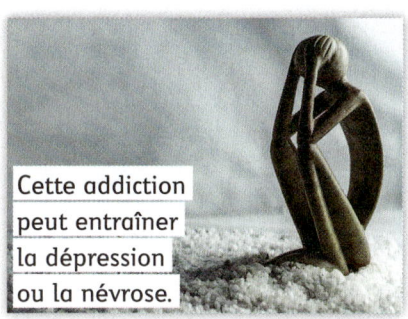
Cette addiction peut entraîner la dépression ou la névrose.

Les réseaux sociaux ont tissé leur toile jusque dans les cours d'école.

Je n'aime pas le mélange des styles : on passe de la country à la pop.

La société est faite pour tous.

L'accès au livre conditionne la réussite scolaire.

Il faut que l'accès à la culture soit pour tous.

1. SEUL

Lisez ces opinions.
Quelle opinion crée chez vous un sentiment de colère ? Pourquoi ?

2. EN GROUPES

a. Regroupez-vous par opinions partagées et désignez un rapporteur.

b. Dans chaque groupe, dites pourquoi cette opinion vous donne envie de protester.

c. Faites une liste commune de conséquences négatives que ce fait peut avoir.

3. EN CLASSE

a. Le rapporteur partage le contenu de vos échanges à la classe.

b. La classe réagit en protestant à son tour ou en contestant l'opinion du groupe.

c. Si la classe proteste, elle imagine une autre conséquence négative. Si elle conteste, elle trouve une conséquence positive.

> **Protester**
>
> C'est un scandale !
> C'est inadmissible !
> C'est inacceptable de + *infinitif* / que + *subjonctif*
> Je proteste contre + *nom*
> Je suis opposé(e) à + *nom*
> Je suis indigné(e) / révolté(e) par + *nom*

Se détendre

Quand on proteste, un sentiment de colère s'empare de nous, notre corps réagit. Prenez le temps de vous détendre : relâchez la mâchoire, étirez vos muscles et prenez de grandes respirations !

L'EXTRAIT ▶76

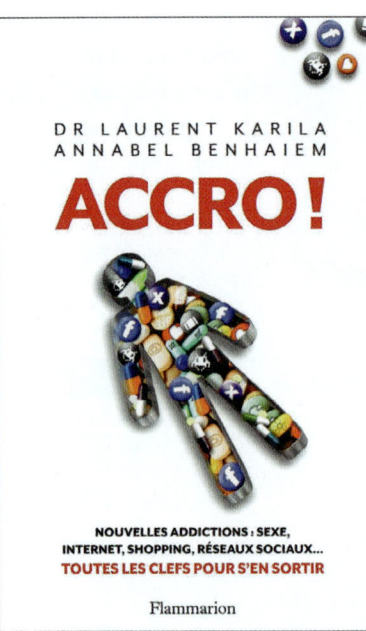

Dans les années 1990, Internet s'est immiscé dans nos vies, et se glisse aujourd'hui dans
5 les moindres recoins du quotidien. Avec le Web, on travaille et on se divertit autrement. L'apparition des réseaux sociaux a
10 également modifié la donne.
Jean, 40 ans, employé dans l'audiovisuel, a un avis très tranché sur ceux
15 qu'il appelle lui-même « les addicts à Facebook ».
Selon lui, ils n'admettent pas être dépendants, parce qu'ils sont persuadés que seule une drogue peut rendre dépendant. Or, pour Internet, la substance n'est pas
20 matérialisable.
Annie, 39 ans, informaticienne, nous raconte ce qui l'a entraînée dans une spirale de dépendance : « Je me suis engouffrée dans Facebook voilà un an et demi. J'ai été happée par le système, je trouvais cela fabuleux,
25 grisant et excitant d'entrer si facilement en contact avec des gens de tous les coins du monde. J'y ai passé beaucoup de temps au début sans voir les heures défiler. J'ai rapidement mis de côté mes obligations familiales. Au travail, je restais connectée en permanence. Le déclic
30 est venu de mon mari qui s'est aperçu de ce changement de comportement, de mon éloignement... Notre couple a explosé en plein vol. J'ai fermé ce compte à jamais, il était en train de ruiner ma vie. Facebook est sorti de ma vie, ça m'a fait un grand vide, alors, pour pallier à
35 ça, je me suis mise sur Twitter. C'est moins prenant, moins exhibitionniste... »

Dr Laurent Karila et Annabel Benhaiem, *Accro !*, Flammarion, 2013.

1. OBSERVER

Expliquez le titre du livre à l'aide du visuel de couverture.

2. RÉAGIR

Lisez l'extrait.

▶ **Individuellement**

a. Donnez un titre aux trois parties de l'extrait.

b. Pourquoi Annie est-elle devenue « accro » à Facebook ?

c. Annie est-elle fière ou honteuse de cette addiction ?

d. Quel a été son déclic pour arrêter ?

▶ **En groupes**

e. Retrouvez les verbes de la même famille : *un travail, un divertissement, une modification, une connexion.*

f. Retrouvez deux synonymes d'« *accro* ».

g. Que ressentez-vous en lisant le témoignage d'Annie ? Vous identifiez-vous à elle dans votre rapport aux réseaux sociaux ? Partagez votre expérience.

Exprimer une addiction

Être accro / addict / dépendant(e) à qqch
Rendre dépendant(e)
S'engouffrer dans qqch
Être happé(e) par qqch
Trouver qqch grisant
Passer beaucoup de temps à faire qqch

---

3. RÉDIGER

Vous participez à l'écriture d'un livre de développement personnel : rédigez, à la manière d'Annie, un témoignage sur une petite addiction du quotidien.

Aide à l'écriture

Pour écrire un témoignage sur une addiction :
▶ réalisez une chronologie de votre dépendance pour montrer son évolution,
▶ réalisez une carte mentale des sentiments associés à cette addiction,
▶ rédigez : associez faits et ressentis pour chaque étape.

UNITÉ 6

#LaMinuteCulturelle

Publier une *story* culturelle

▶ **Vous avez 2 minutes ?**

Listez les événements culturels du moment.

▶ **Vous avez 5 minutes ?**

Choisissez un événement et créez votre *story*.

▶ **Vous avez 15 minutes ?**

Regardez les *story* des autres personnes de la classe et commentez-les !

Mission

La question #6
Alors, quoi de neuf ?

MÉDIATION

Résumer par écrit (en langue française), l'information et les arguments contenus dans des textes (en langue maternelle) sur des sujets d'ordre général ou personnel.

 30 minutes

 Collectif

 Raconter une histoire originale

 Être original

Rien de neuf… car plus personne ne s'intéresse à l'actualité. Vous devez trouver un moyen original pour susciter l'intérêt des lecteurs / auditeurs.

1. Individuellement, lisez l'actualité dans votre langue maternelle. Choisissez un sujet de société ou un fait divers et résumez, par écrit et en français, l'information contenue dans le texte.

2. En groupes, discutez, **exprimez votre intérêt** et votez pour le sujet qui vous intéresse le plus. Trouvez une manière originale de rendre ce sujet du quotidien extraordinaire : **racontez l'histoire** en musique, avec des bruitages, des images, des mimes, des onomatopées…

3. Partagez votre actualité (vidéo, audio, écrit) au groupe-voisin qui **exprime des critiques**. Prenez note des critiques et réfléchissez cinq minutes à des pistes d'amélioration.

cent neuf **109**

→ Outils de la classe p. 183   → Cahier p. 72-73

Stratégie

Pour mémoriser le lexique, cherchez des mots de la même famille.
Exemple : une actualité ➔ actuellement, actuel, actualiser, actualisation…

Les informations

Les médias

une actualité > une actu
un fait divers
un journal, un journal télévisé = un JT
une nouvelle
un reportage

être diffusé en direct ≠ en différé
passer aux infos
suivre l'actualité, le journal

La nouveauté et le changement

un avènement
créer > une création
apparaître > une apparition
arriver > une arrivée
changer > un changement
évoluer > une évolution
(se) développer > un développement
lancer > un lancement

Les sorties

Les spectacles

des applaudissements
un costume
un décor
un groupe
un *live*
une mise en scène
une présence scénique

ovationner

Donner son avis

C'est génial ! (+)
C'est sans plus. (+/-)
C'est mauvais… (-)
franchement = honnêtement
perso (personnellement) = pour moi
trouver quelque chose trop… / pas assez…

1. Cachez le lexique. Qui suis-je ?
a. Je suis une information récente.
b. Je désigne l'ensemble des informations récentes.
c. Je donne des informations à la télé ou à la radio.
d. Je suis réalisé par un journaliste et je suis lié à l'actualité.
e. Je suis un événement inclassable dans les rubriques d'un journal.

2. À vous de jouer !
a Trouvez trois mots qui se terminent par :
▸ -ion
▸ -ment
b Quel mot de la liste a une terminaison différente ?
c Pour chaque mot, retrouvez le verbe de la même famille.

UNITÉ 6

La nominalisation

C'est construire un nom à partir d'un verbe :

➡ en ajoutant à la fin du nom :
- *–ment :* lancer – un lancement
- *–ation :* créer – une création
- *–ion :* exploser – une explosion
- *–ure :* fermer – une fermeture

etc.

➡ en supprimant la fin du verbe :

pari | er – un pari

La forme passive

➡ met l'accent sur le **complément** : le sujet est passif ou absent.

➡ est formée avec le verbe *être* :

Des amis m'ont conseillé ce spectacle.

Ce spectacle m'a été conseillé [par des amis].

1. Classez ces verbes en fonction des noms qu'ils permettent de construire.

ouvrir | partager | modifier | évoluer | ajouter | fermer | expliquer | débuter | arrêter | finir

ajout d'une terminaison	suppression de la terminaison
...	...

2. Complétez ces phrases avec le nom correspondant au verbe entre parenthèses.
   a. Les ... ont eu lieu le 16 septembre. (élire)
   b. ... d'une enquête sur l'accident. (ouvrir)
   c. ... avec les artistes du festival. (rencontrer)
   d. ... de l'exposition au Grand Palais. (fermer)
   e. ... catastrophe en pleine tempête. (atterrir)

1. ⓐ Lisez ces phrases.
   a. Plus de 300 personnes ont été arrêtées.
   b. Un nouveau vaccin vient d'être découvert.
   c. Exposition : Le Greco va illuminer le Grand Palais.
   d. Un tableau va être vendu 1,3 million d'euros.
   e. Les trésors italiens s'exposent à Paris !

   ⓑ a. Forme active ou passive ?
   b. Sujet présent ou absent ?

2. Transformez à la forme passive.
   a. Le groupe a annulé la représentation.
   b. Le maire vient d'inaugurer le théâtre de la ville.
   c. Le public a félicité les acteurs.
   d. On a annoncé la fermeture de l'entreprise.
   e. La SNCF va fermer trois lignes de train.

Intonation : la phrase déclarative et la phrase exclamative 77

4	
3	
2	Bon
1	soir.

4	Bon
3	
2	
1	soir !

Intonation : la phrase interrogative et la phrase exclamative ▶79

4		bien ?
3		
2	C'est	
1		

4		
3		
2		bien !
1	C'est	

1. ▶78 | Écoutez. Vous entendez une affirmation ou une exclamation ?
   a. Il dit bonsoir. / Il dit : « Bonsoir ! »
   b. Il dit bonjour. / Il dit : « Bonjour ! »

2. ▶80 | Écoutez. Vous entendez une question ou une exclamation ?
   a. C'était chouette ? / C'était chouette !
   b. C'était nul ? / C'était nul !

Innovation

n. fém.
n'est pas le propre
des génies.

édito

Se réveiller et trouver qu'il manque quelque chose qui n'existe pas encore, mais qui pourrait améliorer le quotidien de tous.
– Et si… ?
Alors, on se met à rêver à plusieurs, à construire, à se transmettre des choses qu'on avait imaginées impossibles. Êtes-vous prêts à partager votre idéal ?

UNITÉ 7

114

SITUATIONS

1. Imaginer le futur | p. 114
   Imaginer l'impossible | p. 115

2. Proposer un objet volant | p. 116
   Proposer une idée folle | p. 117

118

LA FABRIQUE | p. 118
AU QUOTIDIEN | p. 119

120

SITUATIONS

3. Caractériser une formation | p. 120
   Caractériser une tendance | p. 121

122

LA FABRIQUE | p. 122
L'OPINION | p. 123

124

L'EXTRAIT | p. 124
LA MISSION | p. 125
Et si c'était vous ?

126

MÉMO

SITUATIONS ❶

Imaginer le futur

DOCUMENT 1

robots
le livre de l'exposition

Musée des sciences

1. Observez le DOCUMENT 1. Comment voyez-vous l'avenir : plutôt vert, rose ou gris ? Pourquoi ?

2. ⓐ ▶81 | Écoutez le DOCUMENT 2 et répondez : quoi ? quand ? où ? pourquoi ?

ⓑ Écoutez à nouveau et répondez.
a. À quoi ressemblent Hector et les robots de Zhen Robotics ?
b. Quel est le problème ? Quelle est la solution ?
c. Quelles sont les missions de chaque robot ?

ⓒ Expliquez pourquoi les robots seraient en danger s'ils envahissaient les villes.

3. ⓐ Observez la phrase et dites à quel temps sont conjugués les verbes.
Mais que se passera-t-il, demain, si les villes sont envahies ?

ⓑ Associez les propositions.

Si le robot a deux bras articulés, • • elle s'arrêtera devant chez nous.

S'il y a trop de robots, • • il portera soigneusement votre colis.

Si on crée la camionnette autonome de livraison, • • l'alternative sera peut-être la livraison par drone.

Si la livraison s'effectue par drone, • • notre commande arrivera sur le toit de l'immeuble.

4. ⓐ Relevez les mots liés à la robotique.

ⓑ Le verbe *passer* est présent deux fois. Trouvez un synonyme pour chacun.

ⓒ ▶82 | Écoutez. Vous entendez une pause entre ces voyelles ?
▸ un robot human**oï**de
▸ les villes sont env**ahi**es

5. ⓐ 👉 Échangez. Les robots sont-ils importants ou pas dans votre quotidien ?

ⓑ Faites un sondage : quels sont les robots les plus utiles ?

En 1495, **le premier exemple d'un robot de forme humaine** a été inventé. Il s'agissait d'un cavalier qui avait la possibilité de se lever, bouger la tête, les mains et les pieds. Le plan a été influencé par les recherches en anatomie de l'inventeur. Qui était-il ?
▸ Steve Jobs. ▸ Léonard de Vinci. ▸ Jules Verne.

UNITÉ 7

Imaginer l'impossible

DOCUMENT 3

Que se passerait-il sur Terre si les robots se révoltaient ?

Vous êtes-vous déjà demandé ce qui se passerait si les machines décidaient que les êtres humains ne 5 **représentent qu'un gaspillage des ressources de la planète, qu'ils sont en fait inutiles ou encore dangereux ? Et si les machines et les robots se** 10 **rebellaient et se retournaient contre nous ?**

Imaginez ceci : tous les appareils automatisés que vous utilisez finissent par se révolter contre vous. Votre 15 véhicule avec option d'auto-conduite, refuse d'obéir à vos commandes. Votre smartphone ignore vos tentatives de déverrouillage de l'appareil, etc. [...]

À l'heure actuelle, certains robots 20 sont capables d'apprendre à jouer aux échecs par eux-mêmes, et ce, en quelques heures seulement. D'autres dirigent des hôtels, ou assistent des chirurgiens en salle d'opération. Sans 25 parler des robots qui se retrouvent dans les foyers de très nombreuses personnes à travers le monde, comme par exemple les robots-aspirateurs, ou encore des appareils connectés tels 30 qu'Amazon Echo, ou encore Google Home. Mais, même s'ils se rebellaient, ces robots ne pourraient pas nous faire beaucoup de mal... [...]

En effet, malgré le fait que les robots 35 maîtrisent les mathématiques et sont capables de résoudre des problèmes très complexes, une simple porte fermée est un obstacle qu'ils ne peuvent pas encore surmonter (du moins 40 pour la plupart d'entre eux). En plus de cela, la coordination des robots actuels n'est pas parfaite. Si les robots expérimentaux des laboratoires robotiques venaient à se rebeller aujourd'hui, ils 45 auraient encore de nombreux problèmes (à se déplacer, à faire ce qu'ils veulent vraiment).

Stéphanie Schmidt, trustmyscience.com, 08/02/2019.

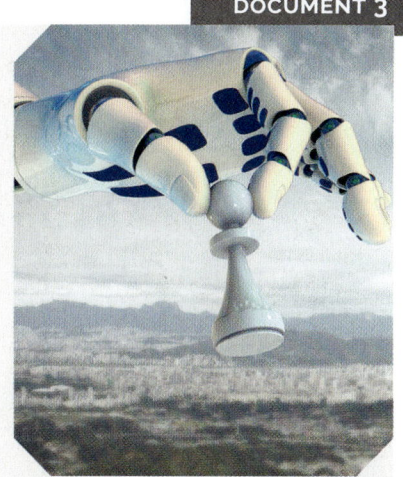

---

6. Lisez le titre du DOCUMENT 3. Quelle est l'hypothèse ?

7. Lisez le document 3 et répondez aux questions.
  a. Quel serait le danger si les robots prenaient le pouvoir ?
  b. Quelles tâches effectuent-ils déjà pour nous ?
  c. Selon l'auteur, sont-ils réellement une menace ? Pour quelles raisons ?

8. a Relevez les phrases avec du **conditionnel**.
  → Aidez-vous des Outils de la classe p. 183
  b Dans ces phrases, indiquer le **temps** de l'autre verbe puis complétez : si … + …

9. Relevez :
  a. les termes liés à la **robotique**.
  b. les mots avec le préfixe *auto-*. Quel sens a ce préfixe ?
  c. le verbe *se passer*. Que signifie-t-il ? Dites s'il est lié à la notion d'espace ou de temps.

Imaginer l'impossible

Et si jamais…
Vous êtes-vous déjà demandé ?
Serait-il possible qu'un jour…
Ils pourraient / ne pourraient pas…
Dans le futur, … / À l'avenir, …
Que se passerait-il demain si… ?

10. | J'agis !

Et si les hommes disparaissaient…
Imaginez et écrivez, en 160 mots, un article qui parle d'un monde dominé par les machines.

11. | On coopère !

Nous sommes en 2050. Les robots sont prêts à prendre le pouvoir. Vous vous réunissez pour adopter une stratégie afin de les arrêter. En groupe, écrivez sur des post-it les mots ou actions qui vous aideront. Classez-les, ensuite, par ordre chronologique. Enfin, précisez chaque action avec *si*.

SITUATIONS 2

Proposer un objet volant

DOCUMENT 1

1. Observez le DOCUMENT 1. D'après vous, comment cet homme arrive-t-il à voler ? Connaissez-vous d'autres objets volants futuristes ?

2. ▶8 | Visionnez la VIDÉO 8 et répondez aux questions :
   a. Quelle est l'obsession de Franky Zapata ?
   b. Qu'est-ce qui a influencé le créateur de cet engin ?
   c. A-t-il réussi son exploit du premier coup ?
   d. Quelles émotions expriment Franky Zapata ?
   e. Quelle est sa prochaine création ?

3. a Observez cette phrase.
   C'est un produit qu'on devrait relâcher vers la fin de l'année et c'est notre rêve.

   b Selon vous, la création de ce produit est **certaine**, **plutôt certaine** ou **impossible** ?

4. a a. Quels mots ou expressions sont liés à la **création** ?
   b. Classez les mots suivants, de l'origine à la réalisation.
   machine | prototype | projet | produit | rêve

   b Que signifie la phrase : « on a très peu d'**auto**nomie » ?

   c Deux expressions sont construites avec le verbe *passer*. Laquelle est synonyme de « avoir lieu », de « réaliser » ?

5. a 👉 Échangez. Quelles sont les images qui vous viennent en tête lorsque vous pensez à une personne « créative » ?

   b Avez-vous un rêve d'enfant d'objet futuriste ? Partagez vos idées à la classe.

Culture +

Parmi les objets volants que vous connaissez, l'un reste encore un mystère. C'est celui des extraterrestres ! Il s'agit de l'OVNI. Que signifie ce sigle ?
▸ Objet Volant Non Identifié.   ▸ Objet Volant Non Intelligent.   ▸ Objet Volant Non Invisible.

UNITÉ 7

Proposer une idée folle

DOCUMENT 2

Et si... on sautait tous en même temps ?

Vous avez peut-être déjà entendu parler de cette drôle d'idée : si tous les humains sautaient en l'air exactement au même moment, l'énergie dégagée ⁵ pourrait perturber le mouvement de notre planète. Après tout c'est logique : en vertu de la troisième loi de Newton, toute action (une force exercée par un objet sur un autre) produit une réaction ¹⁰ (une force d'intensité égale mais de sens opposé du second objet vers le premier). C'est pour cette raison que le canon recul lorsqu'il tire un boulet. Donc allons-y ! Un, deux, trois, flexion, ¹⁵ extension et hop, l'année deviendrait plus courte d'une fraction de seconde. Vraiment ? Pas si simple. D'abord, si tout le monde sautait depuis l'endroit où il vit, l'impact serait nul. La popu-²⁰lation étant répartie sur le globe, les effets de tous les sauts s'annuleraient. Mais imaginons que l'on regroupe les 7,6 milliards d'humains en un même point. D'abord, quelle serait la taille ²⁵ de ce point ? Si nous devions tous vivre dans une zone aussi densément peuplée que Paris, toute l'humanité tiendrait dans les deux tiers de la France. Pour avoir une plus grande ³⁰ chance d'impact, l'idéal serait cependant de se réunir vraiment, le temps du saut collectif, en une foule relativement compacte. Disons 3 personnes par mètre carré, histoire d'être un peu ³⁵ à l'aise. Nous tenons alors tous... sur le territoire du Luxembourg. On se lance ? [...]
Pire. Une fois que l'on retombe... l'effet s'annule, car la Terre aussi retombe vers ⁴⁰ nous, toujours selon le principe d'action réaction ! Reste toutefois un espoir de se sentir un peu moins insignifiant. Celui de produire un tremblement de terre avec le choc de la retombée.

« Et si... on sautait tous en même temps ? »,
Cécile Bonneau, *Science et Vie*,
Hors-série septembre 2019.

---

6. Observez le DOCUMENT 2. À votre avis, que se passerait-il si on sautait tous en même temps ?

7. Lisez l'article.
   a. Est-ce que l'hypothèse de ce texte vous semble réalisable ?
   b. Selon quelle loi de la physique cette idée est-elle logique ?
   c. Quelles sont les conditions à remplir pour la voir se réaliser ?

8. Relevez cinq mots du vocabulaire de la physique.

9. a Observez cette phrase.
   Si tous les humains sautaient en l'air exactement au même moment, l'énergie dégagée pourrait perturber le mouvement de notre planète.
   À quel mode ou quel temps sont conjugués les verbes ?

   b Repérez les autres conditions à réunir pour pouvoir modifier le mouvement de la Terre.

Proposer une idée folle

Imaginons…
On se lance ?
Vous avez peut-être déjà entendu parler de…
Et si on sautait tous en même temps ?
L'idéal serait…
Donc, allons-y !

10. J'agis !
À deux, proposez cinq idées folles pour rendre la vie plus légère.

11. On coopère !
Prenez un objet du quotidien. Donnez-lui une autre utilisation. Ensemble, proposez des améliorations. L'un de vous prend des notes et transmet ces informations au reste de la classe.

LA FABRIQUE

DES MOTS
Le préfixe auto-

Observez.
autonome | auto-conduite | automatisé

Réfléchissez.
Dans ces mots, dites quel est le sens du préfixe auto-.

Appliquez.
1. Trouvez le mot qui correspond à la définition.
a. Qui apprend seul.
b. Qui conduit sans aide extérieure.
c. Se défendre par soi-même.
d. Livre écrit sur et par l'auteur.
e. Peinture représentant le peintre lui-même.

2. Choisissez un de ces mots pour compléter chaque phrase.
a. J'adore cet … de Van Gogh.
b. Je n'ai pas fait d'études, j'ai tout appris en … .
c. J'ai une voiture … .
d. Apprendre le karaté, c'est pratique si on doit s'… .
e. J'ai lu récemment une … passionnante de Marguerite Duras.

DE LA GRAMMAIRE
La condition et l'hypothèse

Observez.
Si tout le monde sautait, l'impact serait nul.
Que se passera-t-il si les villes sont envahies ?
Continental réfléchit à des chiens robots-livreurs qui seraient transportés par minibus.

Réfléchissez.
a. Quel est le point commun entre ces phrases ?
b. Laquelle relève de l'hypothèse, de la condition et de la probabilité ?

Appliquez.
1. Complétez.
a. Si nous pouvions aller sur Mars…
b. … si tu viens.
c. Sans machines, …
d. Nous serions plus efficaces, si…
e. On gagnera du temps si…

2. Imaginez cinq hypothèses. Puis, comparez avec votre voisin(e).
La vie serait plus simple si…

DES VERBES
(Se) passer

Observez.
laisser passer les piétons
Que se passerait-il sur Terre… ?
Mais que se passera-t-il, demain… ?

Réfléchissez.
Attribuez un synonyme à chacun des verbes des exemples ci-dessus.
se produire | donner la priorité | arriver

Appliquez.
Choisissez le verbe se passer ou passer et conjuguez-le.
a. Tu … par Paris pour venir ?
b. Il … quelque chose d'incroyable hier soir.
c. Deux mois … depuis notre dernier rendez-vous.

DES SONS
Marques de l'oral : l'enchaînement vocalique

▶83 | Écoutez et observez.
un robot humanoïde
les villes sont envahies

Réfléchissez.
a. Est-ce qu'on prononce le h ?
b. Dans un mot, quand deux voyelles se suivent : on fait une pause ? on prononce une ou deux syllabes ? on les prononce dans le même souffle ?

Appliquez.
Prononcez.
trahir | prohiber | coopérer | réorganiser

UNITÉ 7

Au quotidien

Ces phrases que vous entendrez forcément.

- Si j'étais toi, je me méfierais.
- Avec des *si*, on mettrait Paris en bouteille.
- Tu rêves ou quoi ?
- Plus facile à dire qu'à faire !
- Sur un malentendu, ça pourrait marcher.
- Je le sens pas moi.
- Arrête de rêver !
- Tu tires trop de plans sur la comète !
- Et pourquoi pas bâtir des châteaux en Espagne ?
- T'es ouf !*
- Rien n'est moins sûr…
- Je ne crois que ce que je vois.

*familier

1. COMPRENDRE

a. Lisez les phrases à haute voix devant le groupe en essayant de choisir le ton approprié.

b. ▶84 | Écoutez les situations et indiquez le contexte de chacune.

2. SE PRÉPARER

Individuellement, notez une histoire que l'on vous a racontée mais dont vous vous méfiez. Mettez vos papiers dans une boîte.

3. AGIR

a. Par deux, tirez un papier au sort.

b. Jouez un dialogue dans lequel vous essayer de convaincre votre voisin(e) que l'histoire est vraie.

c. Un(e) autre ami(e) vous rejoint et exprime des doutes à chaque fois ! Gardez votre calme et essayez de le convaincre !

Stratégie

Dans les conversations de tous les jours, il n'est pas rare que quelqu'un doute de ce que vous racontez. Ne vous laissez pas perturber !

Imaginer

Si vous pouviez bâtir des châteaux en Espagne, ce serait quoi ?
Laissez-vous rêver !

SITUATIONS ❸

Caractériser une formation

DOCUMENT 1

L'Atelier Paysan : des machines agricoles en open source

Depuis 2009, l'Atelier Paysan propose des stages et des plans en 3D pour permettre aux agriculteurs de se former à l'autoconstruction d'outils. Au-delà du projet technique, c'est un projet politique qui se dessine en filigrane : transmettre savoirs et savoir-faire aux cultivateurs afin qu'ils s'affranchissent de leur dépendance aux grandes industries.

Cyril Lorréard, lui-même maraîcher, est l'un des formateurs qui accompagne les agriculteurs dans la fabrication de ces machines. Il fait partie des fondateurs de l'Atelier Paysan et a participé aux premières formations qui ont vu émerger la coopérative [...] Il connaît bien Joseph Templier et Fabrice Clerc — les autres cofondateurs encore aujourd'hui co-gérants de l'Atelier Paysan — qui avaient commencé à développer des outils dans leur coin.

« En plaisantant, on leur a dit que ce serait bien qu'ils animent des ateliers pour nous apprendre à les fabriquer. À force d'insister, on a organisé un premier stage durant lequel on a réalisé une dizaine d'outils », se remémore Cyril Lorréard. Huit ans plus tard, il utilise toujours les mêmes engins et a constaté le changement sur le terrain. *« Au bout de six ans, j'ai vu ma terre se régénérer et la structure s'améliorer grâce aux outils et aux engrais verts qu'on utilise en agriculture biologique. »*, souligne-t-il.

Clément Roux, [...] néomaraîcher remarque lui aussi que les outils vendus dans le commerce ne sont pas adaptés à ses besoins. C'est par le bouche-à-oreille qu'il entend parler de l'Atelier Paysan et de ses formations [...] Durant la session, les agriculteurs ne travaillent pas forcément sur le prototype avec lequel ils repartiront. Selon eux, la circulation des savoirs et des savoir-faire par l'apprentissage est l'une des forces de l'Atelier Paysan. Il n'est d'ailleurs pas nécessaire d'avoir des connaissances en agriculture pour intégrer l'atelier [...]

La démarche de l'Atelier Paysan s'inscrit pleinement dans les enjeux du low-tech et fait écho à un débat ancien sur les enjeux politiques de la technologie [...]

socialter.fr, 10/09/2019.

1. SEUL

a Observez l'illustration du DOCUMENT 1. Quels objets du quotidien reconnaissez-vous ?

b Lisez le texte.
a. Que propose l'Atelier paysan ?
b. À qui est-ce que ces ateliers s'adressent ?
c. Quels changements sont liés au low-tech ?

2. EN GROUPES

a Vérifiez les réponses aux questions précédentes et proposez, ensemble, un résumé de quatre phrases du texte.

b Repérez les mots relatifs à la *formation*.

c Expliquer les expressions suivantes : « dans leur coin », « bouche-à-oreille ».

d a. Trouvez les deux *lequel* dans le texte.
b. Quelle préposition les accompagnent ?
c. Observez les deux phrases. À votre avis, comment s'appelle ce point de grammaire ?

e Trouvez les verbes composés à partir de *mettre*.

3. EN CLASSE

a Échangez. L'un des membres du groupe lit le résumé à la classe. Comparez vos résumés.

b Aimeriez-vous participer à une formation low-tech ? Dans quel domaine ?

Depuis son lancement en septembre 2013, **Socialter** traite de sujets contemporains et de solutions alternatives portées par des acteurs du changement. Il donne la parole à des penseurs de l'économie à impact positif dans quel domaine ?
▸ L'environnement et la société. ▸ La santé et la médecine.
▸ La musique et la peinture.

UNITÉ 7

Caractériser une tendance

4. Regardez le DOCUMENT 2. Décrivez la photo et imaginez le contexte.

5. ▶85 | Écoutez le DOCUMENT 3.

a Qu'est-ce que le low-tech ?
▸ Une nouvelle technologie.
▸ Le fait d'écrire lentement sur un ordinateur.
▸ Une tendance d'usage raisonné du numérique.
▸ Un courant de travail avec des outils numériques abordables.

b Vrai ou faux ?
a. Le mail permet des échanges en temps réel.
b. De nos jours, les employés ne sont pas assez connectés.
c. Les écrans sont aussi négatifs pour les enfants que pour les adultes.
d. Les temps de calme et de sérénité sont nécessaires pour la créativité.

c Avec le low-tech, qu'est-ce que l'on conseille d'interdire pendant les réunions ?

6. Écoutez à nouveau le document 3.

a Quel mot remplace « les réunions » dans la phrase : « des réunions dans … il y a interdiction de se connecter » ?

b « réunions » est féminin et pluriel. À votre avis, comment s'écrit le mot entendu ?

7. a Relevez les termes relatifs au numérique.

b Que signifie l'expression « mettre le doigt sur » ?

8. ▶86 | Écoutez. Il y a combien de groupes de mots ? Vous entendez une pause entre ces voyelles ?
▸ Partager de l'informati**on**, échang**er a**vec ses collègues
▸ Des environnements **où on** voit les méf**ai**ts **ou** les problèmes

DOCUMENT 2

Caractériser une tendance

C'est un courant / mouvement...
C'est une tendance qui frappe...
Ce que vous appelez...
Ce qu'on a observé...
Il y a deux types de stratégies...
C'est plutôt...
Vous parlez de...

9. | J'agis !

Le courant low-tech a-t-il de l'avenir ? Exprimez votre opinion sur ce courant avec des exemples (160 mots).

10. | On coopère !

C'est la matinée low-tech dans votre entreprise ou votre école. Vous devez organiser une réunion de remue-méninges pour trouver des solutions à l'hyperconnexion. La contrainte : ne pas utiliser d'outils numériques pour contacter les personnes, échanger et faire un compte-rendu.

LA FABRIQUE

DES MOTS
Des expressions

👁 **Observez.**
le bouche-à-oreille
mettre le doigt sur
dans leur coin

⚙ **Réfléchissez.**
Ces expressions sont utilisées au sens figuré. Retrouvez le sens propre en mimant votre action.

✏ **Appliquez.**
1. Choisissez une expression ci-dessous et mimez-la pour la faire deviner. Cherchez sa définition si nécessaire.
les doigts dans le nez | ce n'est pas la mer à boire | tomber dans les pommes | jeter un coup d'œil | se croiser les bras

2. Expliquez les expressions ci-dessous et imaginez une histoire.
a. Tomber nez à nez
b. Poser un lapin
c. Avoir du pain sur la planche
d. Un coup de foudre

DE LA GRAMMAIRE
Les pronoms relatifs composés

👁 **Observez.**
… des réunions <u>dans</u> **lesquelles** il est interdit de se connecter.
Le prototype <u>avec</u> **lequel** ils repartiront
C'est un stage **auquel** j'ai aimé participer.

⚙ **Réfléchissez. Vrai ou faux ?**
a. *Lequel* ne s'accorde pas.
b. Les mots soulignés sont des pronoms.
c. *auquel* = à + *lequel*

✏ **Appliquez.**
1. Complétez ces phrases avec le pronom qui convient.
a. J'aimerais un robot avec … je pourrais discuter.
b. Cet objet est construit à partir de vieux jouets … j'ai redonné vie.
c. Ma mère avait inventé un engin grâce … elle pouvait nettoyer la maison : mon père !
d. Mars, c'est le mois pendant … j'ai créé mon invention !

2. Faites deviner un objet du quotidien à l'aide des pronoms relatifs composés.

DES VERBES
Mettre et ses dérivés

👁 **Observez.**
Permettre aux agriculteurs de se former.
Transmettre des savoirs aux cultivateurs.
Les enfants sont trop soumis aux écrans.

⚙ **Réfléchissez.**
Reliez chaque exemple aux définitions ci-dessous.
faire passer d'une personne à une autre | donner la possibilité | rendre dépendant

✏ **Appliquez.**
Choisissez le verbe qui correspond au contexte.
a. Jamais je ne me … .
b. Il ne t'a pas … le message ?
c. Je ne te … pas de me parler comme ça.
d. Il lui a … le ballon trop tard.

DES SONS
Marques de l'oral : l'enchaînement vocalique

👁 ▶87 | **Écoutez et observez.**
Partager de l'informati**on**, **é**chang**er a**vec ses collègues
Des environnements **où on** voit, j'allais dire, les méf**aits ou** les problèmes

⚙ **Réfléchissez.**
Quand deux voyelles se suivent dans deux mots différents, dans quel cas y a-t-il obligatoirement un enchaînement vocalique ?

✏ **Appliquez.**
Prononcez, d'abord lentement, avec des groupes de mots, puis vite, en liant tous les groupes de mots.
Les enfants et les salariés ont des problèmes de créativité à cause des écrans.

L'opinion

UNITÉ 7

Ces opinions qui vous font réagir.

Le low-tech est plutôt présent dans les entreprises du numérique.

Les psychologues s'accordent à dire que les enfants sont trop soumis aux écrans.

Un tiers des salariés se sent surchargé par l'information.

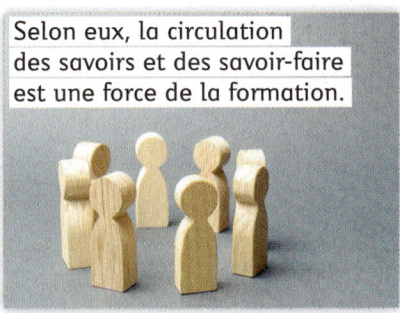
Selon eux, la circulation des savoirs et des savoir-faire est une force de la formation.

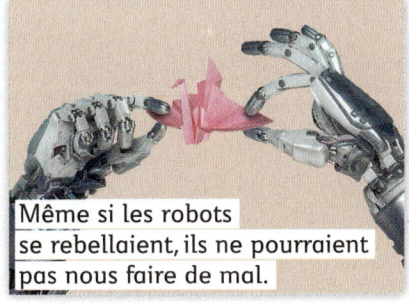
Même si les robots se rebellaient, ils ne pourraient pas nous faire de mal.

Les robots-livreurs sont gentils comme tout.

Ce n'est pas de la science-fiction, on va voir arriver de plus en plus de robots de livraison.

Créer ma propre machine, c'était vraiment pour moi un rêve de gosse.

Voler où on veut, c'est le rêve de beaucoup d'hommes et de femmes.

1. SEUL

a. Lisez ces phrases.

b. Après avoir sélectionné trois d'entre elles, choisissez une question et préparez une réponse.
- Comment ?   - Pourquoi ?
- Pour qui ?   - D'après qui ?

2. EN GROUPES

a. Faites un tour de table et trouvez une personne qui a travaillé sur la même phrase que vous mais à partir d'une autre question.

b. Ensemble, élaborez un petit paragraphe avec les quatre questions et trouvez deux exemples.

3. EN CLASSE

Vous avez 5 minutes ! Deux personnes tirent au sort une opinion et demandent à ceux qui ont travaillé sur cette opinion de préciser leur propos. Le reste de la classe les aide à avoir réponse à tout !

Faire préciser une idée

Je n'ai pas bien compris
Tu veux dire par là que…
Tu peux préciser ?
Autrement dit ?
Tu pourrais me donner un exemple ?

 *Se détendre*

 Guide pratique de classe

Vous allez jouer au jeu « Combinaisons relatives ». Par groupes, posez les cartes faces cachées sur la table. Un premier joueur retourne deux cartes. Si elles se combinent bien, il gagne un point et rejoue. Sinon, il les replace où elles étaient et c'est au tour du joueur suivant.

L'EXTRAIT ▶88

Quatre jours plus tard nous nous rencontrions dans son laboratoire, clean, clinique, une vraie salle de séjour pour 5 aveugles tellement le blanc, partout uniforme, procurait l'impression qu'il n'y avait ni murs ni meubles, aucun obstacle qui gênerait leurs déplacements.
10 « Voudriez-vous le revoir ?
– Qui ?
– Votre père.
– Ah ! ça, pourquoi ?
– Parce que vous ressentez la même chose que moi, il vous
15 manque tout le temps.
– C'est vrai ! »
Cri du cœur dont chacun peut être victime innocente. Je souffris tellement en le clamant que je faillis m'évanouir. Muudgins m'expliqua alors qu'il avait découvert une méthode
20 nouvelle qui permettait de cloner une personne défunte avec une telle conformité par rapport à l'original que même sa mère le reconnaîtrait. Et vivant !
« Oui, mais à quel âge ?
– Cela dépend. Si vous comptez le désespérer autant qu'il
25 semble vous avoir fait souffrir, choisissez-le enfant. Si c'est un duel d'égal à égal que vous souhaitez, j'ai les moyens de le faire mûrir artificiellement.
– Trente ans.
– Tope-la. Ne vous effrayez pas de la liste d'instructions
30 que je vais vous remettre. Il suffit d'un peu de patience pour réunir tous les éléments dont j'ai besoin. Et vous en avez, je l'ai remarqué à travers vos textes.
– Pourquoi me proposez-vous ça ?
– Jusqu'à ce jour, mes recherches demeuraient purement
35 théoriques. Vous êtes le meilleur cobaye que j'ai rencontré pour effectuer une expérience qui les valide.
– Donc, vous prévoyez de me fliquer.
– Pas du tout. Vous serez indépendant et libre de conduire votre face-à-face comme bon vous semblera. Nous allons
40 signer un contrat où vous vous engagerez à me transmettre vos informations sur le Net. Si tout se passe comme je le prévois, je pourrais suivre pas à pas l'itinéraire de votre vengeance.

Philippe Curval (écrivain français), *L'homme qui s'arrêta*, Éditions La Volte, 2013.

1. OBSERVER

Regardez la couverture. Lisez le titre et le sous-titre. Connaissez-vous un autre genre de journal littéraire ?

2. RÉAGIR

Lisez l'extrait.

▶ Individuellement

a. Décrivez le contexte.

b. D'après vous, quel est le sentiment du protagoniste ? Choisissez une phrase comme exemple.

c. Quel procédé scientifique est ici mis en avant ?

▶ En groupes

d. Traduisez le mot en anglais dans le texte.

e. Repérez les conditions présentes dans l'extrait. D'après vous, Muudgins a-t-il déjà effectué ce test ? Justifiez.

f. Dans le texte, trouvez des verbes au passé simple : ils finissent par -a (3e forme du sing.) ou -is (1e forme du sing.).

g. Échangez. Avez-vous déjà éprouvé une envie de vengeance ? Envers qui ? Pensez-vous qu'elle est bien exprimée dans ce texte ?

> **Exprimer une envie de vengeance**
>
> Se venger
> Faire souffrir
> Si vous comptez le désespérez, …
> Un jour, je me vengerai !

3. RÉDIGER

Imaginez le face-à-face entre l'homme et son père. Comment cet homme va-t-il se venger ?

Aide à l'écriture

Pour représenter ce face-à-face à venir, n'hésitez pas à alterner dialogue et narration pour donner plus de profondeur à leur rencontre.

UNITÉ 7

#LaMinuteCulturelle

Dessiner une invention

▶ **Vous avez 2 minutes ?**

Pensez à un objet qui pourrait simplifier votre vie. Donnez trois indices pour que le reste du groupe devine à quoi il servirait.

▶ **Vous avez 5 minutes ?**

En groupes, dessinez les objets inventés par chacun.

▶ **Vous avez 15 minutes ?**

Avec ces objets, pensez à une invention. Donnez-lui un titre, écrivez le mode d'emploi et un slogan publicitaire.

Mission

La question #7
Et si c'était vous ?

MÉDIATION

Contribuer à une communication interculturelle en initiant la conversation, en montrant de l'intérêt et de l'empathie par des questions et des réponses simples et exprimer son accord et sa compréhension.

 5 minutes par personne

 Inter-groupes

 Imaginer / Partager un projet fou

 Être créatif

Vous avez envie de construire une nouvelle ville dans votre pays. Vous faites un appel aux « Idées les plus folles ».

 1. Dans la classe, formez trois groupes de même taille. **Proposez des idées folles** pour créer une nouvelle ville. L'un de vous prend des notes.

 2. Chaque groupe choisit sa meilleure idée et la précise pour caractériser l'avenir

 3. Puis, chacun des groupes présente son projet à la classe. La classe peut poser des questions folles en imaginant l'impossible. Le groupe doit pouvoir répondre à ces idées folles. Finalement, la classe vote pour le meilleur projet !

cent vingt-cinq **125**

➜ Outils de la classe p. 183   ➜ Cahier p. 84-85

Stratégie

Retenez des mots qui font écho à votre quotidien numérique.

Les nouvelles technologies

L'innovation

un drone, une machine, un engin, un prototype
l'intelligence artificielle (IA)
un laboratoire > un scientifique
le progrès, l'avenir, la révolution
les outils digitaux
un robot > un humanoïde > la robotique

créer, innover, imaginer, fabriquer
résoudre des problèmes
surmonter des obstacles

Les risques

difficulté de concentration / d'apprentissage
un effet négatif, un trouble, une charge mentale
l'hyperconnexion

être soumis
être surchargé
imaginer le pire
impacter
se plaindre

Le changement

La formation

l'apprentissage
la circulation des savoirs
le fondateur
un formateur

animer, organiser un atelier / un stage / une formation
apprendre tout au long de la vie
changer d'orientation
transmettre des savoirs / des savoir-faire

La transformation

au bout de / après un certain temps
une évolution, une rupture

augmenter ≠ diminuer = réduire / ralentir
évoluer, se transformer
s'adapter aux besoins
s'améliorer = progresser > s'épanouir
se raréfier ≠ s'intensifier

---

1. Cachez le lexique et choisissez le bon mot.
   a. *Animer / Apprendre* un stage
   b. *Fabriquer / Évoluer* un outil
   c. *Créer / Impacter* un robot
   d. *Résoudre* un formateur / un problème
   e. *Transmettre* un drone / un savoir

2. **ⓐ** Retrouvez le plus rapidement possible dans le lexique :
   ▸ 2 métiers
   ▸ 4 verbes pronominaux
   ▸ 3 verbes indiquant un futur meilleur

ⓑ Pour chaque verbe, trouvez un mot de la même famille.

UNITÉ 7

La condition et l'hypothèse

➡ La **condition** exprime un fait réalisable maintenant ou dans le futur.

Elle a plusieurs formes :
- Verbe au conditionnel
On pourrait construire cette machine.
- *Si* + présent + futur
Si un robot me livre, je ne sortirai plus.
- *Si* + présent + impératif
Si tu veux te former, inscris-toi !

➡ L'**hypothèse** exprime un fait difficilement réalisable ou impossible.
- *Si* + imparfait + conditionnel
Si j'étais toi, je participerais à cet atelier.

Les pronoms relatifs composés

➡ servent à éviter les répétitions.

➡ s'accordent en genre et en nombre avec l'antécédent qu'ils reprennent.
*Une voiture dans **laquelle** on peut dormir.*
*Les ateliers avec **lesquels** je me suis formé.*

➡ Placés après une préposition ou un verbe + *à*, il se contracte comme suivant la règle de la préposition *à* : *à laquelle, auquel, auxquels, auxquelles*.
*C'est un stage **auquel** j'ai aimé participer.*

---

1. **ⓐ Lisez ces phrases**
a. Si un jour je travaillais dans ce genre de laboratoire, j'aimerais construire un drone qui permettrait à tout le monde de se déplacer dans des lieux impossibles à visiter !
b. Si un jour je participe à ce stage, c'est sûr que ce ne sera pas du temps perdu !
Quel exemple est une condition, une hypothèse ? Justifiez votre réponse.

ⓑ À votre tour, choisissez l'hypothèse ou la condition et parlez-nous de votre rêve, qu'il soit impossible ou concret !

2. Proposez un verbe et un sujet avec un *si* à votre voisin(e) et laissez-le/la imaginer le possible ou l'impossible sous forme de condition ou d'hypothèse.
Exemple : Si / voler / voiture ➡ *Si les voitures volaient, nous pourrions voyager plus vite.*

1. Lisez l'exemple.
Je ne te parle pas de fatigue physique, la fatigue à laquelle je pense est mentale. Trop de mails, trop de notifications. Je rêve d'un monde dans lequel des robots répondraient à notre place. Je rêve de machines grâce auxquelles on pourrait se reposer et penser aux activités pour lesquelles nous n'avons jamais assez de temps !
a. Combien de pronoms relatifs composés se trouvent dans cet exemple ?
b. Retrouvez le mot remplacé par chacun.

2. À deux, complétez les phrases.
a. Je voudrais inventer une machine grâce…
b. Elle utilise des outils digitaux pour…
c. J'ai participé à un stage grâce…
d. Les idées … je pense sont trop souvent jugées impossibles.
e. Je rêve d'un drone avec…

Marques de l'oral : l'enchaînement vocalique (1) ▶89

Dans un **mot**, quand deux voyelles se suivent, elles sont prononcées sans pause, dans le même souffle, mais dans deux syllabes différentes.
tra͡hison | coo͡pération | créa͡tivité

Marques de l'oral : l'enchaînement vocalique (2)

Quand deux voyelles se suivent dans un même **groupe de mots**, on fait l'enchaînement vocalique.
un papie͡r, un crayon
un papie͡r et un crayon

1. Notez les enchaînements vocaliques.
a. vidéo | météo | océan | réaction
b. dehors | véhicule | préhistoire | cohabitation

2. ▶90 Entendez-vous l'enchaînement vocalique ?
a. Ils sont accro**s** **a**ux écrans.
b. C'**est** **u**ne étude récente.
c. Des salariés **en** difficulté.
d. Des outils digita**ux** **et** numériques.

Aventure

n. fém.
se tente seul(e)
ou à plusieurs.

édito

Imaginez une force extraordinaire qui vous permettrait de soulever des montagnes et de partir explorer des mondes inconnus, de vaincre vos peurs et vos angoisses. Il ne vous resterait plus qu'à partir à l'aventure et à profiter, seul(e) ou à plusieurs, de ce qui se trouve sur votre route. Vous prenez le risque ?

UNITÉ 8

130
SITUATIONS

1. Expliquer une force physique | p. 130
   Expliquer une force mentale | p. 131

2. Comparer des explorations | p. 132
   Comparer des stations de ski | p. 133

134
LA FABRIQUE | p. 134
AU QUOTIDIEN | p. 135

136
SITUATIONS

3. Exprimer une phobie | p. 136
   Exprimer une crainte | p. 137

138
LA FABRIQUE | p. 138
L'OPINION | p. 139

140
L'EXTRAIT | p. 140
LA MISSION | p. 141
Ça vous tente ?

142
MÉMO

SITUATIONS 1

Expliquer une force physique

DOCUMENT 1

Christian Clot dans le désert de Dasht-e Lut en Iran. © Lucas Santucci Zeppelin Network

1. Regardez et décrivez le DOCUMENT 1.

2. a ▶9 | **Regardez la** VIDÉO 9. Identifiez rapidement les informations de l'aventure réalisée : le nom, le nom du réalisateur, les lieux et l'objectif.

b Répondez aux questions.
a. Comment est né le projet ?
b. Quel est le climat dans chaque lieu cité ?
c. Quelle est la force de l'humain ?
d. Quelle est la limite de l'invité ?
e. Pourquoi est-ce qu'il semble urgent de questionner notre capacité d'adaptation aujourd'hui ?
f. Quel but s'est fixé l'invité ? Pourquoi ?

3. a Écoutez de nouveau et repérez le lexique lié à *l'aventure* : météo, stress et adaptation.

b Dans le document, Christian Clot reste positif sur l'avenir. Relevez les phrases qui expriment de l'espoir ou une volonté d'agir.

c Trouvez un synonyme de *vivre* dans ces phrases : *Ils vivent une détresse. Ils racontent le récit de ce qu'ils ont vécu.*

4. a 👉 **Échangez.** Est-ce que vous aimeriez vivre cette aventure ?

b Quelles aventures avez-vous déjà tentées dans des conditions extrêmes ?

Le **désert** de Dasht-e Lut se situe en Iran. Parmi ces trois déserts, lequel se situe dans un pays francophone ?
▸ Atacama.
▸ Sahara.
▸ Gobi.

UNITÉ 8

Expliquer une force mentale

DOCUMENT 2 — **Coupe du monde féminine 2019 : Les Bleues, mental gagnant ?**

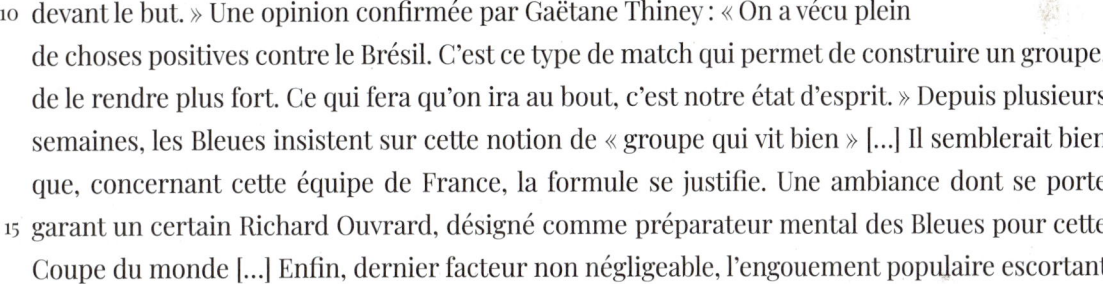

« Une victoire au mental ». Après le succès contre la Norvège (2-1) lors de la phase de groupes, beaucoup de joueuses françaises s'étaient donné le mot pour expliquer ce qui avait fait la différence contre les Scandinaves. Une expression qui
5 allait revenir – plus timidement - dans certaines bouches après la victoire contre le Nigéria (1-0), avant la célébration contre le Brésil (2-1) en 8e de finale. « Ce n'était pas facile, admettait ainsi la capitaine Amandine Henry. On est allé la chercher au mental car je pense qu'il nous a manqué un peu de rythme, de justesse, d'audace
10 devant le but. » Une opinion confirmée par Gaëtane Thiney : « On a vécu plein de choses positives contre le Brésil. C'est ce type de match qui permet de construire un groupe, de le rendre plus fort. Ce qui fera qu'on ira au bout, c'est notre état d'esprit. » Depuis plusieurs semaines, les Bleues insistent sur cette notion de « groupe qui vit bien » […] Il semblerait bien que, concernant cette équipe de France, la formule se justifie. Une ambiance dont se porte
15 garant un certain Richard Ouvrard, désigné comme préparateur mental des Bleues pour cette Coupe du monde […] Enfin, dernier facteur non négligeable, l'engouement populaire escortant les Bleues depuis le début de la compétition. Déjà au point mentalement, les joueuses de Corinne Diacre puisent dans l'ambiance de stades pleins le supplément d'âme nécessaire à les « pousser à ne rien lâcher », comme le résumait Marion Torrent après la victoire contre le Brésil […]

Cédric Callier, lefigaro.fr, 27/06/2019.

---

5. Regardez la photo et le titre du **DOCUMENT 2**. Situez le contexte et nommez l'équipe. Connaissez-vous le nom de l'équipe masculine ?

6. ⓐ Lisez le texte.
   a. Listez les trois matchs dans l'ordre chronologique.
   b. Nommez les personnes citées et leur rôle.
   c. Expliquez ce qui fait la force des Bleues.

   ⓑ Relevez les mots liés à l'exploit sportif.

7. Remplacez les **participes présents** par un équivalent :
   ▸ Les Bleues, un mental qui … .
   ▸ Il semblerait bien que, en ce qui … cette équipe de France, la formule se justifie.
   ▸ L'engouement populaire qui … les Bleues.

> **Expliquer une force**
>
> On est dans un(e) tel(le)…
> Il faut trouver la puissance mentale.
> Pour tenir, il n'y a que…
> Ce qui fait qu'on ira au bout…
> On est allé la chercher au mental.
> Elles puisent dans l'ambiance de…

8. **J'agis !**
Vous avez vécu une compétition en équipe. Votre équipe a montré sa force et sa solidarité. Rédigez un témoignage de 160 mots.

9. **On coopère !**
Ensemble, faites une liste des activités (de classe ou autre…) qui permettent de rendre un groupe plus fort.

SITUATIONS 2

Comparer des explorations

DOCUMENT 1

© Laurent Ballesta - Le chercheur Laurent Ballesta et son équipe ont filmé des centaines de requins gris qui chassent de nuit.

1. Regardez et décrivez le DOCUMENT 1. Puis, répondez : Qui est le photographe ? Quelle est son autre profession ?

2. ▶91 | **Écoutez le DOCUMENT 2. Répondez aux questions.**
a. Qui est l'invité ? Qui sont les explorateurs dont on parle ?
b. Qu'est-ce qui a évolué depuis 1937 ?
c. Qui est Laurent Ballesta ? Que fait-il et pourquoi ?

> **Comparer**
>
> Les choses ont changé et évolué.
> Autrefois, c'était moins / plus…
> C'est pareil. C'est du pareil au même.
> C'est différent. Ça n'a rien à voir.
> Et de plus en plus…
> Ce qui rapproche le plus l'histoire…

3. Écoutez à nouveau.
ⓐ Repérez le nom des milieux d'exploration.
ⓑ Remplacez cette proposition relative par un participe présent : *Laurent Ballesta, par exemple, qui nage au milieu de plus de six cents requins.*
ⓒ ▶92 | Écoutez. Vous entendez une pause entre ces lettres ?
▸ Il s'appe**ll**e **O**livier Archambeau.
▸ Ce géogra**ph**e **est** un explorateur.
▸ Des scientifiques pu**rs et** durs.

4. ⓐ 👍 **Échangez.** Que pensez-vous du métier d'explorateur ? Donnez des exemples pour justifier votre opinion.
ⓑ Si vous étiez explorateur, qu'aimeriez-vous photographier ou découvrir pour faire avancer les recherches scientifiques ?

Comparer des stations de ski

DOCUMENT 3

The Good Life

Gstaad vs Zermatt : duo des cimes

Leurs noms évoquent les alpages, la douceur de vivre suisse et une certaine idée du luxe. Les deux stations n'en restent pas moins très différentes. [...]

Gstaad tient avant tout à garder son image de paisible village alpin avec ses chalets de bois [...] Dans cette vallée longtemps isolée, car protégée par de hautes montagnes (le train n'y est arrivé qu'en 1905), les habitants ont gardé l'habitude de vivre, à leur rythme, sans se soucier [...] du monde extérieur.

Profiter de l'art de vivre à Gstaad...

La pratique des sports alpins, d'hiver ou d'été, n'est visiblement pas la priorité à Gstaad [...] Et toutes les fameuses remontées se trouvent hors du village : Glacier 3000, le plus beau domaine skiable, se trouve à 18 km ; le plus vaste, Zweisimmen, à 16 km. On y accède en voiture, par ski bus ou avec les navettes des hôtels chics. Si tout est fait pour faciliter la desserte, il faut quand même porter son équipement, chaussures aux pieds [...] Là réside sans doute le véritable secret de Gstaad : avoir su préserver au fil du temps cet esprit de vallée où vivre heureux, c'est vivre caché.

... ou tenter l'exploit sportif à Zermatt

Le Cervin [...] se dresse fier et orgueilleux au-dessus de la vallée [...] Impossible d'échapper à cette silhouette qui culmine à 4 478 m d'altitude. Sa vue est fascinante et, chaque année, plus de 2 000 audacieux se lancent à sa conquête. Si l'ascension est libre, le guide est conseillé (entre 1 500 et 2 000 euros), car le Cervin est (très) dangereux. Depuis 1865, plus de 600 personnes y ont trouvé la mort ! [...] Vallée étroite et perchée à 1 600 m d'altitude, village accroché à ses parois, ombre du Cervin planant sur les hauteurs... [...] L'atmosphère est chargée de défis. Tout cela a un prix : Zermatt propose le forfait le plus cher d'Europe : 79 euros la journée !

Antoine Lorgnier,
thegoodlife.thegoodhub.com, 23 avril 2019.

---

5. Regardez les illustrations du DOCUMENT 3.
Choisissez trois mots-clés pour les décrire.

6. Lisez l'article.
a Trouvez six différences et six points communs entre les deux villes.
b Attribuez une station à ces deux profils de skieurs : skieur expérimenté ayant le goût du risque | skieur débutant ayant besoin de repos.

7. a Repérez, dans le texte, la phrase avec le *participe présent*.
b Expliquez la phrase : « Les habitants ont gardé l'habitude de *vivre à leur rythme* ».
c Cherchez cinq mots qui parlent d'*aventure*.
d Quelle indication géographique est donnée dans « un paisible village alpin » ?

8. **J'agis !**
Rédigez un mail (160 mots) à votre ami suisse qui vous demande dans quelle station vous préféreriez séjourner.

9. **On coopère !**
Deux groupes : chacun choisit une station de ski francophone et cherche des informations sur Internet (taille, ambiance, altitude, etc.). Rassemblez vos informations et comparez, à l'oral, vos choix.

LA FABRIQUE

DES MOTS
Les dérivations

Observez.
leurs noms évoquent les alpages
un paisible village alpin
le massif pyrénéen
le bassin armoricain

Réfléchissez.
Nommez et localisez ces lieux géographiques sur la carte de la France.

Appliquez.
1. Transformez ces lieux géographiques français en adjectifs.
a. la Provence   d. la Savoie
b. Dijon   e. les Vosges
c. Nice

2. Retrouvez les spécialités culinaires des lieux ci-dessus et accordez l'adjectif avec les spécialités. la fondue | la salade | la moutarde | les bonbons | la ratatouille

DES VERBES
Vivre

Observez.
Ils vivent une détresse.
Ils racontent le récit de ce qu'ils ont vécu.
Ils vivent à leur rythme.

Réfléchissez.
a. Indiquez ce que l'on peut vivre : *une vie*, etc.
b. Cherchez comment on peut vivre : *en couple*, etc.

Appliquez.
Par deux, créez des phrases avec *vivre* pour exprimer :
a. habiter
b. passer
c. expérimenter
d. ressentir
e. traverser une période

DE LA GRAMMAIRE
Le participe présent

Observez.
Les Bleues : mental **gagnant** ?
On voit Laurent **nageant** au milieu des requins.
L'ombre du Cervin **planant** sur les hauteurs…

Réfléchissez et répondez.
a. Comment se forme le participe présent ?
b. À quoi sert-il ?

Appliquez.
1. Conjuguez ces verbes au participe présent.
a. prendre   c. avoir   e. être
b. faire   d. croire

2. Complétez ces phrases avec un des verbes ci-dessus.
a. … musicien, il connaît bien le solfège.
b. Elle l'a puni, … qu'il mentait.
c. J'ai vu des touristes … des photos des requins.
d. Il souriait, … semblant de comprendre.
e. N'… pas froid aux yeux, il est parti skier.

DES SONS
Marques de l'oral : l'enchaînement consonantique (1)

▶ 93 | **Écoutez et observez.**
Il s'appe**lle O**livier Archambeau.
Ce géogra**phe est** un explorateur.
Des scientifiques pu**rs et** durs.

Réfléchissez.
Quand une consonne et une voyelle se suivent dans deux mots différents : on fait une pause entre chaque mot ? on lie les mots en les prononçant dans le même souffle ?

▶ 94 | **Écoutez et prononcez.**
La science, la reche**rche** et l'exploration.
Dans le dése**rt** ou dans la forêt.

UNITÉ 8

Au quotidien

Ces phrases que vous entendrez forcément.

- Allez, laissez-vous tenter !
- Ne me dis pas que tu n'as pas le goût du risque ?
- Et si on se lançait ?
- Oh oui, ça me tenterait bien !
- T'es pas sérieux ?*
- Et sinon, tu es déjà parti(e) à l'aventure ?
- Pas maintenant mais peut-être un autre jour !
- Qui ne tente rien n'a rien !
- Est-ce que tu vas oser faire le pas ?
- Je pense que tu devrais oser.
- C'est un peu risqué, non ?
- Je ne sais pas si j'aurai le courage.

*familier

1. COMPRENDRE

▶ 95 | Écoutez ces deux dialogues.

a. Pour chacun des dialogues, énoncez l'aventure, la réponse et la raison données.

b. Quel est le point commun entre les deux dialogues ?

2. SE PRÉPARER

Individuellement, faites une liste de dix activités que vous ne souhaitez pas entreprendre. *Exemple : sauter en parachute ; acheter des actions à la bourse, etc.*

3. AGIR

En groupes, échangez autour de vos activités. Ensemble, trouvez des raisons pour tenter ou ne pas tenter ces activités. Décidez d'une activité commune que vous pourriez tous tenter ! Proposez cette activité au reste de la classe et voyez comment ils réagissent.

Stratégie

Pour convaincre quelqu'un, il est bon de mettre en avant les éléments positifs et d'encourager à essayer. Qui ne tente rien n'a rien !

Imaginer

Vous faites le tour du monde en solitaire. Tout se passe à merveille. Imaginez les lieux géographiques que vous découvrez, les gens que vous rencontrez, les paysages que vous contemplez. Laissez-vous tenter !

SITUATIONS 3

Exprimer une phobie

1. SEUL

a Regardez le DOCUMENT 1. Indiquez le titre du livre, les auteurs et nommez les deux phrases rassurantes.

b Listez quelques idées pour ne plus avoir peur en avion.

DOCUMENT 1

2. EN GROUPES

a Comparez vos idées avec celles des membres du groupe.

b ▶96 | Écoutez le DOCUMENT 2. Le document se compose de trois parties. Pour chacune, mettez-vous d'accord sur un titre.

c Écoutez à nouveau. Donnez des précisions ou explications sur :

a. les bruits de l'aéroport et du quotidien.

b. les trajets d'Adrien (destination, mode de transport, durée).

c. l'opinion de la fille (avant / maintenant).

d Ensemble :

a. devinez ce que signifie un **aérodromophobe**.

b. repérez les mots appartenant au champ lexical de la **peur**.

c. expliquez la phrase « j'ai commencé à **me méfier** ».

e Complétez la phrase avec un verbe conjugué au **subjonctif présent**.
J'ai peur en avion. = J'ai peur que l'avion …

f ▶97 | Écoutez. Vous entendez quelles syllabes ?

▸ *une/ren/contre/ im/por/tante* **ou** *une/ren/con/treim/por/tante*

▸ *prendre/un/train* **ou** *pren/dreun/train*

3. EN CLASSE

a 👉 Échangez. Et vous, aimez-vous prendre l'avion ? Qu'est-ce qui vous fait peur en avion ?

b Faites un inventaire de vos peurs.

Culture +

Un avion émet 1500 fois plus de dioxyde de carbone qu'un train.
Classez ces **moyens de transports** du moins polluant au plus polluant.
a. avion   b. bus   c. bateau   d. voiture   e. train

Exprimer une crainte

UNITÉ 8

DOCUMENT 3

ÉMOTIF *Le mag de l'émotion*

Que ce soit au début de la relation ou au bout de quelques années, un manque de confiance peut parfois s'installer dans un couple. Petit à petit, naissent des doutes suivis d'angoisses qui deviennent alors chroniques. Chez les hommes comme chez les femmes, le mécanisme est le même.
5 Tous se mettent à imaginer l'impossible : et si ma conjointe me trompait ? Et si je n'étais pas à la hauteur ? Et si elle décidait de partir parce que j'ai peur de m'engager !
Des hommes ont choisi de nous confier ce qui les terrifiait le plus…

- **J'ai peur de ne pas être à la hauteur.**
10 Camille est belle, elle est pleine d'humour et de charme. Elle pourrait trouver tellement mieux que moi ! Rien que d'y penser, cela m'effraie !
Vincent, 34 ans.

- **J'ai peur de la distance.**
Ma petite amie a décidé de partir trois mois à l'étranger. Je suis inquiet
15 pour notre relation. J'ai peur qu'elle fasse les quatre cents coups et qu'elle choisisse de s'installer à l'étranger. Que ferais-je sans elle ?
Pierrick, 25 ans.

- **J'ai peur qu'elle s'en aille !**
Virginie a rompu avec son ex sur un coup de tête ! Un jour, elle s'est levée
20 et elle s'est rendu compte qu'elle ne l'aimait plus. Moi, ça me fait vraiment flipper ! Et si elle me jouait le même tour ?
Valentin, 28 ans.

- **J'ai peur de m'installer chez elle.**
Cela fait des mois que Juliette insiste pour que j'emménage dans son
25 appart. J'ai peur de ne plus avoir de liberté. Je l'aime, bien sûr, mais… aller vivre chez elle, c'est comme faire le grand saut ! J'ai les jetons !
Olivier, 27 ans.

- **J'ai peur du premier rancard.**
À chaque fois, j'ai les mêmes symptômes : la boule au ventre et les mains
30 moites ! Quand je regarde la fille, je ne trouve plus mes mots et si jamais je parle, je commence à bégayer. C'est l'angoisse !
Fred, 24 ans.

- **J'ai peur qu'elle soit autonome !**
Parfois, je me demande à quoi je lui sers… Elise fait tout : elle gère aussi bien
35 les galères financières ou administratives que les réparations en tout genre. Il m'arrive de penser qu'elle n'a finalement pas vraiment besoin de moi.
Samir, 30 ans.

4. Regardez le DOCUMENT 3 et lisez l'introduction. Comment s'appelle le magazine ? À qui s'adresse-t-il ? Comment le savez-vous ?

5. Lisez les témoignages. Répondez aux questions.
   a. Quelle est la moyenne d'âge des hommes ?
   b. Pour quelles raisons les hommes manquent-ils de confiance en eux ?
   c. Qui a des manifestations physiologiques liées à la peur ? Quelles sont-elles ?
   d. Qui a peur de décevoir ? De s'engager ? De l'éloignement ?

6. Lisez de nouveau. Trouvez, dans le texte :
   a. les phrases au **subjonctif présent**.
   b. les verbes qui indiquent une **peur**.

Exprimer une peur

C'est l'angoisse !
Ça me fait flipper ! / J'ai les jetons ! (fam.)
Je suis inquiet(ète).
J'ai peur que + *subjonctif* / de + *infinitif*
J'ai la boule au ventre.
J'ai des sueurs froides.

7. | **J'agis !**

Vous laissez un témoignage (160 mots) sur le site du magazine *Émotif* pour exprimer une peur que vous avez concernant votre relation avec un(e) proche, un(e) ami(e) ou un(e) petit(e) ami(e).

8. | **On coopère !**

Vous participez à une émission radio : il y a un animateur, un psychologue pour couples et des auditeurs qui appellent pour avoir des conseils. Organisez-vous et jouez l'émission !

LA FABRIQUE

DES MOTS
Le suffixe *-phobe*

👁 **Observez.**
être aérodromophobe
être agoraphobe
être photophobe

⚙ **Réfléchissez.**
a. Que signifie le suffixe *-phobe* ?
b. Cherchez dans votre dictionnaire les définitions des mots ci-dessus.

✏ **Appliquez.**
1. Cherchez les mots qui indiquent :
a. la peur des araignées.
b. la peur du chiffre quatre.
c. la peur de la technologie.
d. la sensibilité à la chaleur.
e. la peur de ce qui est étranger.

2. Par deux, inventez des mots liés aux peurs que vous ressentez. *Exemple : saladophobe, qui a peur de la salade !*

DE LA GRAMMAIRE
Le subjonctif présent (2)

👁 **Observez.**
J'ai peur d'emménager avec elle.
J'ai peur qu'elle me quitte.
Je suis contente que tu fasses partie de ma vie.

⚙ **Réfléchissez.**
a. Quelle différence dans la structure des trois phrases ? Pourquoi ?
b. Comment forme-t-on le subjonctif ?

✏ **Appliquez.**
1. Conjuguez ces verbes au subjonctif présent.
a. prendre   c. avoir   e. être
b. faire   d. pouvoir

2. Complétez ces phrases pour exprimer des sentiments.
a. J'ai peur que l'avion…
b. Je suis content(e) que…
c. J'ai peur que la météo…
d. Je suis triste que…
e. Je suis étonné(e) que…

DES VERBES
Se (mé)fier

👁 **Observez.**
se fier à quelqu'un
se méfier de quelqu'un
se confier à quelqu'un

⚙ **Réfléchissez.**
Le verbe « fier » est de la famille de « confiance ». Expliquez les différences de sens entre les trois phrases.

✏ **Appliquez.**
Complétez avec le bon verbe.
a. Je vous … la garde de mes enfants ce week-end.
b. Je me … de sa réaction.
c. Je ne peux jamais te … un secret. Tu le répètes toujours !
d. Elle se … à son intuition.
e. Il devrait se … de ses intentions.

DES SONS
Marques de l'oral : l'enchaînement consonantique (2)

👁 ▶98 | **Écoutez et observez.**
Une rencontre importante : une/ren con/treim/por/tante
Prendre un train : pren/dreun/train

⚙ **Réfléchissez.**
Quand un mot se termine par un groupe consonantique (consonne + « r » ou consonne + « l »), et que le mot suivant commence par une voyelle, on lie : la dernière consonne et la voyelle ? les deux consonnes et la voyelle ?

✏ **Appliquez.**
▶99 | **Écoutez et prononcez.**
Je tremble en avion !
C'est ma propre angoisse.

L'opinion

Ces opinions qui vous font réagir.

C'est le cerveau qui donne la capacité de dépasser les situations.

Il faut trouver l'envie de s'adapter à de nouvelles situations.

Ce qui fera qu'on ira au bout, c'est notre état d'esprit.

La science a toujours besoin d'explorateurs.

Ce qui me terrifie le plus en avion, ce sont les sons.

J'ai du mal à faire confiance aux personnes qui gèrent l'avion.

L'avion est le moyen le plus dangereux au monde.

Un manque de confiance peut s'installer dans un couple.

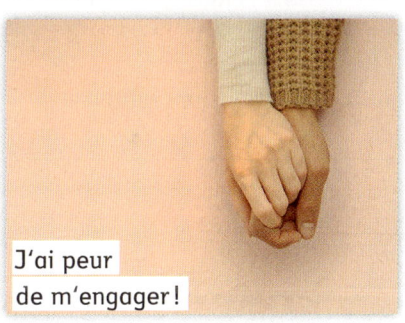
J'ai peur de m'engager !

1. SEUL

Individuellement, lisez ces opinions.
En face de chaque opinion, indiquez si vous êtes :
a. complètement d'accord   b. partiellement d'accord
c. pas vraiment d'accord   d. pas du tout d'accord
Comptez le nombre de : a., b., c., d. et indiquez la lettre qui remporte le plus d'opinions.

2. EN GROUPES

a. Formez des groupes en fonction de la lettre qui remporte le plus d'opinions. *Exemple : le groupe des « pas vraiment d'accord ».* Discutez de vos opinions.

b. Allez voir le groupe qui a l'opinion contraire la plus éloignée de votre groupe. Discutez de vos désaccords.

3. CRÉER

Votre classe vient d'adopter le savoir-être suivant : « Il n'y a que les imbéciles qui ne changent pas d'avis ». Adoptez ce savoir-être et dites, à haute voix, comment vous avez rectifié votre opinion.

Rectifier

Pas vraiment. / Pas exactement.
Tu veux plutôt dire que…
À vrai dire, c'est plutôt…
Ce serait plus juste de dire que…
Je ne crois pas que ce soit vrai.
Je croyais que… / En réalité, …

Se détendre

Dessinez six ronds de taille identique sur une feuille de papier. À partir de ces ronds, dessinez six objets. Comparez avec ceux de votre voisin(e) et répétez : « Tiens, je n'avais pas pensé à ça mais c'est une bonne idée » !

cent trente-neuf **139**

L'EXTRAIT ▶100

Lisa. Tu ne te décourages jamais ?
Gilles. Si.
Lisa. Et alors ?
Gilles. Je te regarde et je pense :
5 est-ce que malgré mes doutes, mes soupçons, mes inquiétudes, ma lassitude, j'ai envie de la perdre ? Et la réponse me vient. Toujours la même. Et le courage avec. C'est
10 irrationnel* d'aimer, c'est une fantaisie qui n'appartient pas à notre époque, ça ne se justifie pas, ce n'est pas pratique.
Lisa. Si jamais j'arrivais à avoir
15 confiance en toi, alors ce serait en moi que je n'aurais plus confiance. J'ai du mal à avoir confiance.
Gilles. « Avoir » confiance. On n' « a » jamais confiance. La confiance ne se possède pas. Ça se donne. On « fait » confiance.
20 **Lisa.** Justement, j'ai du mal.

Gilles. Parce que tu te poses en spectatrice, en juge. Tu attends quelque chose de l'amour.
Lisa. Oui.
25 **Gilles.** Or c'est lui qui attend quelque chose de toi. Tu souhaites que l'amour te prouve qu'il existe. Fausse route. C'est à toi de prouver qu'il existe.
Lisa. Comment ?
30 **Gilles.** Faire confiance.

Lisa comprend, mais ne peut admettre ni ressentir ce que Gilles dit. Un sentiment d'insécurité l'encombre. Elle cherche quoi faire d'elle-même, de son corps.

35 **Lisa.** Je… je… je vais chercher ma valise.

Éric-Emmanuel Schmitt (écrivain franco-belge),
Petits crimes conjugaux, Éditions Albin Michel, 2003.

* ce n'est pas raisonnable d'aimer quelqu'un

---

1. OBSERVER
D'après la photo, que signifie « conjugaux » dans le titre ?

2. RÉAGIR
Lisez l'extrait.

▶ **Individuellement**

a. Décrivez les deux personnages (relation, différences de caractère).

b. Expliquez pourquoi Lisa a du mal à faire confiance.

▶ **En groupes**

c. Retrouvez la phrase avec un subjonctif présent. Justifiez son utilisation.

d. Commentez la phrase : « La confiance ne se possède pas. Ça se donne ».

e. 👍 **Échangez.** Quelle émotion ressentez-vous à la lecture de cet extrait ? Partagez-la et justifiez-la à l'aide d'une expérience personnelle.

3. RÉDIGER
Par deux, rédigez un extrait de pièce de théâtre (160 mots) dans lequel deux personnes expriment leur manque de confiance l'un envers l'autre.

> **Exprimer de la confiance**
>
> La confiance, ça se donne.
> J'ai confiance en toi.
> On (vous) fait confiance.
> Elle est confiante.
> Il se fie à elle.
> Je le fais les yeux fermés.

Aide à l'écriture
À deux, identifiez et créez un profil des deux personnages. Choisissez un problème qui justifie un manque de confiance. Commencez par dialoguer, à l'oral. Proposez plusieurs issues possibles à votre dialogue. Rédigez !

UNITÉ 8

#LaMinuteCulturelle

Inventer un menu « aventure »

▶ **Vous avez 2 minutes ?**

Pensez à un ou deux aliments que vous n'avez jamais mangés par peur de ne pas aimer (une fleur, une épice, un légume, un insecte, etc.).

▶ **Vous avez 5 minutes ?**

Avec votre voisin(e), discutez de ces aliments et exprimez votre peur par rapport à ces aliments.
Exemple : J'ai peur qu'il soit trop piquant.

▶ **Vous avez 15 minutes ?**

En groupes, écrivez un menu « Aventure » (entrée, plat, dessert et boissons) à partir des aliments que vous avez sélectionnés. Proposez de déguster ce menu dans un lieu atypique. Invitez la classe !

Mission

La question #8
Ça vous tente ?

> **MÉDIATION**
> Donner des consignes simples et claires pour organiser une activité.

 5 minutes / personne

 Inter-groupes

 Parler d'un parcours fictif

 Être organisé

Vous avez toujours rêvé de tenter l'aventure à plusieurs. Vous devez vous mettre d'accord et exprimer ce que vous ressentez.

1. En groupes, l'un de vous pose des questions pour animer la discussion.
Vous décidez d'un week-end aventure de deux jours dans des conditions extrêmes (climat, activités, sensations).
L'un de vous résume et rédige le programme. Un autre le photocopie par nombre de groupes dans la classe.

2. En groupes, **comparez les programmes** reçus. **Exprimez vos peurs** quant à certaines conditions ou activités.

3. Individuellement, choisissez un programme. Écrivez un mail au groupe qui l'a conçu pour indiquer votre participation et exprimer votre crainte ou votre confiance.

cent quarante et un **141**

➜ Outils de la classe p. 183 ➜ Cahier p. 96-97

Stratégie

Lisez le mémo. Dans cette unité, on parle beaucoup d'émotions. Faites appel à vos souvenirs et à vos émotions pour vous aider à mémoriser le lexique !

L'aventure

L'exploration

être pionnier = être le premier à se lancer
explorer > une exploration > un explorateur(trice)
faire preuve d'audace
prendre le risque = risquer l'aventure
s'adapter au milieu (l'air, la mer, la terre, la forêt, le désert…)
soulever des montagnes
survivre dans un milieu dangereux > extrême
tenter = oser = essayer l'expérience / l'aventure

L'exploit sportif

la coupe du monde féminine ≠ masculine
une victoire ≠ une défaite
en solitaire ≠ en collectif

(ap)porter son équipement
être en compétition
être sportif / casse-cou
faire preuve de stratégie individuelle ≠ collective
pratiquer un sport alpin dans une station de ski

La peur

Le corps

avoir des bouffées de chaleur
avoir des sueurs froides
avoir la boule au ventre
avoir les mains qui tremblent
être aérodromophobe (= avoir peur en avion)
être atteint(e) d'une maladie
ressentir une phobie envers…
transpirer

Le mental

incroyable = extraordinaire

accepter la douleur / la souffrance
avoir peur > être angoissé(e) > être terrifié(e)
avoir un mental gagnant
être dans un état d'esprit
tester ses capacités
trouver une puissance / force mentale
vaincre sa peur

---

1. Aidez-vous du lexique des explorations.

a Ces lieux portent un nom. Retrouvez-le.
– Aspen | Gstaat | Courchevel
– les Alpes | les Pyrénées
– le Sahara | le Dasht-e Lut | Gobi
– France (2019) | Canada (2015) | Allemagne (2011)

b Racontez, à votre voisin(e), un moment casse-cou !

2. Lisez le lexique de la peur.

a Associez.

a. avoir des bouffées   1. au ventre
b. avoir les mains   2. qui tremblent
c. avoir la boule   3. froides
d. avoir des sueurs   4. de chaleur

b En groupes, chacun raconte une peur vécue et sa manière de la vaincre !

UNITÉ 8

Le participe présent

➡ sert à **caractériser** (à la place du pronom relatif *qui*) et à exprimer une **cause**.
Ce point de grammaire étant facile, je vais l'apprendre rapidement.

➡ se forme sur la base du verbe conjugué au présent avec *nous* **+ -ant**.

Nous **chant**-*ons* ➡ *chant*-**ant**

Le subjonctif présent (2)

➡ se forme à partir de la base du verbe à la **3ᵉ pers. du pluriel de l'indicatif présent**, sauf pour *nous* et *vous*.
que je **prenn**e – *que nous prenions*

➡ s'utilise après **une expression d'émotion** : *avoir peur que, être heureux que, être triste que, être déçu(e) que, craindre que…*

Attention ! *espérer* + indicatif

---

1. ⓐ Lisez ce dialogue
– J'ai vu des enfants skiant près du Mont Cervin.
– Mais c'est dangereux !
– Je sais mais n'ayant pas mon téléphone avec moi, je n'ai pas pu prévenir les secours.
a. Repérez les deux participes présents.
b. Le participe présent est variable ou invariable ?
c. Indiquez s'ils expriment une caractérisation ou une cause.

ⓑ Imaginez et décrivez, en cinq phrases, une station de ski. Utilisez des participes présents.

2. Avez-vous une bonne excuse ?
Votre voisin(e) vous accuse de quelques faits bizarres. *Exemple : Il vous a vu, hier soir, en pyjama, dans la cour de votre établissement.* **Justifiez les faits à l'aide d'un participe présent.**

1. ⓐ ▶101 | Écoutez.
a. Nommez l'émotion dans chaque phrase.
b. Repérez les deux phrases au subjonctif.
c. Justifiez la non-utilisation du subjonctif dans les trois autres phrases.

ⓑ Rédigez quelques lignes sur les craintes que vous avez concernant le monde.

2. Êtes-vous sentimental(e) ?
Votre voisin(e) vous regarde en mimant une émotion sur son visage (tristesse, joie, peur, colère, déception, etc.). Vous devinez son émotion et imaginez une question au subjonctif. Il répond.
Exemple :
– Tu es triste que les cours finissent plus tôt aujourd'hui ?
– Non, je suis triste de te quitter !

Marques de l'oral : l'enchaînement consonantique (1)

un scientifique pu[r] [et] *dur*
 consonne   voyelle

On prononce : *pu*‿*r et dur (pu/ret/dur).*

Marques de l'oral : l'enchaînement consonantique (2)

Une rencon[tr]e [im]*portante*
 Groupe   voyelle
 consonantique

On prononce : *rencon*‿*tre importante (ren/con/treim/por/tante).*

1. Notez les enchaînements consonantiques.
a. Les choses ont changé.
b. Une aventure extraordinaire.
c. Je veux partir à l'aventure !

2. Notez les enchaînements consonantiques.
a. C'est notre état d'esprit !
b. Peut-être un autre jour !
c. J'aime vivre au jour le jour !

Espace

n. masc.
surface sur la Terre
ou dans l'univers.

édito

Pourquoi l'homme veut-il aller sur la Lune ? Est-ce que la Terre manque d'espace ? Est-ce que la Lune a un pouvoir attracteur ? Est-ce que l'homme a le projet d'habiter sur la Lune ? D'y aller pour les vacances ? Ce qui est sûr, c'est que l'homme se pose beaucoup de questions quand il n'est pas dans la lune !

UNITÉ 9

146

SITUATIONS

1. Exposer des chiffres | p. 146
   Exposer une idée | p. 147

2. Parler de ses origines | p. 148
   Parler de ses racines | p. 149

150

LA FABRIQUE | p. 150
AU QUOTIDIEN | p. 151

152

SITUATIONS

3. Rapporter des informations | p. 152
   Rapporter des propos | p. 153

154

LA FABRIQUE | p. 154
L'OPINION | p. 155

156

L'EXTRAIT | p. 156
LA MISSION | p. 157
T'es dans la lune ?

158

MÉMO

SITUATIONS 1

Exposer des chiffres

DOCUMENT 1

FRÉQUENTER LA NATURE

On recense chaque année **500 millions de visites en forêt.** 87 % des Français déclarent s'y rendre au moins une fois par an.
(Site ONF : Enquête forêt et société, 2015 – UCN / ONF)

Si **95 % des Français disent se promener** en forêt, en bord de lac ou en bord de mer, **seul un sur trois le fait régulièrement**, et 51 % s'estiment moins en contact avec la nature que leurs parents.
(Sondage Fête de la Nature, 2018 – YouGov)

Pour leurs **vacances**, les Français privilégient les **séjours dans la nature** : 22,9 % choisissent le littoral*, 21,8 % la campagne et 19,1 % la montagne. Un tiers environ préfère une destination urbaine. *(Chiffres clés du tourisme, 2018 – DGE)*

22,9 %   21,8 %   19,1 %   36,2 %

VIVRE PROCHE D'ELLE

4,9 % des ménages français disposent d'une résidence secondaire. *(Enquête logement, 2015 – INSEE)*

3,4 millions de résidences secondaires existent en France, soit 10 % du parc logements, en forte croissance depuis 30 ans (+28 %), 83 % d'entre elles sont situées dans des zones naturelles, contre 17 % en zone urbaine. *(INSEE, 2017 ; Elabe, 2018)*

40 % à la mer   26 % à la campagne   15 % à la montagne

S'EN SOUCIER

24 % des Français jugent que l'**érosion**** de la biodiversité est un des problèmes environnementaux les plus préoccupants. 86 % estiment que la préservation de la biodiversité doit devenir une cause nationale. *(Chiffres clés 2018 – DATALAB / Commissariat général au développement durable ; sondage Fête de la Nature, 2018 – YouGov)*

Malgré cela, **seuls 14 %** d'entre eux sont **engagés** dans une cause ou une activité liée à la sauvegarde de la nature.
(Sondage Fête de la Nature, 2018 – YouGov)

*partie d'un pays situé en bord de mer   **destruction progressive

Zadig n°2, La Nature et Nous, été 2019.

---

1. **Regardez le DOCUMENT 1. Lisez le titre et donnez des exemples de lieux naturels.**

2. **Lisez le document.**
   a Vrai ou faux ? Justifiez votre réponse.
   a. Plus des ¾ des Français disent qu'ils se promènent en forêt.
   b. Peu de Français fréquentent régulièrement la nature.
   c. La destination préférée des Français pour les vacances est la mer.
   d. Les résidences secondaires représentent 1/10e des logements.
   e. Beaucoup de Français participent activement à la préservation de la nature.

   b Associez rapidement ces nombres ou pourcentages à des informations : 95 % | 500 millions | 4,9 % | 86 %.

3. **a** Repérez le lexique lié au **territoire naturel**.
   b Relevez, dans le texte, deux formes d'**opposition**.

4. 👉 **Échangez.** Quelle relation avez-vous avec la nature : au quotidien ? Pendant les vacances ?

> **Exposer des chiffres**
>
> … % de(s) … sont
> Seuls … % d'entre eux sont…
> On en compte un sur trois
> Un quart / Un tiers / La moitié de(s)
> On recense … millions de…
> … en forte croissance depuis…

Culture +

Avec 20 000 km de côtes, **le littoral français** occupe la deuxième place mondiale après quel pays ?   ▶ L'Espagne.   ▶ La Chine.   ▶ Les États-Unis.

UNITÉ 9

Exposer une idée

5. Regardez le DOCUMENT 2. **Lisez la légende. Cherchez l'explication sur Internet.**

© Valerio Vincenzo, *Depuis le château de Fleckenstein, en Alsace.*
Si on était né dans cette région entre 1850 et 1950, on aurait changé plusieurs fois de nationalité.

6. ▶10 | **Regardez la** VIDÉO 10. **Répondez aux questions.**

   a. Combien de kilomètres cet artiste a-t-il parcourus ? Pourquoi ?
   b. De quoi parle le projet « Borderline » ?
   c. Quelle(s) image(s) a-t-on généralement de la « frontière » ?
   d. Qu'est-ce qui a changé en Europe ?
   e. Qu'est-ce que l'artiste a souhaité montrer avec cette photo ?

7. Visionnez à nouveau. Complétez avec des mots liés au lexique du territoire.
Une frontière, c'est :
– un … de passage que l'on peut … librement ;
– une … entre deux … ou régions ;
– un … qui peut être perdu au milieu d'un … .

8. Observez ces phrases. Retrouvez les mots qui expriment une opposition.
▶ *On voit des images de murs. Mais, en réalité, cette image est trompeuse.*
▶ *On s'attache à ça pour protéger notre identité nationale alors que ça n'a rien à voir en fait.*

9. 🗣 | **J'agis !**

Enregistrez vos idées sur le mot « frontière » et faites un podcast qui commence par : *Quand je pense au mot « frontière », je pense à…*

10. ✏ | **On coopère !**

Ensemble, constituez un album de photos qui symbolisent « une frontière ». Écrivez une légende sous chaque photo et expliquez votre choix, par écrit. Partagez votre album à la classe.

cent quarante-sept **147**

SITUATIONS 2

Parler de ses origines

DOCUMENT 1

Mon identité est multiple : aux États-Unis j'ai laissé tomber les étiquettes

Italienne, Marocaine, Française ? Un peu des trois ? Je n'ai jamais trop su où me situer, mais mon voyage aux États-Unis m'a aidée à mieux me connaître.

Par Imane D. • 10 septembre 2019

Comme beaucoup d'enfants d'immigrés, je me suis toujours questionnée sur mon identité. En Italie, mes camarades de classe me demandaient souvent : « *T'es née où ? Est-ce que t'es italienne ou marocaine ?* » [...] J'essayais de trouver un équilibre entre ces deux entités qui me constituaient. Née en Italie de parents marocains, j'ai déménagé en France à l'âge de 11 ans, et les choses sont devenues encore plus complexes [...]

Quand je retournais en Italie, je ne pouvais plus être « *l'Italienne d'origine marocaine* », parce que j'étais désormais perçue comme « *la Marocaine qui est devenue française* ». Puis, lorsqu'en été j'allais au Maroc, on me demandait : « *Alors, t'es italienne, française ou marocaine ?* » Et je ne savais pas vraiment quoi répondre. Alors, en fonction de mon humeur, je me collais une des étiquettes au hasard. Il est plus facile de forger sa personne en se donnant une étiquette, cela nous évite de passer par les tourments intérieurs qu'entraîne la quête d'identité. Toutefois, se mettre dans une « case » ne fait que repousser le moment fatidique où l'on est obligé de faire face à cette question : « *Qui suis-je vraiment ?* » [...]

Mon séjour aux États-Unis a été un moment décisif dans cette quête d'identité. Je m'y suis rendue dans le cadre du programme des Jeunes Ambassadeurs (JA) [...] Lorsqu'on me posait des questions sur la France, je savais y répondre. Néanmoins, lorsqu'on me demandait mon avis personnel, j'étais confrontée à un dilemme : est-ce que je devais parler en tant qu'ambassadrice de la France ou donner mon opinion personnelle façonnée par un vécu teinté de différentes cultures ? [...]

Avec mon voyage aux États-Unis dans le cadre des JA, j'ai compris que pour savoir qui l'on est vraiment, il ne suffit pas de se replier sur soi-même et sur ses origines. Il faut accepter les tourments incessants, les questionnements récurrents et les doutes. Il faut savoir sortir de sa zone de confort, pour mieux se connaître, car les actions seules comptent. « *Qui suis-je vraiment ?* » J'ai compris qu'il n'y avait pas de réponse définitive, et que cela évoluait en permanence.

la-zep.fr

---

1. Regardez la photo du DOCUMENT 1. Lisez le titre. Que sont des « étiquettes » ? Donnez des exemples.

2. Lisez le texte.

a Nommez les difficultés rencontrées par Imane en Italie, au Maroc, en France et aux États-Unis.

b Indiquez sa manière de gérer les « étiquettes ».

c Pour Imane, comment savoir qui l'on est vraiment ?

d Repérez :
a. des verbes qui expriment des doutes sur son **identité**.
b. des mots à utiliser pour parler de son **origine**.

e Observez les phrases avec « **toutefois** » et « **néanmoins** ».
a. Peut-on les remplacer par « Oui, mais » ?
b. En grammaire, comment s'appelle le « Oui, mais… » ?

3. a 👉 **Échangez.** Et vous, connaissez-vous des personnes qui ont des origines mixtes ? Pensez-vous qu'il est parfois difficile de mélanger les origines ?

b Listez les origines des personnes de la classe.

Culture +

On parle **le catalan** des territoires nommés « Les Pays catalans ». Ces territoires se trouvent sur quatre États différents. Lesquels ?

▶ La France.   ▶ La Belgique.   ▶ La Suisse.   ▶ L'Espagne.
▶ Le Portugal.   ▶ L'Italie.   ▶ La Grèce.   ▶ L'Allemagne.
▶ La principauté d'Andorre.   ▶ La principauté de Monaco.

UNITÉ 9

Parler de ses racines

DOCUMENT 2

invisibles

- Le Projet
- Les Chansons
- Les Auteurs
- Les Artistes
- Remerciements
- L'Association
- Un Jour ça ira

Djibi

Où sont mes racines ?
Djibi a quatorze ans. Il est sénégalais, mais est né en Italie. Il vit à Paris depuis l'âge de deux ans, seul avec sa maman.
Depuis la fermeture du centre d'hébergement d'urgence, il est logé dans un autre centre, dans l'est parisien.

Anastasia

Dis-moi dix mots
Anastasia vient de Géorgie et vit avec ses parents. Tous les week-ends, elle fréquente l'école géorgienne où elle apprend à chanter et danser des chants traditionnels.
Depuis la fermeture du centre, Anastasia et sa famille vivent dans un centre à Paris.

album-invisibles.fr

4. Regardez et lisez le DOCUMENT 2. À votre avis, qui sont les « invisibles » ?

5. ▶102 | Écoutez le DOCUMENT 3.
a. Présentez le projet et expliquez le titre.
b. Individuellement, écrivez un petit texte pour présenter Ange, sur le modèle des textes de la page Internet.
c. Comparez les informations du texte sur Djibi à celles données dans l'audio. Que peut-on ajouter ?
d. Quels sont les sentiments ressentis par les deux adolescents interrogés ?

6. Associez un objectif à une personne. Justifiez votre choix.

- Peggy • • exprimer ce que je ressentais
- Ange • • me libérer
- Djibi • • illustrer la situation des enfants dans le centre

7. ⓐ Repérez le verbe *montrer* et recopiez la phrase que vous entendez.

ⓑ ▶103 | Écoutez. Est-ce que la voix monte ou descend avant la liaison et les enchaînements ?
▸ à la fermeture du ce<u>n</u>tre en juin 2016
▸ qui sont actuelle<u>ment</u>  en centre d'hébergement

Parler de ses origines et racines

Où sont mes racines ?
Je viens de + *nom du pays*
Je suis + *adj. de nationalité / de région*
Appartenir à plusieurs cultures
Être de culture mixte
Cette personne, d'origine + *adj. de nationalité*, …

8. ✏️ | **J'agis !**

Écoutez à nouveau la fin du document 3. Comme Djibi, répondez à la question « Où sont mes racines ? ». Écrivez un petit texte de slam à clamer en classe.

9. 🔊 🧩 | **On coopère !**

En groupes, vous montez un projet pour des personnes « invisibles ». Dans le groupe, l'un pose des questions sur le public, les objectifs, les activités, etc. Les autres donnent des réponses possibles. L'un de vous prend des notes.

cent quarante-neuf **149**

LA FABRIQUE

DES MOTS
Les expressions chiffrées

👁 **Observez.**

un cinquième | un quart | un tiers | un demi
le double | le triple | le quadruple
une dizaine | une douzaine | une quinzaine

⚙ **Réfléchissez.**
Repérez :
– les chiffres dans les expressions.
– les expressions approximatives.

✏ **Appliquez.**
1. Lisez à voix haute ces expressions et écrivez-les en toutes lettres.
a. 1/10   **c.** ≈ 20   **e.** 2/5
b. 1/2   **d.** x 2

2. Résolvez ce problème mathématique.
Jean a reçu de l'argent de son grand-père. Il en a d'abord dépensé un quart pour s'acheter un livre, puis la moitié du reste pour s'acheter un jeu vidéo. Qu'est-ce que cela représente ?

DES VERBES
Montrer

👁 **Observez.**

montrer son passeport
montrer quelque chose du doigt
montrer du courage
montrer que la terre est ronde

⚙ **Réfléchissez.**
Remplacez les verbes des phrases précédentes par : laisser voir | désigner | prouver | présenter.

✏ **Appliquez.**
En groupes, cherchez le sens des expressions suivantes.
a. montrer sa maison à un ami
b. montrer la porte à quelqu'un
c. montrer ses faiblesses
d. montrer qu'il y a plusieurs solutions
e. se montrer nerveux

DE LA GRAMMAIRE
L'opposition et la concession

👁 **Observez.**
a. Malgré cela, seuls 14 % sont engagés.
b. …, **contre** 17 % en zone urbaine.
c. Toutefois, se mettre dans une case…
d. Néanmoins, lorsqu'on me demandait…

⚙ **Réfléchissez et répondez.**
a. Quels mots sont suivis d'un nom ? d'une proposition ?
b. La phrase **a.** exprime une concession : le résultat n'est pas celui attendu. Quelles autres phrases expriment une concession ?

✏ **Appliquez.**
1. Soulignez les articulateurs et remplacez-les par un équivalent ci-dessus.
a. J'aime cet artiste ; en revanche, son exposition m'a déçu.
b. Il est vraiment très malade mais il doit aller travailler.
c. Bien qu'il pleuve, je vais aller me promener en forêt.
d. 40 % des Français ont une résidence à la mer mais 15 % en ont une à la montagne.

2. Avec votre voisin(e), créez des phrases pour opposer vos goûts en matière de nature.

DES SONS
Intonation : les enchaînements

👁 ▶104 | **Écoutez et observez.**

à la fermeture du cen↗tre↘ en juin 2016

qui sont actuelle↗ment↘ en centre d'hébergement

⚙ **Réfléchissez.**
Que fait la voix avant les enchaînements ?

✏ **Appliquez.**
▶105 | **Écoutez et prononcez.**
Elle est d'origine algérienne.

Je viens d'Italie et d'Espagne.

Au quotidien

Ces phrases que vous entendrez forcément.

UNITÉ 9

- Allô la Terre, ici la Lune, vous m'entendez ?
- Tom, tu as encore la tête dans les nuages !
- Désolé(e), j'étais un peu dans la lune !
- Juste une parenthèse !
- Ça me fait penser à…
- On peut se concentrer un peu, s'il vous plaît ?
- Revenons à nos moutons !
- Concentrons-nous sur l'essentiel.
- Bon, ne nous égarons pas !
- Excusez-moi, mais vous vous éloignez du sujet !
- Pour en revenir à la question.

1. COMPRENDRE

Lisez les phrases précédentes.

▶ 106 | Écoutez les contextes.

a. Proposez une phrase qui pourrait convenir pour chaque contexte.
b. Comparez avec votre voisin(e).
c. Vérifiez avec la classe.

2. SE PRÉPARER

Par trois, l'un (1) de vous dit un mot. Un autre (2) fait une association d'idées. Le troisième (3) trouve une idée qui regroupe les deux premières. *Exemple* : 1. mer > 2. plage > 3. Ça me fait penser aux vacances.

3. AGIR

En groupes, chaque membre écrit un sujet sur un morceau de papier et plie le papier. L'un de vous, le narrateur, tire un sujet au sort et doit discuter de ce sujet. Les autres montrent qu'ils sont dans la lune ou posent des questions hors-sujet au narrateur.
Le narrateur doit tenir trois minutes, répondre aux questions et intéresser son public.

Stratégie

Pour rester concentré sur un sujet, il faut visualiser son plan ou son idée dans sa tête et bien le / la suivre.

Imaginer

– Allô la Terre, ici la Lune, vous m'entendez ?

Mettez-vous dos à dos et imaginez la suite de ce dialogue avec votre voisin(e).

cent cinquante et un **151**

SITUATIONS ❸

Rapporter des informations

DOCUMENT 1

© Hergé/Moulinsart 2019

1. SEUL

a Regardez les couvertures des bandes dessinées du DOCUMENT 1. Présentez-les et décrivez-les, à l'écrit.

b ▶107 | Écoutez le DOCUMENT 2. Répondez aux questions.

a. À quelle(s) occasion(s) paraît cette interview ? Qui est interviewé ?

b. Quand est-ce que le premier homme a marché sur la Lune ? Qui était-il ?

c. Comment Hergé a-t-il réussi à dessiner les albums ? Qui l'a inspiré ?

d. Est-ce qu'il y a des extraterrestres ou des monstres dans ses albums ? Pourquoi ?

2. EN GROUPES

a Écoutez à nouveau.

a. Complétez, ensemble, le lexique de l'**espace**.
– le premier … sur la Lune.
– une … spatiale pour aller dans l'espace.
– un paysage terrestre ≠ un paysage … .
– le livre s'appelle : L'… .

b. Dans les mots ci-dessus, quels sont **les mots de la même famille** ? En connaissez-vous d'autres ?

b Observez cette phrase au **discours indirect** :
Tous lui disaient qu'il fallait, à un certain moment, un monstre qui arrive.
Transformez-la au discours direct. Écoutez, vérifiez et notez les changements.

c Nommez l'infinitif du **verbe** dans la phrase : « un bouquin qui est paru aux États-Unis ».

d ▶108 | Écoutez. La voix monte, descend ou reste sur la même note ?
▸ Eh bien, **messieurs**, la grande aventure commence !
▸ Et bientôt, **mes amis**, nous marcherons sur la Lune !

3. EN CLASSE

a Ensemble, imaginez deux nouveaux titres de B.D. liés à l'espace.

b 👉 Échangez. Savez-vous pourquoi est-ce qu'il n'y a pas eu de missions sur la Lune depuis 1972 ? En groupes, faites des suppositions.

Apollo 11 est une mission du programme spatial américain au cours de laquelle des hommes ont marché sur la Lune pour la première fois, le 21 juillet 1969. Le nom de cette mission vient d'Apollon, qui est-il ?

▸ Le dieu grec de la lumière. ▸ Le dieu grec du voyage. ▸ Le dieu grec du cosmos.

UNITÉ 9

Rapporter des propos

DOCUMENT 3

La Nasa ouvrira la Station spatiale internationale aux touristes de l'espace dès 2020

l'essentiel ▶

La Nasa a annoncé vendredi qu'elle autoriserait dès l'an prochain des touristes de l'espace et des entreprises à utiliser, contre paiement, la Station spatiale internationale (ISS), dont elle cherche à se désengager financièrement.

« La Nasa ouvre la Station spatiale internationale aux opportunités commerciales », a annoncé ce vendredi après-midi Jeff DeWit, le directeur financier de l'agence spatiale américaine, à New York.

« La Nasa autorisera jusqu'à deux missions courtes d'astronautes privées par an », a précisé Robyn Gatens, une responsable de la Nasa gérant l'ISS.

Ces « séjours courts » dureront au maximum trente jours, a précisé la Nasa. Potentiellement, jusqu'à une douzaine d'astronautes privés pourraient ainsi séjourner à bord de l'ISS chaque année. Ces « astronautes privés » seront transportés exclusivement par les deux sociétés qui développent en ce moment des véhicules pour la Nasa : SpaceX, avec la capsule Crew Dragon, et Boeing, qui construit la capsule Starliner.

Des vacances à 59 millions de dollars...

Ces sociétés choisiront les clients et leur factureront le voyage, qui sera la partie la plus coûteuse de l'aventure : de l'ordre de 58 millions de dollars par aller-retour, ce qui est le tarif moyen qui sera facturé à la Nasa pour transporter ses astronautes. Mais les touristes paieront aussi la Nasa pour le séjour en orbite, pour la nourriture, l'eau et tout le système de support de la vie à bord.

« Cela coûtera environ 35.000 dollars par nuit, par astronaute », a dit Jeff DeWit. Au total, ces petites vacances dans l'espace coûteront donc la bagatelle de 59 millions de dollars aux astronautes en herbe.

Claire Raynaud, ladepeche.fr, 07/06/2019.

---

4. Lisez le titre et le paragraphe « l'essentiel » du DOCUMENT 3. Quelles sont les deux informations principales à retenir ?

5. Lisez le texte et répondez à ces questions.
a. Pour quelle raison l'agence spatiale a-t-elle fait ce choix ?
b. Quels moyens de transport seront utilisés ?
c. À votre avis, que signifie « un astronaute en herbe » ?

6. À partir des informations du texte, créez en groupes un dépliant touristique qui comprend : un titre accrocheur, la date de début, des renseignements sur les séjours (durée, fréquence…), des conditions (prix, services inclus, nombre maximum…).

7. **a** Observez cette phrase au **discours indirect** :
La Nasa a annoncé vendredi qu'elle autoriserait dès l'an prochain des touristes à utiliser la SSI.
Transformez-la au discours direct. Attention aux changements !

b Trouvez cinq mots liés à l'**espace** dont chaque première lettre forme le mot COSMOS.

Rapporter des propos

Il a annoncé que…
Elle a précisé que…
Ils ont déclaré que…
Vous avez affirmé que…
Nous avons confirmé que…

8. | **J'agis !**

Vous écrivez un mail de réclamation (160 mots) pour un séjour que vous avez fait dans l'espace, en tant que touriste. Vous indiquez le problème rencontré.

9. | **On coopère !**

Par groupes, vous jouez au téléphone arabe. L'un d'entre vous invente un projet de la NASA dans l'oreille de son / sa voisin(e) qui le transmet à son / sa voisin(e), etc. Le dernier rapporte les paroles du premier.

LA FABRIQUE

DES MOTS
De la même famille

👁 **Observez.**
l'astronautique | un astronaute | un astre
l'astronomie | l'astrologie | un astrologue

⚙ **Réfléchissez.**
Repérez :
– le mot le plus petit.
– des professions.
– des sciences.

✏ **Appliquez.**
1. À partir de ces mots, trouvez des mots de la même famille et indiquez ce qu'ils expriment.
la terre | l'espace | la nuit |
la lumière | l'ombre

2. Par deux, proposez un mot à votre voisin(e) qui doit essayer de trouver un mot de la même famille.

DES VERBES
Paraître

👁 **Observez.**
Il paraît plus jeune que son âge.
Il paraît que tu déménages.
Il est paru dans le journal hier.

⚙ **Réfléchissez.**
Reformulez ces phrases pour en comprendre le sens sans utiliser *paraître*.

✏ **Appliquez.**
Remplacez *il* par un objet ou une personne pour comprendre le sens. Attention au piège !
a. Il paraît aux Éditions Didier.
b. Il paraît vieilli. Est-ce qu'il va bien ?
c. Il paraît que tu pars en Espagne.
d. Il paraît aux premiers jours du printemps.

DE LA GRAMMAIRE
Le discours indirect au passé

👁 **Observez.**
Elle a annoncé…
…qu'elle avait autorisé…
…qu'elle autorisera…
…qu'elle autoriserait…
…des touristes à aller dans l'espace.

⚙ **Réfléchissez.**
Ensemble, transformez ces phrases au discours direct et notez les changements.
Elle a annoncé : « … »

✏ **Appliquez.**
1. Par deux, trouvez le mot du discours indirect, comme dans l'exemple.
Exemple : Aujourd'hui ➔ ce jour-là
Hier ➔ la …   Demain ➔ le …
Lundi dernier/prochain ➔ le lundi … / …

2. Transformez ces phrases en commençant par *Il m'a dit que…* :
a. C'est la première fois que je vois la mer !
b. Elle va se marier le mois prochain.
c. J'ai grandi de quelques centimètres dans l'espace.
d. Nous partirons dans l'espace en 2030.
e. Ils sont allés visiter la NASA hier.

DES SONS
Marques de l'oral : la parenthèse

👁 ▶109 | **Écoutez et observez.**
Eh bien, **messieurs**, la grande aventure commence !
Et bientôt, **mes amis**, nous marcherons sur la lune !

⚙ **Réfléchissez.**
Quand on fait une parenthèse à l'oral, que fait la voix ?

✏ **Appliquez.**
▶110 | **Écoutez et prononcez.**
Alors ↗, Anatole, tu as lu Tintin ↗ ?

UNITÉ 9

L'opinion

Ces opinions qui vous font réagir.

Pour leurs vacances, les Français privilégient les séjours dans la nature.

La préservation de la biodiversité doit devenir une priorité.

Les frontières, c'est une invention de l'homme dont on a encore besoin.

Les frontières servent à protéger notre identité nationale.

Il faut s'intéresser aux enfants en centre d'urgence d'hébergement.

Les enfants qui viennent d'arriver en France ont plein de rêves dans leur tête.

La lune est déserte.

Dans le cinéma américain, il y a toujours un monstre.

Un voyage dans l'espace : des vacances à 59 millions de dollars…

1. SEUL
a. Choisissez trois opinions avec lesquelles vous êtes partiellement d'accord.
b. Justifiez votre choix. Pour vous, l'opinion est exagérée, trop générale, trop spécifique, etc.
c. Pour chaque opinion choisie, apportez une nuance à l'aide d'un exemple.

2. EN CLASSE
a. Votez pour une des opinions.
b. Créez l'émission de radio « Le téléphone sonne » : il y a un présentateur, trois invités à la radio et des auditeurs qui appellent pour nuancer les propos des invités ou apporter un argument que les invités nuancent.

3. EN GROUPES
Rédigez, à plusieurs, un compte-rendu des informations échangées lors de l'émission.

> **Nuancer un propos**
>
> À dire vrai, …
> Ce n'est pas aussi simple.
> Il ne faut pas généraliser.
> N'exagérons rien.
> Je crois que tu exagères !

Se détendre

Quel élément n'a pas sa place dans la liste suivante ? air | feu | eau | lune | mars | mer | terre | vénus

cent cinquante-cinq **155**

L'EXTRAIT ▶111

Je vis dans le 18ᵉ arrondissement, non loin d'un centre d'« accueil des étrangers ». Le matin, en sortant de notre immeuble, je les trouve là, faisant la queue.

Le soir, en rentrant, ils sont toujours là. Certains ont les visages des gens de chez moi. Sans doute des cousins lointains, qui sait? Dans leur regard, je sens qu'ils envient ma liberté d'entrer, de sortir du bâtiment à n'importe quelle heure. Quand ils me demandent une cigarette, je sais que c'est un moyen pour eux d'entamer la conversation. Et puis, un jour, je suis tombé sur l'un d'eux qui parlait ma langue, le lingala. Il n'était pas congolais, mais angolais.

— Réfugié ? lui demandai-je.
— Ah non, migrant ! hurla-t-il presque.
— Et c'est quoi la différence ? rétorquai-je.
— Eh bien, je préfère aujourd'hui être qualifié de migrant parce qu'au moins je suis dans l'actualité et on règlera peut-être mon problème…
— Et réfugié, alors ? insistai-je.
— C'est la même chose ! On quitte tous notre pays ! Mon grand frère était immigré, mon oncle réfugié, et moi je suis migrant… Toi-même, c'est pas parce que tu as eu plus de chance que moi que tu oublierais ça : le séjour d'un tronc d'arbre dans la rivière ne le transformera jamais en crocodile !

*

Oui, il avait raison, ce « cousin » du 18ᵉ. Je suis un migrant dans une certaine mesure. Cette terre de France n'est pas mon lieu de naissance […] Il suffit que je lui rappelle que je suis le descendant des tirailleurs sénégalais* […] Qu'aujourd'hui mon pays d'origine reste la source, le lieu de mon apaisement tandis que la France est le pays adoptif. Que l'Amérique, où je vis désormais, me permet en réalité d'aimer encore le Congo et la France. Que je ne peux m'accomplir qu'à travers cette identité tricontinentale – Afrique, Europe, Amérique – […] aujourd'hui je ne suis pas un homme de couleur en colère, mais tout simplement un être humain indigné.

Alain Mabanckou (écrivain franco-congolais), extrait de *Bienvenue ! 34 auteurs pour les réfugiés*, Éditions Points, 2015.

*c'est un militaire, issu du Sénégal, qui a quitté sa terre pour aider et libérer la métropole française pendant la 1ʳᵉ (1914-1918) et 2ᵉ (1939-1945) guerre mondiale

Aide à l'écriture
En groupes, réfléchissez à des problèmes et proposez des solutions. Préparez votre brouillon avec trois paragraphes : constater la situation des migrants ; exprimer votre indignation ; faire des propositions.

1. OBSERVER
Regardez la couverture du livre. Des auteurs se sont engagés pour quelle cause ?

2. RÉAGIR
Lisez l'extrait.

▶ **Individuellement**

a. Dans la première partie du texte, qui sont les deux personnes ? Quelles différences y-a-t-il entre eux ?

b. Dans la deuxième partie du texte, le narrateur parle de sa triple identité. Quelles différences y-a-t-il entre les pays, selon lui ?

▶ **En groupes**

c. Retrouvez les phrases avec une opposition. Expliquez l'utilisation.

d. Commentez le proverbe : « Le séjour d'un tronc d'arbre dans la rivière ne le transformera jamais en crocodile ».

e. 👍 **Échangez.** Quelle émotion ressentez-vous à la lecture de ce texte ? Expliquez votre choix.

3. RÉDIGER
Rédigez une lettre (160 mots) au maire de votre ville. Exprimez votre colère par rapport à une situation de migrants et faites des propositions d'amélioration.

Exprimer de la colère
Ah non !
Je suis furieux(se).
Il est fâché.
Je suis (un homme) en colère.
Il s'est mis en colère.
Il a une dent contre…

UNITÉ 9

#LaMinuteCulturelle

Mémoriser à l'aide d'une seule phrase !

▶ **Vous avez 2 minutes ?**

Individuellement, listez les huit planètes du système solaire. Mettez-les des plus proches aux plus éloignées du soleil.

▶ **Vous avez 5 minutes ?**

En groupe-classe, vérifiez votre classement. Essayez de vous mettre d'accord !

▶ **Vous avez 15 minutes ?**

Imaginez une phrase qui vous permettra de mémoriser l'ordre des planètes.
Exemple : Mon vilain toutou Médor joue sur un nuage. Votez pour la phrase la plus amusante !

Mission

La question #9
T'es dans la lune ?

MÉDIATION
Transmettre des informations factuelles.

 5 minutes / groupe

 Inter groupes

 Rapporter une information

 Être à l'écoute

Vous savez qu'une information est systématiquement transformée quand elle est rapportée. Votre objectif est de ne pas transformer l'information de départ. Votre contrainte : aucune prise de note sauf pour le groupe A.

 Le groupe A imagine et rédige une anecdote sur un astronaute ou une mission spatiale, en ajoutant des détails (heure, couleur, émotions…).
L'un de vous s'assure que tout le monde a bien compris l'anecdote et sait ce qu'il doit dire.

 Le groupe A raconte son anecdocte au groupe B.
Le groupe B raconte cette anecdote au groupe C.
Le groupe C **rapporte l'anecdote** à toute la classe.

 Dans la classe, le groupe A peut **s'opposer** (*mais, au contraire, alors que…*) à ce qui est rapporté ou ajouter les détails manquants. Dans ce cas, chaque bonne opposition ou ajout correct vaut 1 étoile. Le groupe gagnant est celui qui a le plus d'étoiles.

→ Outils de la classe p. 183   → Cahier p. 108-109

Stratégie

Lisez le mémo, sans être dans la lune ! Éteignez votre téléphone portable, n'écoutez pas de musique et prenez le temps de bien regarder comment chaque mot s'écrit.

Le territoire

Habiter le territoire

aller en bord de lac / au bord de la mer

découvrir des paysages lunaires = faire un voyage dans l'espace

disposer d'une résidence secondaire

faire le premier pas / débarquer sur la Lune

séjourner sur le littoral

se promener en forêt / dans un bois

vivre à la campagne = être rural(e)

vivre en ville = être urbain(e)

La préservation du territoire

l'érosion = la destruction progressive

aménager le territoire

être engagé(e) dans une cause

lutter pour la sauvegarde de la nature

préserver la biodiversité

protéger les zones naturelles

se battre contre le tourisme lunaire

se soucier = se préoccuper de l'environnement

L'origine

Les frontières

un centre d'accueil / d'hébergement

un lieu de passage = une zone frontalière = une démarcation

un(e) migrant(e), un(e) immigré(e)

être réfugié

marcher le long de la frontière

passer le(s) douane(s) / le poste de douane

quitter = sortir de = fuir son pays

rejoindre sa famille

L'identité

changer de nationalité

chercher ses racines

être d'origine + *adjectif de nationalité* = être né(e) de parents…

être en quête d'identité

laisser tomber les étiquettes

savoir se situer = trouver un équilibre entre deux entités

s'intégrer ≠ se replier sur soi

se questionner sur son identité

---

1. ▶112 | Écoutez et écrivez les mots manquants sans regarder le mémo.
a. Il a … mon pays pour … sa famille.
b. Elle est … deux … car elle est … de parents … et … .
c. Nous sommes … en … d'… !
d. Il faut apprendre à … tomber les … !
e. Je me souviens du jour où je suis … en … d'… .

2. ⓐ Observez attentivement les mots du territoire pendant 1 minute. Puis, cachez-les. Un mot supplémentaire s'est glissé par rapport au mémo. Lequel ?
espace | lune | bois | montagne | forêt | littoral | mer | lac | ville | campagne

ⓑ Sans regarder le mémo, classez-les en deux colonnes : féminin | masculin.

UNITÉ 9

L'opposition et la concession

➡ **L'opposition** sert à opposer deux idées : *alors que, mais, au contraire, contre, par contre (à l'oral), en revanche, tandis que…*

➡ **La concession** sert à nuancer une idée par rapport à une autre : *toutefois, néanmoins, cependant, même si, malgré, bien que…*

Le discours indirect au passé

➡ sert à rapporter des propos.

➡ s'accompagne d'un **verbe introducteur** au passé : *affirmer, annoncer, avouer, déclarer, dire, préciser, demander si, répondre, ajouter*, etc.

➡ s'accompagne d'un changement de temps, de ponctuation, de pronoms personnels et d'indicateurs temporels.

---

1. ⓐ ▶113 | Écoutez ce dialogue.
   a. Repérez tous les articulateurs d'opposition et de concession.
   b. Lequel est suivi du subjonctif ? Lequel est précédé d'une idée positive et suivi d'une idée négative ?
   c. Lequel sert à comparer ? Lequel sert à marquer une opposition d'opinions ?

   ⓑ Par deux, utilisez les autres articulateurs et écrivez un dialogue similaire.

2. Que pensez-vous du « tourisme lunaire » ? En groupes, discutez de ce sujet. Utilisez le maximum d'articulateurs.
Exemple : Pour moi, le tourisme lunaire est positif car il rapporte de l'argent. En revanche, ce n'est pas très écologique. Même si l'idée d'explorer d'autres planètes est intéressante, il me semble que cela aura des conséquences négatives sur notre consommation.

---

1. ⓐ Lisez ces propos.
Il m'a demandé si je pouvais sortir.
Il a dit qu'elle était partie la veille au soir.
Elle a répondu qu'elle ne partirait pas le lendemain.
   a. Repérez les temps et les indicateurs de temps.
   b. Transformez les phrases au discours direct.
   c. Indiquez les changements du discours direct au discours indirect :
   ▸ le … ➡ l'imparfait
   ▸ le passé composé ➡ …
   ▸ le … ➡ le conditionnel

   ⓑ Rédigez cinq phrases au discours indirect.

2. Êtes-vous un bon rapporteur ? En groupes, rapportez les propos que vous pouvez lire sur les réseaux sociaux de personnes influentes ou célèbres.

Intonation : les enchaînements

La voix monte :

➡ avant un enchaînement consonantique.
   à la fermeture du cen̮tre en juin 2016

➡ avant un enchaînement vocalique.
   qui sont actuellement en centre d'hébergement

Intonation : la parenthèse ▶114

Quand on fait une parenthèse pour s'adresser à quelqu'un, la voix reste sur la même note.

Tu sais, ma chérie, tu devrais lire Tintin.

---

1. Trouvez les enchaînements et prononcez.
   a. Je ne parlais à personne.
   b. Je me sentais exclu.
   c. J'ai des choses à dire !
   d. J'habite avec ma mère.

2. Trouvez une information à partager avec vos deux voisins.
   Exemple : Tu sais, Nico, on a marché sur la Lune en 1969.

Égalité

n. fém.
rime avec liberté
et fraternité.

édito

Dans la Déclaration française des droits
de l'Homme et du Citoyen (1789), il est écrit
que « les hommes naissent et demeurent libres
et égaux en droits ». Et pourtant, même depuis
cette déclaration, l'égalité n'existe toujours pas…
À votre avis, pourquoi ? On partage ?

UNITÉ 10

162
SITUATIONS

1. Constater une situation | p. 162
   Constater des différences | p. 163

2. Exprimer des points positifs | p. 164
   Exprimer des avantages | p. 165

166
LA FABRIQUE | p. 166
AU QUOTIDIEN | p. 167

168
SITUATIONS

3. Défendre l'égalité | p. 168
   Défendre une cause | p. 169

170
LA FABRIQUE | p. 170
L'OPINION | p. 171

172
L'EXTRAIT | p. 172
LA MISSION | p. 173
On partage ?

174
MÉMO

SITUATIONS ❶

Constater une situation

DOCUMENT 1

1. Regardez et décrivez le DOCUMENT 1.

2. **a** ▶11 | Visionnez la première partie de la VIDÉO 11. Nommez le lieu, les invités et le contexte.

   b Regardez la deuxième partie de la vidéo. De qui parle-t-on ? Pourquoi ?

3. Visionnez à nouveau et répondez aux questions.
   a. Comment s'appelle le film dont on parle ?
   b. Comment a réagi le public à la projection du film ?
   c. Pourquoi le personnage de Liam est touchant ?
   d. Est-ce que Liam est content de son personnage ? Pourquoi ?
   e. Pour quelle(s) raison(s) est-ce que le film ressemble à la réalité ?

4. **a** Observez ces phrases. Repérez et justifiez les temps du passé.
   ▸ *J'ai eu du mal à croire que c'était votre premier rôle.*
   ▸ *On a vu les gens dans la salle qui étaient émus.*

   b À quel moment entendez-vous le verbe *savoir* ? Dans ce contexte, le verbe sert de verbe introducteur. Justifiez votre réponse.

5. **a** 👍 Échangez. À quoi ressemblaient vos années au collège ? Discutez ensemble des souvenirs que vous avez de l'école.

   b Choisissez un film qui parle d'inégalités et écrivez son synopsis avant de le présenter à la classe.

Culture +

Grand Corps Malade et **Medhi Idir** ont déjà réalisé un film ensemble en 2017. Il s'agit de l'adaptation d'un roman autobiographique qui raconte la rééducation de Grand Corps Malade suite à un grave accident. Ce film porte le nom des personnes qui consultent un médecin. Quel est son titre ?

▸ *Clients.*   ▸ *Malades.*   ▸ *Patients.*

Constater des différences

DOCUMENT 2

Handicapé, je conçois la « normalité » différemment des autres

Par Killian L. • 20 août 2019

Je vois le monde différemment des autres. Et pour moi, ce qui est « normal », c'est la façon dont moi, je vois les choses...
Quand j'étais encore à l'école primaire, on me posait beaucoup de questions telles que : « *Pourquoi tes yeux bougent ?* », « *Pourquoi tu mets des lunettes de soleil ?* »... Au début les questions ne me gênaient pas, puis, petit à petit, ça m'a lassé, j'étais le seul à qui on les posait. J'avais des réponses banales, des réponses normales. Normales pour moi, mais pas pour eux [...]

L'ULIS, ça m'a changé la vie

[...] C'est à ma première année au collège que j'ai intégré une cellule spéciale pour les malvoyants : l'ULIS [Unité Localisée pour l'Inclusion Scolaire], une classe spéciale pour des élèves ayant un handicap. Elle les aide à s'adapter au lycée et à l'éducation en général. J'y ai appris à bien m'organiser, à gérer mon temps ainsi que les épreuves du brevet. Pour moi l'ULIS était un endroit convivial m'aidant à me détendre et à passer du temps avec d'autres malvoyants, certains avec un moins ou plus gros handicap. L'ULIS de notre lycée avait un.e gérant.e ainsi que deux AVS [Auxiliaire de Vie Scolaire] qui nous suivaient en classe. Le personnel de l'ULIS est sûrement l'un des groupes avec lequel j'ai pu parler avec le plus de facilité et j'en garde de très bons souvenirs.

La normalité n'est pas gravée dans la pierre

C'est ce qui m'a permis de comprendre que ce que l'on connaît de la normalité n'est pas gravé dans la pierre, elle change tout comme on change au cours de notre vie. Dans ma classe ULIS, les profs étaient habitués, c'était devenu normal. Ils s'étaient adaptés aux changements, ce qui était différent est devenu commun. Je n'ai donc pas à avoir peur ou à changer pour correspondre aux regards des autres. Mais je m'adapte aux autres et ils s'adaptent à moi. Moi, à leurs différences et eux, aux miennes. Je n'ai pas à avoir peur d'être différent parce qu'on ne pourra jamais trouver deux personnes identiques. C'est ce qu'est une identité, un moyen de différencier deux personnes parmi toutes les autres.

lazep.fr

---

6. Discutez, en groupes, du titre du DOCUMENT 2.

7. Lisez le texte et répondez aux questions.
   a. Quel est le handicap de Killian ?
   b. Quelle classe a-t-il intégrée à son arrivée au collège ? Que lui a apporté cette classe ?
   c. Que signifie « La normalité n'est pas gravée dans la pierre » ?
   d. Aujourd'hui, quel est son sentiment concernant la « normalité » ?

8. Lisez de nouveau le texte et repérez :
   a. la forme au **plus-que-parfait**. Justifiez son utilisation.
   b. deux **sigles**. Par deux, expliquez-les.
   c. cinq mots liés au **système scolaire**. Comparez avec votre voisin(e).

Constater des différences

Je vois les choses différemment.
C'est une classe spéciale.
Il y a des particularités à... + *infinitif*
On ne peut pas trouver deux personnes identiques.
C'est un moyen de différencier deux personnes.

9. | **J'agis !**

À la manière de Killian, rédigez un texte (160 mots) pour témoigner de différences que vous avez ressenties pendant votre scolarité. Utilisez les temps du passé.

10.  | **On coopère !**

En groupes, vous décidez de tourner un film pour dénoncer des inégalités. Réfléchissez aux inégalités, au contexte et au scénario. L'un de vous prend des notes. Un autre expose l'idée à la classe.

SITUATIONS 2

Exprimer des points positifs

DOCUMENT 1

L'IEF, l'instruction en famille

C'était la première fois que j'entendais quelqu'un énoncer cette idée. Mon amie Carole m'a juste dit qu'on en parlerait mieux une autre fois où l'on se verrait et a changé de conversation.

Une petite graine était plantée.

Tels des enfants curieux, nous voulions tout savoir sur l'instruction en famille et le unschooling.

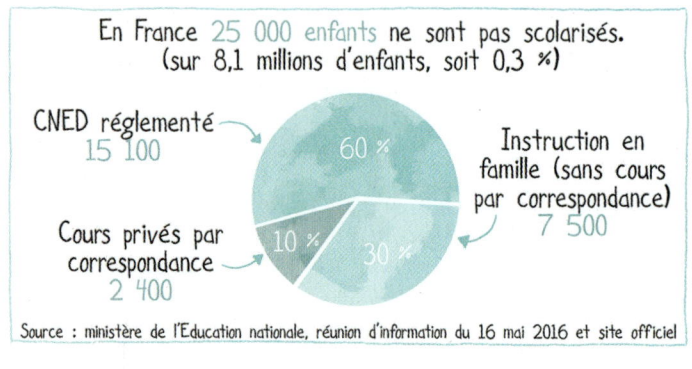

En France 25 000 enfants ne sont pas scolarisés. (sur 8,1 millions d'enfants, soit 0,3 %)

- CNED réglementé 15 100 — 60 %
- Instruction en famille (sans cours par correspondance) 7 500 — 30 %
- Cours privés par correspondance 2 400 — 10 %

Source : ministère de l'Éducation nationale, réunion d'information du 16 mai 2016 et site officiel.

jolis-sauvages.com

1. Lisez la source et le titre du DOCUMENT 1. À votre avis, qui sont « les jolis sauvages » ? Quel mode de vie ont-ils choisi ? Allez sur le site du blog pour vérifier.

2. Lisez la bande dessinée.
  a Présentez l'IEF.
  b Complétez le résumé.
  Lili se pose des questions sur la scolarité de ses enfants. Son amie, …, lui parle de l'IEF, c'est-à-dire, l'… en … . Selon le ministère de l'… nationale, l'IEF ne concerne que … enfants, soit … % des enfants scolarisés. Un des principes éducatifs est l'… .
  c Avec votre voisin(e), listez et discutez des points positifs liés à l'IEF.

3. Repérez dans le texte de la bande dessinée :
  a. les **temps du passé**. Par deux, justifiez leur emploi.
  b. les verbes liés à l'**apprentissage**.
  c. les deux **sigles**. Trouvez leur signification.
  d. le **verbe** mentionné trois fois.

4. a Échangez. Que pensez-vous de l'instruction à la maison ? De l'apprentissage en ligne ? Du unschooling ?
  b L'un de vous invite les membres du groupe à prendre la parole. Un autre propose des reformulations des propos de chacun sur l'instruction à la maison, l'apprentissage en ligne, le unschooling.

En France, depuis la loi Jules Ferry (1882), **la scolarité** est obligatoire. Une famille a deux possibilités : la scolarisation dans un établissement ou l'instruction à la maison. La scolarité est obligatoire de quel âge à quel âge ?
▸ 3 à 14 ans.   ▸ 3 à 16 ans.   ▸ 3 à 18 ans.

UNITÉ 10

Exprimer des avantages

DOCUMENT 2

Élèves de la Forest International School Paris, sur leur cabane, dans la forêt de Mareil-Marly (78). © RFI/Charlie Dupiot

5. Regardez le DOCUMENT 2 et lisez la légende. À votre avis, de quoi va-t-on parler dans le document audio qui suit ?

6. ▶115 | Écoutez le DOCUMENT 3.

ⓐ Proposez un titre pour chacune des trois parties.

ⓑ Réécoutez chaque partie séparément.

a. Partie 1 : présentez les enfants, leur classe et leur lien avec la nature.

b. Partie 2 : répondez aux questions. Que peut-on faire dans la nature ? Qui est l'invitée ?

c. Partie 3 : définissez le métier de « pédagogue de la nature » et justifiez, par des exemples, le fait d'étudier dans la nature.

7. **ⓐ** Repérez :

a. des **matières** enseignées à l'école. Discutez par deux de votre matière préférée.
b. les **temps du passé** utilisés dans le dialogue avec les enfants. Repérez l'accord du participe passé qui s'entend !
c. les **sigles** utilisés dans le dialogue avec les enfants. Expliquez-les.

ⓑ ▶116 | Écoutez. Vous entendez les lettres soulignées ?
▸ Et toi, ça r<u>e</u>présente quoi la forêt pour toi ?
▸ Non pas pour s<u>e</u> détendre, mais pour apprendre.
▸ <u>Il</u> y a les plantes, <u>il</u> y a les arbres et <u>il</u> y a aussi les animaux.

> **Exprimer un avantage**
>
> On apprend mieux.
> Ce que l'on a constaté, c'est que…
> Le point positif, c'est que…
> Cela permet de…
> L'avantage de cette situation, c'est que…

8. | **J'agis !**

Enregistrez un texte (2 à 3 minutes) qui commence par « Je me souviens quand j'étais à l'école primaire… ». Utilisez les temps du passé et faites-nous rêver !

9. | **On coopère !**

Ensemble, vous allez créer « l'école du futur » : une école où l'on enseignera le futur et non le passé ! L'un de vous organise la discussion ; un autre prend des notes. Toutes les idées sont bonnes. Résumez votre discussion sous forme d'un schéma illustré comme « Enthousiasme » dans la B.D.

LA FABRIQUE

DES MOTS
Les sigles

👁 **Observez.**
CPE | CE1 | AVS | CM2 | ULIS

⚙ **Réfléchissez.**
Repérez les classes parmi les sigles. Cherchez, si besoin, les significations des sigles dans les pages précédentes.

✏ **Appliquez.**
1. Cherchez la signification et classez en ordre croissant.
CE2 | CM2 | CE1 | CP | CM1

2. ▶117 | Écoutez et retrouvez les matières ou examens qui se cachent derrière ces sigles.
a. SVT
b. EPS
c. BAC
d. LV A ou B
e. CC

DES VERBES
Savoir

👁 **Observez.**
Je sais écrire.
Je ne sais pas quoi dire.
Je sais parler français.
Je ne sais pas s'il va venir.

⚙ **Réfléchissez.**
Expliquez la règle d'utilisation du verbe *savoir*. Et *connaître*, alors ?

✏ **Appliquez.**
1. Choisissez entre *savoir* et *connaître*.
a. Il … bien Paul.
b. Marie … déjà Paris.
c. Nous … pourquoi tu as choisi l'IEF.
d. Vous … votre alphabet ?
e. Ma grand-mère … encore conduire.

2. Posez des questions à votre voisin(e) pour savoir qui il / elle est et ce qu'il / elle connaît.

DE LA GRAMMAIRE
Les temps du passé (synthèse)

👁 **Observez.**
a. Les profs étaient habitués. Ils s'étaient adaptés aux changements. C'est ce qui m'a permis de comprendre…
b. Tu l'as construit**e** aussi cette cabane ?

⚙ **Réfléchissez.**
a. Dans la phrase **a**, que permet l'antériorité ?
b. Dans la phrase **b**, regardez la lettre en gras et expliquez la règle.

✏ **Appliquez.**
1. Avec votre voisin(e), proposez un schéma de synthèse pour comprendre et mémoriser les temps du passé et leurs accords.

2. À l'aide de votre schéma, complétez le texte suivant.
Avant-hier, ma fille … (se rendre) au cinéma. Elle … (voir) sur Internet un film qui la … (tenter). Quand elle … (arriver), elle … (se retrouver) nez à nez avec l'actrice qui … (jouer) dans ce film, tu imagines ? Alors, évidemment, elle la … (prendre) en photo et la … (féliciter) après la séance.

DES SONS
Marques de l'oral : l'effacement (1)

👁 ▶118 | **Écoutez et observez.**
Et toi, ça r_e_présente quoi la forêt pour toi ?
Non pas pour s_e_ détendre, mais pour apprendre.
I_l_ y a les plantes, i_l_ y a les arbres et i_l_ y a aussi les animaux.

⚙ **Réfléchissez.**
Quand on parle, est-ce qu'on prononce tous les mots, toutes les lettres ?
Quand est-ce que le « e » n'est pas prononcé ?

✏ **Appliquez.**
▶119 | Écoutez et prononcez.
a. Ça veut dire beaucoup d_e_ choses.
b. I_l_ y a des fleurs et des plantes.

UNITÉ 10

Au quotidien

Ces phrases que vous entendrez forcément.

- On partage ?
- On fait moitié-moitié ?
- Allez, cinquante-cinquante !
- Tout ça, c'est du pareil au même !
- C'est kif-kif !
- Ce n'est pas vraiment juste tout ça.
- Non, mais là, ce n'est franchement pas comparable !
- J'aimerais que nous ayons les mêmes droits.
- Je ne suis pas pour la parité.
- C'est pas très équitable ton affaire !
- Nous ne partons pas sur le même pied d'égalité.
- On devrait peut-être équilibrer les équipes ?

1. COMPRENDRE

Par deux, lisez les phrases précédentes.
a. Trouvez des contextes possibles.
b. ▶120 | Écoutez les contextes.
c. Vérifiez vos propositions.

2. SE PRÉPARER

a. En groupes, lisez cet exemple lié au domaine de l'apparence physique : *On m'a refusé un emploi parce que je suis en surpoids.*
b. Cherchez, ensemble, un exemple d'injustice ou d'inégalité pour ces trois domaines : situation de famille, lieu de résidence, nom.
c. Pour chaque exemple, vérifiez si l'une des phrases ci-dessus convient.

3. AGIR

a. En groupes, l'un de vous est défenseur des droits de la République française. Vous lui téléphonez pour lui présenter un exemple d'inégalité. Le défenseur vous répond. Utilisez une des phrases du quotidien.
b. Toutes les cinq minutes, le défenseur change de table. Vous obtenez ainsi des réponses variées à votre problème d'inégalité. Notez-les sur votre feuille !

Stratégie

Face à une inégalité ou une injustice, inutile de se mettre en colère : il suffit de garder son calme et de le dire !

Imaginer

Vous êtes à table et vous devez couper le gâteau qui est devant vous.
Vous devez faire huit parts égales en trois coups de couteau. Comment allez-vous faire ?

SITUATIONS ❸

Défendre l'égalité

1. SEUL

ⓐ Regardez le DOCUMENT 1 **et lisez le titre de cette page.** De quelle cause va-t-on parler ?

ⓑ 🎬121 | **Écoutez le** DOCUMENT 2.
a. Indiquez le sujet du document, la tranche d'âge de la femme qui parle et son émotion.
b. Faites une liste des événements clés liés à cette cause.

2. EN GROUPES

ⓐ Écoutez à nouveau le document 2. Vérifiez votre liste et placez les événements sur un axe chronologique.

ⓑ Illustrez quelques événements par des exemples donnés dans ce témoignage.

ⓒ Repérez :
a. les deux mots avec le préfixe -in.
b. les expressions pour parler d'égalité.
c. les pronoms directs ou indirects dans ces phrases :
▸ *On nous interviewe beaucoup le 8 mars. Après, on nous oublie.*
▸ *On ne les a pas autorisées à signer des contrats.*
▸ *Ils n'arrivent pas à croire ce que je leur raconte.*
▸ *Si cet épisode vous a plu, n'hésitez pas à en parler autour de vous.*

ⓓ 🎬122 | **Écoutez. Vous entendez les lettres soulignées ?**
▸ *On ne les a pas autorisées à signer des contrats.*
▸ *Les femmes continuent d'être payées.*
▸ *d'être elles-mêmes*

DOCUMENT 1

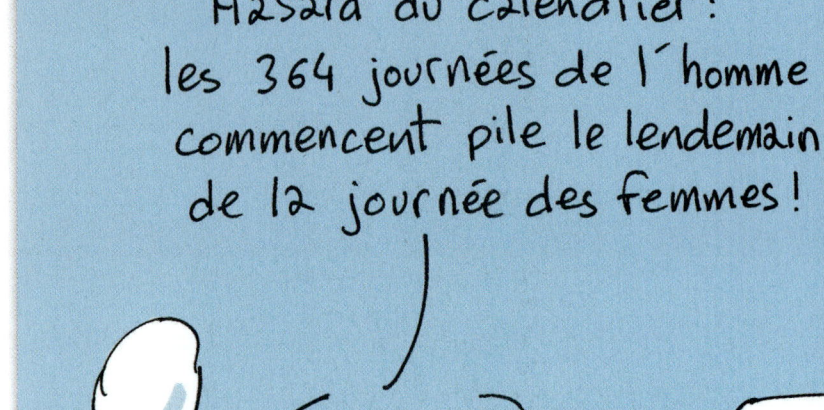

Hasard du calendrier : les 364 journées de l'homme commencent pile le lendemain de la journée des femmes !

Xavier Gorce

3. EN CLASSE

ⓐ 👉 Échangez. Comparez les événements évoqués à ceux dans votre pays.

ⓑ Est-ce que la conclusion de Danielle Meriand s'applique aussi dans votre pays ?

Culture +

Un prénom mixte, c'est un prénom qui peut être utilisé pour un homme ou une femme. Parmi ces prénoms, quel est l'intrus ?

▸ Dominique.   ▸ Camille.   ▸ Christine.   ▸ Claude.

Défendre une cause

UNITÉ 10

DE L'IMPORTANCE DE LA SORORITÉ DANS LA VIE PROFESSIONNELLE

Faire avancer l'égalité, c'est aussi possible par des petites actions au quotidien. En étant fière de ses copines, mais pas seulement. En encourageant aussi toutes ces femmes qu'on croise dans notre vie professionnelle.

DOCUMENT 3

L'autre jour, j'assistais à la soutenance de thèse d'une de mes amies d'enfance. Je la voyais mener sa présentation en anglais [...] Assise dans le public, je me suis souvenue de nos heures partagées sur les bancs de l'école primaire et du collège où, déjà, elle nous en mettait plein la vue. Et j'étais fière. En rentrant chez moi, j'ai pensé à toutes ces femmes qui m'entourent et qui me rendent aussi fière, celles qui mènent à bien leurs projets, celles qui assouvissent leurs ambitions, celles qui sont de super mamans, celles qui ne lâchent rien.

Rien de bien original, me direz-vous, nous avons toutes de l'admiration pour nos amies. Je me suis demandé comment élargir le champ. Encourager, aussi, les autres femmes qui croisent ma route, notamment au niveau professionnel, pour tendre à plus d'égalité.

L'AMPLIFICATION DANS LE BUREAU D'OBAMA

On se souvient par exemple de l'initiative lancée par les collaboratrices et conseillères de Barack Obama en 2016. La technique, utilisée lors des réunions quotidiennes de 7 h 30 du matin, consistait en une stratégie d'amplification. Ainsi, d'après le Washington Post, « si une femme propose une idée et qu'elle n'a pas été reconnue, une autre femme la répète et crédite sa collègue pour l'avoir suggérée. » Impossible, dès lors, de faire la sourde oreille aux initiatives féminines, et surtout de les leur voler.

ENTRETENIR LA SORORITÉ AU TRAVAIL

Alors pourquoi ne pas essayer chez nous ? Pourquoi aussi ne pas tout simplement appliquer de simples principes de cordialité et de politesse ? Quand, par exemple, notre collègue se fait couper la parole en réunion, ne pas hésiter à le dire haut et fort « Je crois que Machinette n'avait pas terminé » [...] Féliciter celle qui vient d'obtenir un marché, remercier celle qui organise une fois de plus la cagnotte pour le pot de départ, encourager la nouvelle venue dans ses projets, citer des collègues femmes en exemple de réussite. **Devenir plus fortes ensemble, en se serrant les coudes, et pourquoi pas ?**

Cécile Andrzejewsk, *Marie Claire*, 15/03/2019.

---

4. Lisez le titre du DOCUMENT 3. Le mot « sororité » se construit comme le mot « fraternité ». Expliquez-le.

5. Lisez le texte et répondez aux questions.
a. Quel est l'objectif de l'auteure ? Comment souhaite-t-elle l'atteindre ?
b. Qui sont les femmes dont elle parle ? Sont-elles extraordinaires ?
c. Qui est Obama ? Que s'est-il passé dans son bureau ?
d. Quels sont les exemples de sororité donnés ?

6. Repérez :
a. les mots positifs liés à l'égalité. Quel est votre mot préféré ?
b. l'adjectif au préfixe -im.
c. les pronoms directs ou indirects dans le texte.
d. le verbe qui exprime le fait d'être présent à un événement.

Défendre une cause

On manifeste pour…
Il a fallu … pour avoir le droit de…
C'est à nous de faire bouger / changer…
L'action, c'est absolument fondamental.
Faire avancer l'égalité, c'est possible par…

7. J'agis !

Vous êtes journaliste. Vous choisissez une cause à défendre et vous proposez un podcast de 2 minutes.

8. On coopère !

Créez une infographie des inégalités entre hommes et femmes. Un des membres du groupe organise la répartition du travail via des domaines-clés (éducation, famille, travail…) et indique le temps à respecter.

LA FABRIQUE

DES MOTS
Les préfixes *in-* et *im-*

👁 **Observez.**
une inégalité | intolérable |
une incapacité | impossible

⚙ **Réfléchissez.**
a. *in-* et *im-* ont-ils le même sens ?
b. Cherchez d'autres mots avec *im-* et expliquez l'orthographe *im-*.

✏ **Appliquez.**
1. Attribuez à chaque mot le bon préfixe.
variable | connu | prévu | humain |
battable | juste | utile | pair | patient

2. Utilisez quelques mots ci-dessus pour créer des slogans et manifester en faveur de l'égalité.

DES VERBES
Assister

👁 **Observez.**
J'assiste à une soutenance de thèse.
J'assiste mon amie.

⚙ **Réfléchissez.**
Quelles différences de sens et de forme entre les deux phrases ?

✏ **Appliquez.**
1. Complétez avec le verbe *assister* et une préposition si nécessaire.
a. Elle a … spectacle de Florence Foresti.
b. Nous … cette réunion deux fois par an.
c. Laissez-moi vous … et vous soigner.
d. Il m'… dans mon travail.
e. Est-ce que vous allez … la conférence sur l'école de demain ?

2. Racontez à votre voisin(e) le jour où vous avez assisté un proche.

DE LA GRAMMAIRE
Les doubles pronoms

👁 **Observez.**
a. On ne <u>les</u> a pas autorisées à signer.
b. Ils n'arrivent pas à croire ce que je <u>leur</u> raconte.
c. Impossible de <u>les</u> <u>leur</u> voler.

⚙ **Réfléchissez.**
a. Remplacez les pronoms de ces phrases.
b. Quels éléments sont placés directement après le verbe ?
c. Dans une phrase avec deux pronoms, lequel est le premier ?

✏ **Appliquez.**
1. Avec votre voisin(e), complétez le tableau suivant.

Pronom direct	Pronom indirect	Doubles pronoms
…	…	…

2. Faites des phrases avec les pronoms suivants.
a. me les   b. le leur   c. les lui
d. te les   e. vous la

DES SONS
Marques de l'oral : l'effacement (2)

👁 ▶123 | **Écoutez et observez.**
On n~~e~~ les a pas autorisées à signer des contrats.
Les femmes continuent d'êt' payées.
d'ê<u>tre</u> elles-mêmes

⚙ **Réfléchissez.**
a. Quand on parle, est-ce qu'on prononce la négation ?
b. Quand est-ce que le groupe consonantique n'est pas prononcé ?

✏ **Appliquez.**
▶124 | **Écoutez et prononcez.**
a. C'est difficile d'être une femme.
b. Il ne faut pas être conservateur !

UNITÉ 10

L'opinion

Ces opinions qui vous font réagir.

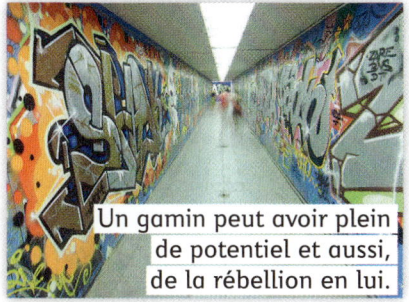
Un gamin peut avoir plein de potentiel et aussi, de la rébellion en lui.

Je n'ai pas à avoir peur d'être différent.

L'école, c'est l'avenir de nos enfants.

Les enfants apprennent mieux quand ils sortent de la classe pour manipuler eux-mêmes.

Les enfants, comme les adultes, peuvent se laisser inspirer par l'environnement.

La France est un pays extrêmement conservateur.

C'est à nous, les citoyens, de faire bouger la société.

Faire avancer les inégalités, c'est aussi possible par des petites actions au quotidien.

Il faut devenir plus fortes ensemble en se serrant les coudes.

1. EN CLASSE

a. Les uns après les autres, lisez une phrase à voix haute.
b. Laissez 1 à 2 minutes entre chaque phrase et réagissez !
c. Proposez une opinion contraire ou similaire, un argument ou un exemple.

Conclure ses propos

Bref, … / Finalement, …   En conclusion, …
En résumé, …   En définitive, …
En fin de compte, …   Pour terminer, …
Bon, ben voilà quoi ! (fam.)

---

2. EN GROUPES

a. Choisissez une opinion à discuter.
b. À l'aide de cartes de couleur : rouge (pour) ; noir (contre) ; jaune (exemple) ; vert (fantaisie) ; blanc (neutre) et bleu (modérateur) ; attribuez des rôles à chacun. Le modérateur devra faire changer les rôles toutes les 5 minutes.
c. Commencez votre échange.

3. SEUL

a. Reprenez, chacun, un sujet qui vous a interpellé. Souvenez-vous de ce qui a été dit.
b. Rédigez une conclusion : résumez la discussion en une phrase, indiquez votre opinion personnelle, proposez une suite à la discussion.

 *Se détendre*

 Guide pratique de classe

Vous allez jouer au jeu « Tu vas pas me croire ! » Lancez les deux dés. Choisissez le sujet qui vous inspire le plus. Lancez les autres dés. Racontez votre histoire en utilisant les mots figurant sur les dés.

L'EXTRAIT ▶125

Albin* assiste, ému et fier, à ses discours. Blanche est habitée, tour à tour forte et douce, quelquefois cinglante comme un fouet. Son pouvoir d'éloquence est immense. À l'écouter ainsi, il se dit qu'elle aurait pu être avocate, dans une autre vie. Elle en a toutes les qualités.

Elle ne craint pas de viser toujours plus haut. *Il lui faut la lune avec les étoiles !* dit-on d'elle dans les rangs de l'Armée** [...] Le 24 avril, dans le grand amphithéâtre de la Sorbonne, devant 2500 personnes, le ministre du Travail et de l'Hygiène salue solennellement *après trop d'années d'oubli, d'ingratitude et de méconnaissance, au nom de la nation, les précurseurs de cette œuvre dont les armes fraternelles constituent ce que sera la société future et s'efforcent de la réaliser.*

Ces paroles marquent un tournant dans l'histoire de l'Armée. Plus qu'un baume, elles sont une réhabilitation, une reconnaissance officielle de son action. *À l'Internationale de la misère, vous entendez opposer l'Internationale du cœur. On reconnaît l'arbre à ses fruits. Or ceux-ci sont excellents. Ceux qui les produisent ne peuvent être mauvais. Ils méritent plus qu'un intérêt de curiosité, mais une aide effective*, conclut-il. Blanche se souvient avec émotion des moqueries, [...] et des insultes qui pleuvaient sur les salutistes, à leurs débuts. Après avoir reçu des briques, des œufs pourris et des rats crevés, ils sont aujourd'hui honorés et cités en exemple. Loin de la griser, cette mise en lumière lui rappelle l'urgence et la nécessité de poursuivre leurs efforts.

Le rythme des souscriptions s'intensifie. Un premier million est bientôt collecté. Blanche s'en réjouit mais garde la tête froide. Des sommes considérables doivent encore être trouvées. L'épopée du Palais ne fait que commencer.

Laëtitia Colombani (écrivaine française), *Les victorieuses*, Éditions Grasset, 2019.

* Albin et Blanche Peyron aident à la construction du Palais de la femme à Paris, qui accueille les jeunes filles et femmes seules.

** L'Armée du Salut qui aide les personnes dans la misère.

1. OBSERVER

Observez la couverture et lisez les notes. Faites des hypothèses sur le contenu de l'extrait.

2. RÉAGIR

Lisez l'extrait.

▶ **Individuellement**

a. Décrivez Blanche.

b. Indiquez ce qui se passe le 24 avril. Qui est présent ?

c. En quoi Blanche est-elle victorieuse ?

▶ **En groupes**

d. Repérez les pronoms directs et indirects et justifiez leur emploi.

e. Regardez le premier verbe. Que signifie-t-il ?

f. Expliquez l'expression « Il lui faut la lune avec les étoiles ! »

g. 👉 Échangez. À la place d'Albin, seriez-vous fier(ère) de Blanche ? Que pensez-vous de la cause qu'elle défend ?

Exprimer une fierté

Il assiste, fier, à ses discours.
Elle en a toutes les qualités.
Il est fier d'elle.
Il éprouve une certaine fierté envers elle.
Il salue son travail.

---

3. RÉDIGER

À la manière du ministre du Travail et de l'Hygiène, rédigez, par deux, un discours pour saluer le courage d'un groupe de personnes qui a défendu une cause.

Aide à l'écriture

En introduction, pensez à nommer le contexte, c'est-à-dire la cause défendue. Ensuite, donnez des exemples précis d'actions menées. Enfin, concluez votre discours par un appel au public pour aider à soutenir la cause.

UNITÉ 10

#LaMinuteCulturelle

Participer au Think Tank « Agir pour l'égalité »

▶ **Vous avez 2 minutes ?**

En classe, proposez dix mots-clés pour agir pour l'égalité entre les hommes et les femmes.

▶ **Vous avez 5 minutes ?**

En groupes, choisissez un mot-clé, un format de participation à ce Think Tank (rencontre, interview, podcast, forum…) et un format de trace écrite.

▶ **Vous avez 15 minutes ?**

En groupes, commencez votre Think Tank : proposez quelques idées.

Mission

La question #10
On partage ?

> **MÉDIATION**
>
> Demander aux parties d'expliquer leur point de vue et de répondre brièvement à ces explications.

 10 minutes / personne

 Intra-groupes

 Partager une même cause

 Être convaincant

Vous représentez une association. Vous avez une cause à défendre. Vous devez rallier le maximum de personnes à votre cause.

1. Le public écrit, sur des papiers, des sujets de discussion.
Exemple : Accessibilité à l'école ; Égalité professionnelle, etc.

2. Votre association tire un papier au sort. Vous avez quelques minutes pour préparer votre défense. Vous **défendez votre cause**, à l'oral, devant un président de séance et le public. Les membres des autres associations font de même.

3. Le président joue le rôle de médiateur et **exprime les avantages** de chaque cause, en donnant sa préférence. Les membres du public choisissent de se rallier à telle ou telle association.

cent soixante-treize **173**

→ Outils de la classe p. 183   → Cahier p. 120-121

Stratégie

Lisez le mémo. Regroupez les mots avec les mêmes sonorités pour vous aider à mémoriser.

L'école

Le système éducatif

le brevet > le BAC (baccalauréat)
un contrôle continu ≠ un contrôle terminal
les cours à distance = la scolarisation à la maison
la cour de récréation > la salle > la cantine
une discipline = une filière
un(e) élève > un(e) professeur(e)
la maternelle > le primaire > le collège > le lycée

(ne pas) être scolarisé(e)
former = instruire = éduquer
passer / réussir un examen

Les inégalités scolaires

l'inclusion scolaire
un handicap = être en situation de handicap
une moquerie = une insulte

décourager = démotiver = dévaloriser
encourager = motiver = valoriser
être en décrochage scolaire
intégrer dans le système ≠ exclure du système
s'adapter à un système

L'égalité

Défendre une cause

une autorisation > un droit
une avancée = une évolution

dénoncer une inégalité
faire avancer l'égalité = tendre vers l'égalité
manifester = montrer son mécontentement
se battre pour / lutter contre
se révolter = se rebeller contre
s'opposer à une injustice

Un principe

la coopération > la cohésion
la fraternité = l'unité
une incapacité
la liberté
la solidarité = l'entraide

être différent = inégal = inéquitable = injuste
être semblable = égal = équitable = juste
se serrer les coudes = être solidaire

1. **Trouvez l'idée ou le nom contenu dans chaque exemple.**
   a. Les femmes gagnent 20 % de moins que les hommes.
   b. Killian est malvoyant.
   c. Paul a passé cette épreuve quand il était en terminale.
   d. En 1944, les femmes votent !
   e. En France, ils sont 25 000 à ne pas l'être.

2. **Retrouvez les voyelles manquantes pour reconstituer ce message. Puis, apprenez-le par cœur !**

   L_ d_v_s_ fr_nç_s_
   « L_b_rt_, _g_l_t_, fr_t_rn_t_ »
   m_ntr_ l'_n_t_ d_ p__pl_.

UNITÉ 10

Les temps du passé

➡ servent à raconter une histoire, à relater des faits dans le passé.

➡ sont le **passé composé**, l'**imparfait**, le **plus-que-parfait**.

➡ s'utilisent avec des indicateurs de temps : *hier, avant-hier, autrefois, jadis, ça fait… que, pendant, il y a…, un jour,* etc.

➡ peuvent avoir un participe passé qui s'accorde.

Les doubles pronoms

➡ servent à remplacer deux éléments dans une phrase.

➡ se suivent dans un ordre précis :

COI + COD ou **COD + COI**

(à la 3ᵉ pers. du sing. et plur.)

1. ⓐ ▶126 | **Écoutez l'audio.**
   a. Nommez le temps de chaque verbe.
   b. Choisissez un des points ci-dessous pour indiquer ce qu'exprime chaque phrase.
   > une situation passée / action passée
   > une situation antérieure dans le passé
   > une situation passée à un moment passé
   > une durée limitée dans le temps
   > un lien avec le présent
   c. Écoutez à nouveau. Écrivez les participes passés et expliquez leurs accords.

   ⓑ Rédigez un texte pour raconter une évolution dans votre société.

2. ⓐ En groupes, écrivez dix questions à l'imparfait qui commencent par « Pourquoi ».

   ⓑ Passez vos questions au groupe voisin. Répondez ensemble en utilisant le passé composé et le plus-que-parfait.

1. ⓐ **Regardez le schéma ci-dessus. Lisez les phrases.**
   Paul la lui donne.
   Il le leur dit.
   Nous vous la conseillons.
   Elle me les offre.
   a. Retrouvez la nature des pronoms à l'aide du schéma.
   b. Nommez la structure du verbe. *Exemple : donner quelque chose à quelqu'un.*
   c. Faites des propositions d'éléments concrets pour remplacer les pronoms.

   ⓑ Rédigez quelques phrases.

2. Par deux, imaginez un dialogue de fous. Le dialogue commence par : *Il le lui a dit.* Utilisez un maximum de doubles pronoms. À la fin, dites à votre voisin(e) ce que vous aviez en tête !

Marques de l'oral : l'effacement (1) ▶127

Quand on parle :
➡ on ne prononce pas toujours le « e » (quand il est précédé d'une consonne prononcée). *Beaucoup d̷e choses.*

➡ on ne prononce pas toujours le *il* de *il y a*. *I̷l y a des arbres.*

1. ▶128 | **Écoutez. Qu'entendez-vous ?**
   a. Il y a du soleil. / Y a du soleil.
   b. Il y a du vent. / Y a du vent.
   c. Le droit de vote. / Le droit d'vote.
   d. Les droits de la femme. / Les droits d'la femme.

Marques de l'oral : l'effacement (2) ▶129

Quand on parle :
➡ on ne prononce pas toujours le *ne* de la négation. *Je n̷e veux pas.*

➡ on ne prononce pas le « r » ou le « l » des groupes consonantiques (devant une consonne) : *Peut-êt' demain !   Peut-êt̷re aujourd'hui !*

2. ▶130 | **Écoutez. Qu'entendez-vous ?**
   a. Je ne suis pas d'accord ! / Je suis pas d'accord.
   b. Elle ne veut plus se battre. / Elle veut plus se battre.
   c. Elle veut être respectée. / Elle veut êt' respectée.
   d. Elle doit être entendue. / Elle doit êt' entendue.

cent soixante-quinze **175**

ÉPREUVE du DELF B1

ÉPREUVE COLLECTIVE

Compréhension de l'oral 25 points

Vous allez écouter plusieurs documents. Il y a deux écoutes.
Pour répondre aux questions, cochez ☑ la bonne réponse.

Exercice 1 7 points

Vous écoutez une conversation.
Lisez les questions. Écoutez le document puis répondez.

1. Le patron de Noah a accepté qu'il… 1 point
   - A. ☐ modifie ses vacances.
   - B. ☐ prenne un mois de congé.
   - C. ☐ soit absent au mois de mai.

2. Pourquoi est-ce que le voyage de Noah à Madagascar est annulé ? 1 point
   - A. ☐ Noah a trop de travail.
   - B. ☐ Son fils doit passer un examen.
   - C. ☐ Sa pièce d'identité n'est pas valide.

3. Qu'est-ce que Noah a donné à sa mairie ? 1 point
   - A. ☐ Une lettre.
   - B. ☐ Une facture.
   - C. ☐ Un formulaire.

4. Que va faire Noah pour les vacances ? 1 point
   - A. ☐ Rester chez lui.
   - B. ☐ Voyager en France.
   - C. ☐ Rendre visite à son cousin.

5. Que conseille Louise à Noah ? 1 point
   - A. ☐ D'appeler sa banque.
   - B. ☐ D'oublier son problème.
   - C. ☐ De se plaindre à sa mairie.

6. Que va faire Louise ? 2 points
   - A. ☐ Contacter un proche.
   - B. ☐ Demander de l'aide à sa mairie.
   - C. ☐ Passer ses vacances avec Noah.

Exercice 2 9 points

Vous écoutez la radio.
Lisez les questions. Écoutez le document puis répondez.

1. Le principal objectif de l'association est… 1 point
   - A. ☐ de donner envie de lire aux enfants.
   - B. ☐ de faire rencontrer des enfants et des adultes.
   - C. ☐ d'occuper le temps libre des personnes retraitées.

2. L'association… 1 point
   - A. ☐ a fêté ses 50 ans d'existence.
   - B. ☐ a été créée par la ville de Trélazé.
   - C. ☐ est présente dans les structures d'accueil d'enfants.

ÉPREUVE DU DELF B1

3. Les bénévoles de « Lire et faire lire » doivent… **1,5 point**
   A. ☐ être à la retraite.
   B. ☐ remplir des formalités.
   C. ☐ adhérer à l'association.

4. Grâce à l'association, les enfants… **1 point**
   A. ☐ ont le sentiment d'avoir des grands-parents.
   B. ☐ voient des membres de leur famille à l'école.
   C. ☐ passent du temps avec des élèves d'autres classes.

5. Les histoires lues par les bénévoles sont… **1,5 point**
   A. ☐ fixées par la mairie.
   B. ☐ choisies par l'enseignant.
   C. ☐ proposées par l'association.

6. Les bénévoles… **1,5 point**
   A. ☐ participent aux activités de la classe.
   B. ☐ étudient les livres après les avoir lus.
   C. ☐ connaissent les programmes scolaires.

7. Que vont faire les 170 écrivains cités par Oriane ? **1,5 point**
   A. ☐ Devenir bénévoles de l'association.
   B. ☐ Participer à un concours de lecture.
   C. ☐ Créer des boites à livres dans les villes.

Exercice 3   9 points

Vous écoutez la radio.
Lisez les questions. Écoutez le document puis répondez.

1. Antoine se trouve dans la même situation… **1 point**
   A. ☐ qu'un quart des Français.
   B. ☐ que 20 millions de Français.
   C. ☐ que la majorité des Français.

2. L'entreprise ADH a commencé le télétravail… **1 point**
   A. ☐ sur la demande des syndicats.
   B. ☐ suite à un événement climatique.
   C. ☐ après une décision du gouvernement.

3. D'après le journaliste, quel est le gros avantage du télétravail sur l'environnement ? **1,5 point**
   A. ☐ Il y a moins de véhicules sur les routes.
   B. ☐ Les ordinateurs fonctionnent plus longtemps.
   C. ☐ L'électricité utilisée dans l'entreprise est réduite.

4. D'après Antoine, quel type d'employés ne peut pas faire de télétravail ? Un employé qui… **1,5 point**
   A. ☐ est mal organisé.
   B. ☐ travaille en équipe.
   C. ☐ a des responsabilités.

5. Lors de la mise en place du télétravail, l'entreprise ADH a choisi de… **1 point**
   A. ☐ réorganiser ses bureaux.
   B. ☐ diminuer la taille de ses locaux.
   C. ☐ déménager dans un espace ouvert.

6. D'après le journaliste, les employeurs ont généralement peur… **1,5 point**
   A. ☐ de la baisse de la productivité.
   B. ☐ des accidents de travail à domicile.
   C. ☐ de l'augmentation d'ordinateurs cassés.

7. Selon Anne Mangeon, l'expérience du télétravail dans l'entreprise ADH est… **1,5 point**
   A. ☐ neutre.
   B. ☐ positive.
   C. ☐ négative.

Compréhension des écrits

25 points

Exercice 1 — **8 points** (0,5 point par bonne réponse)

Vous travaillez à Nantes. Vous devez organiser une grande réunion avec des clients étrangers. Vous recherchez une salle de réunion qui correspond à vos critères :
- un accès facile par les transports publics ;
- une capacité d'accueil minimum de 100 personnes assises ;
- une restauration de haut niveau ;
- un hébergement inclus.

Vous comparez ces annonces. Pour chaque annonce, cochez [☑] OUI si cela correspond au critère ou NON si cela ne correspond pas.

Insuli

Insuli, située en plein centre-ville de Nantes, vous accompagne dans l'organisation de vos événements professionnels. Le chef de notre restaurant quatre étoiles vous cuisinera des menus adaptés aux régimes de chacun. Nos six salles de travail avec lumière du jour vous permettent d'accueillir jusqu'à 200 personnes. Nous mettons également à votre disposition nos contacts de service de traduction. De nombreux hôtels (à dix minutes à pied minimum) hébergeront vos clients, si besoin.

Parking gratuit pour nos clients. Accès facilité pour les personnes en fauteuil roulant.

Tarif : nous consulter.

Insuli	OUI	NON
1. Accès	☐	☐
2. Capacité	☐	☐
3. Restauration	☐	☐
4. Hébergement	☐	☐

Manoir du Grand Jean

Le Manoir qui se trouve en pleine nature à vingt minutes de Nantes (autoroute A11) est un lieu unique pour vos séminaires de 140 clients maximum. Les menus de notre restaurant - réalisés sur place avec des produits frais et locaux - sont simples, bon marché mais délicieux. Un hébergement au cœur même du Manoir (d'une capacité identique aux salles de travail) vous est proposé : nos chambres doubles de 20 m² très calmes sont décorées avec soin.

Parking gratuit de 150 places.

Wifi, ordinateurs, réseau intranet et cabines de traduction à disposition gratuitement.

Manoir du Grand Jean	OUI	NON
5. Accès	☐	☐
6. Capacité	☐	☐
7. Restauration	☐	☐
8. Hébergement	☐	☐

Le Victoria

Nos bateaux sont à votre disposition pour vos réunions professionnelles. Chaque bateau compte une salle unique pouvant accueillir une cinquantaine de personnes assises maximum. L'embarquement se fait sur le quai Versailles en plein centre-ville, à cinq minutes en bus de la gare. Le trajet sur l'eau dure entre une heure et une journée, selon vos souhaits. Le restaurant du bateau a reçu le prix gastronomique régional trois années de suite pour ses excellents menus. Sur le quai Versailles, vous trouverez différents hôtels pour vous loger.

Contact : 02 45 32 90 19.

Le Victoria	OUI	NON
9. Accès	☐	☐
10. Capacité	☐	☐
11. Restauration	☐	☐
12. Hébergement	☐	☐

ÉPREUVE DU DELF B1

Exponantes

Ouvert toute l'année, Exponantes vous reçoit dans ses huit salles ultramodernes d'une capacité de plusieurs centaines de personnes chacune. Nos techniciens sont à votre disposition ! Un apéritif d'accueil est servi à chaque nouveau groupe. Les déjeuners, non inclus dans le tarif de base, peuvent être pris dans le centre commercial à cinq minutes à pied. L'hôtel Abis voisin propose un prix spécial à partir de trois nuits.

Accès par le bus 32 et le tramway. Parking de 500 places.

Situé en banlieue de Nantes, Exponantes a été élu un des plus beaux parcs d'exposition de France en 2010.

Exponantes	OUI	NON
13. Accès	☐	☐
14. Capacité	☐	☐
15. Restauration	☐	☐
16. Hébergement	☐	☐

Exercice 2 — 8 points

Vous lisez cet article.

RETOUR AUX JEUX

Qui a dit que le jeu de société était mort ? Au début des années 2000, avec l'explosion des écrans, beaucoup annonçaient la fin des jeux « classiques », c'est-à-dire avec son plateau* en carton et ses pions** en bois. Les jeux vidéo étaient largement préférés par le public, petits et grands, et les ludothèques*** disparaissaient.

Depuis cinq ans, le jeu de société connaît un véritable succès en France. Premier marché européen (avec 475 millions d'euros l'an passé) et avec mille nouveautés chaque année, la France compte des centaines d'éditeurs de jeux aux idées toujours plus originales.

Grâce à de grands rendez-vous annuels comme le festival international des jeux à Cannes, les éditeurs font connaître leurs produits... en faisant jouer les visiteurs ! Nicolas, 17 ans, confirme : « *Pour savoir si un jeu plaît, il faut y jouer* ». Mais ce n'est pas tout : « *Les illustrations sont hyper importantes pour moi ! Je regarde autant la beauté du jeu que son fonctionnement* », précise Nicolas. Alors, comme les développeurs de jeux vidéo, les éditeurs de jeux de société apportent un grand soin au style.

« *Auparavant c'était plutôt un marché de passionnés : il fallait vraiment être dans l'univers pour connaître. Maintenant, les règles sont pensées pour toucher le plus grand nombre de joueurs* », explique le fondateur d'un bar à jeux parisien. Et en particulier les 25-40 ans qui transmettront à leur tour à leurs enfants le goût du jeu. « *Le temps a également changé : avant, c'était facilement deux à quatre heures pour une partie. Maintenant, les parties durent souvent une heure maximum !* », ajoute-t-il.

Si le jeu de société revient à la mode, c'est beaucoup grâce au phénomène des bars à jeux de société. Depuis plusieurs années, la formule « manger-boire-jouer » attire les joueurs dans les villes de France. L'idée n'est pas seulement d'occuper une table et de manger mais de créer un lieu de rencontre. Guidés par les serveurs, aussi de grands passionnés, les mauvais perdants et les bons joueurs jouent en prenant l'apéritif ou en mangeant un repas rapide.

* plateau : support plat pour poser les cartes et les accessoires du jeu de société

** pion : pièce de jeu de société

*** ludothèque : bibliothèque qui prête des jeux de société

Répondez aux questions.

1. D'après le texte, au début du XXIe siècle,... **1 point**

   A. ☐ le nombre de ludothèques restait stable.
   B. ☐ les jeux de société revenaient à la mode.
   C. ☐ le public se passionnait pour les jeux vidéo.

2. Aujourd'hui, la France... **1,5 point**

   A. ☐ compte plus de mille éditeurs de jeux de société.
   B. ☐ achète prioritairement les nouveaux jeux de société.
   C. ☐ est le pays européen qui joue le plus aux jeux de société.

ÉPREUVE COLLECTIVE

3. Les salons d'exposition sont l'occasion pour les visiteurs de... **1 point**

A. ☐ tester des jeux de société.
B. ☐ parler avec des éditeurs de jeux de société.
C. ☐ redécouvrir les classiques des jeux de société.

4. D'après le texte, à quoi les créateurs de jeux vidéo et de jeux de société prêtent-ils beaucoup attention ? **1,5 point**

A. ☐ L'univers.
B. ☐ Le dessin.
C. ☐ Les règles.

5. Les éditeurs de jeux de société tiennent avant tout compte du public des futurs et des jeunes parents. **1 point**

A. ☐ Vrai.   B. ☐ Faux.

6. D'après le texte, les parties des jeux de société actuels se sont allongées par rapport à avant. **1 point**

A. ☐ Vrai.   B. ☐ Faux.

7. Dans les bars à jeux, les joueurs peuvent appeler les serveurs pour gagner une partie. **1 point**

A. ☐ Vrai.   B. ☐ Faux.

Exercice 3   **9 points**

Vous lisez cet article.

Apprendre par les langues vivantes

Au collège Victor Hugo, à Grézillé, une vingtaine d'élèves suivent leurs cours de mathématiques en anglais. L'idée est venue du professeur d'anglais lui-même qui a demandé, à la pause-café, à sa collègue spécialiste des chiffres de lui rendre ce service. Explications : « *Les élèves ne voyaient pas l'utilité d'apprendre une langue étrangère. C'est vrai qu'en vivant dans un petit village de la campagne française, les États-Unis paraissent loin !* raconte Rémy, professeur d'anglais depuis quatre ans. *Mais j'ai pensé que leur enseigner une autre matière en langue vivante leur montrerait l'importance des langues.* » Samia continue : « *J'ai vécu deux ans au Royaume-Uni, donc je maitrise parfaitement l'anglais. Quand Rémy m'a parlé de ce projet, j'ai tout de suite trouvé ça génial ! Comme ça, les élèves pratiquent et, surtout, ils se rendent compte qu'ils sont capables d'utiliser cette langue !* ». La confiance en soi se développe... mais aussi l'envie d'étudier chez les élèves faibles en mathématiques mais bons en langue. Après quelques mois, Rémy note de réels progrès en anglais et un plus grand intérêt pour sa discipline.

Les parents des enfants concernés ont été informés. Beaucoup pensent que l'initiative de Rémy augmente les chances de leurs enfants d'avoir un meilleur avenir professionnel. La mère de Flora, d'origine colombienne, espère que ce programme sera étendu aux autres langues enseignées dans le collège : l'allemand et l'espagnol. « *Aujourd'hui, nos enfants ont besoin de connaissances mais surtout de compétences pour trouver un emploi sur le marché du travail* » explique-t-elle.
Rémy n'a pas eu besoin de négocier avec la direction qui a immédiatement autorisé cette expérimentation. Mais malheureusement, transformer ce projet de deux enseignants à l'ensemble de l'établissement n'est pas si simple. La directrice se justifie : « *Notre collège n'a pas officiellement de classe bilingue. Pour quelques élèves, le projet passe sans difficulté mais si on le généralise à nos 15 enseignants de langues et nos 9 classes de quatrième et troisième, c'est une demande écrite au ministère ... et une grosse réorganisation du collège.* »
En attendant, Antonin, Marco, Louise et les autres continuent de mesurer, additionner, diviser en anglais !

ÉPREUVE DU DELF B1

Répondez aux questions.

1. Des élèves du collège Victor Hugo font des calculs en anglais pour être meilleurs en mathématiques. **1 point**

   A. ☐ Vrai.   B. ☐ Faux.

2. Samia parle très bien anglais parce qu'elle... **1,5 point**

   A. ☐ enseigne l'anglais.
   B. ☐ est d'origine américaine.
   C. ☐ a voyagé dans un pays anglophone.

3. Au début, l'idée de Rémy a... **1,5 point**

   A. ☐ surpris Samia.
   B. ☐ ennuyé Samia.
   C. ☐ enthousiasmé Samia.

4. Quels résultats a observé Rémy ? Les élèves... **1,5 point**

   A. ☐ apprécient davantage l'anglais.
   B. ☐ progressent dans les deux matières.
   C. ☐ ont envie d'apprendre d'autres langues.

5. Les parents des élèves concernés sont... **1,5 point**

   A. ☐ positifs.
   B. ☐ inquiets.
   C. ☐ indifférents.

6. La directrice a tout de suite été d'accord avec l'idée de Rémy. **1 point**

   A. ☐ Vrai.   B. ☐ Faux.

7. À la rentrée prochaine, toutes les classes participeront à ce projet. **1 point**

   A. ☐ Vrai.   B. ☐ Faux.

Production écrite **25 points**

Vous recevez ce message de votre ami français Théo.

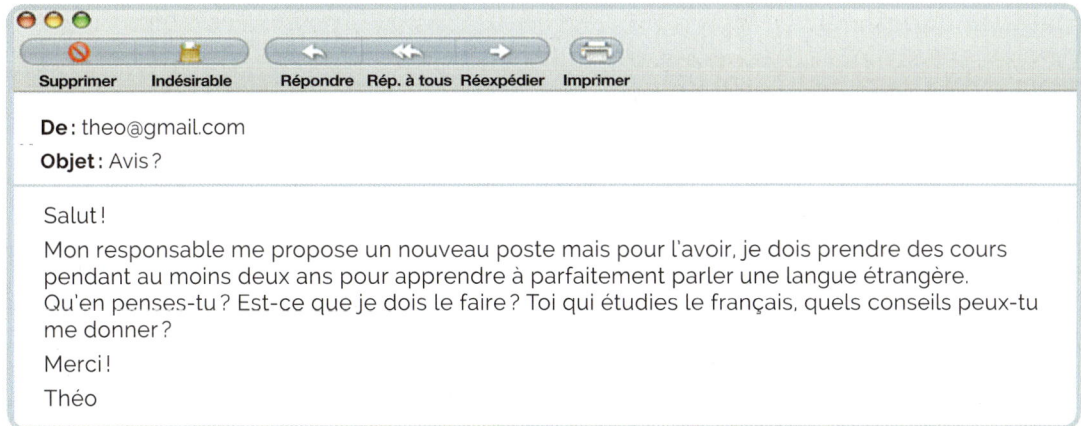

De : theo@gmail.com
Objet : Avis ?

Salut !
Mon responsable me propose un nouveau poste mais pour l'avoir, je dois prendre des cours pendant au moins deux ans pour apprendre à parfaitement parler une langue étrangère. Qu'en penses-tu ? Est-ce que je dois le faire ? Toi qui étudies le français, quels conseils peux-tu me donner ?
Merci !
Théo

Vous répondez à Théo. Vous lui parlez de votre expérience et vous lui donnez votre opinion. 160 mots minimum

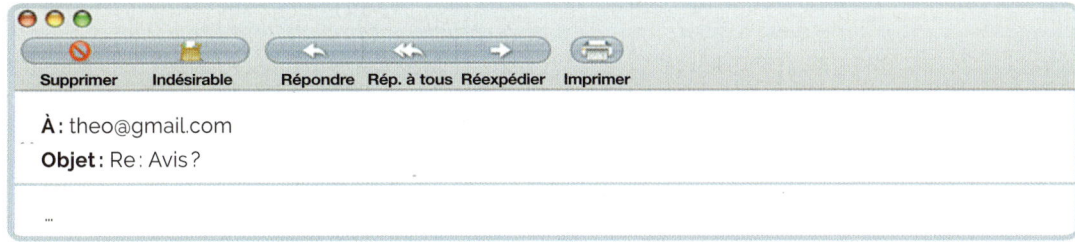

À : theo@gmail.com
Objet : Re : Avis ?

…

Production orale

25 points

L'épreuve comporte trois parties. Avant le début de l'épreuve, vous tirez au sort deux sujets pour la partie 3. Vous en choisissez un. Ensuite, vous disposez de 10 minutes pour préparer cette partie. Lors de la passation, les trois parties s'enchaînent.

▶ Partie 1 – Entretien dirigé

Sans préparation — 2 à 3 minutes

Vous parlez de vous, de vos activités, de vos centres d'intérêt. Vous parlez de votre passé, de votre présent et de vos projets.

▶ Partie 2 – Exercice en interaction

Sans préparation — 3 à 4 minutes

Vous tirez au sort deux sujets et vous en choisissez un.

 Sujet 1

Vous êtes en France, dans un magasin d'électroniques. Vous avez acheté le dernier ordinateur en promotion mais, rentré chez vous, vous constatez qu'il ne fonctionne pas. Vous retournez au magasin pour le changer.

L'examinateur joue le rôle du vendeur.

 Sujet 2

Vous faites de la colocation avec un Québécois. Il ne fait aucune tâche ménagère et ne vous aide pas non plus pour faire les courses. Vous décidez de lui parler pour résoudre la situation.

L'examinateur joue le rôle du colocataire.

▶ Partie 3 – Expression d'un point de vue

Avec préparation — 5 à 7 minutes

Vous tirez au sort deux sujets et vous en choisissez un.
Vous dégagez le thème soulevé par le document et vous présentez votre opinion sous la forme d'un exposé personnel de 3 minutes environ. L'examinateur peut vous poser quelques questions.

Sujet 1
La cuisine à la télé

La cuisine n'a jamais été autant à la mode. C'est vrai que le rapport à la cuisine a changé – désormais on cuisine moins, on achète plus souvent des plats préparés – mais le goût pour les émissions de télévision qui parlent de cuisine est grandissant*. Pourquoi cet intérêt ? D'abord pour le mélange « loisir populaire » et « vrais gens » : des amoureux de cuisine participent volontairement à ces émissions pour montrer leurs savoir-faire sans jouer de rôle, sans faire de cinéma. Les téléspectateurs peuvent donc s'y reconnaître et, en même temps, et c'est la deuxième qualité de ces émissions, apprendre plein de recettes et conseils sur un sujet universel. Car qui n'aime pas manger ? En plus, les jeux proposés dans ces émissions sont assez variés pour intéresser tout le monde : réaliser une entrée, cuisiner un dessert, préparer des plats salés ou sucrés. Les chaînes et les producteurs de programmes sont contents et le public aussi !

* grandissant : de plus en plus grand

Sujet 2
Stop à la pub

Le conseil municipal d'une commune française vient de décider de supprimer tous les panneaux publicitaires qui se trouvent dans la ville. La maire, Anita Gravier, est bien consciente de l'argent perdu : « *une dizaine d'entreprises nous paie 300 000 euros chaque année pour l'affichage* ». Elle est quand même décidée à supprimer les publicités de l'espace public : « *notre jolie ville est envahie de publicités de voitures, bijoux ou électroménagers. On ne voit plus nos arbres et les montagnes autour !* ». Les habitants sont partagés, comme Claude, 60 ans : « *Moi, je suis contre toutes ces affiches, en plus, tout ce papier, ce n'est pas écologique ! Mais je n'ai pas très envie de payer plus d'impôts à la ville...* ». Faire grandir ses enfants dans un environnement qui ne dit pas à chaque seconde « achète-moi » est également l'objectif de cette ville. Combien de temps tiendra-t-elle ?

OUTILS DE LA CLASSE

■ GRAMMAIRE & LEXIQUE 184

1. LA FABRIQUE DES MOTS 184
- le genre des noms
- le préfixe
- le suffixe
- la famille de mots
- la dérivation
- l'adverbe
- la nominalisation
- le complément du nom
- les anglicismes
- les abréviations
- les sigles

2. LA FABRIQUE DE LA PHRASE 186

Faire une relation entre deux phrases
- les pronoms relatifs simples
- les pronoms relatifs composés

Mettre en valeur un élément dans une phrase
- l'adjectif et sa place
- la mise en relief
- la forme passive

Éviter les répétitions dans une phrase
- les pronoms indéfinis
- les doubles pronoms

3. LA FABRIQUE DU DISCOURS 189

Rapporter des propos
- le discours indirect au présent
- le discours indirect au passé
- les indicateurs temporels liés au discours indirect

Exprimer une opinion
- l'approbation
- le point de vue
- le désaccord
- protester

Développer une opinion
- introduire un exemple
- développer un argument
- faire préciser une idée
- rectifier
- nuancer
- conclure

Articuler des idées
- classer des idées
- introduire une idée
- la cause et la conséquence
- l'opposition et la concession

Exemple de sujet

4. LA FABRIQUE DES VERBES 192
- les verbes transitifs
- les verbes intransitifs
- les verbes introducteurs
- les verbes à expressions figées

5. LA FABRIQUE DES FORMES VERBALES 193

Exprimer une nécessité ou un sentiment
- l'impératif
- le subjonctif présent

Imaginer le futur
- le futur proche
- le futur simple

Raconter au passé
- le passé récent
- le passé composé
- l'imparfait
- le plus-que-parfait
- le passé simple (reconnaissance)
- le participe passé et son accord

Exprimer la manière
- le gérondif

Caractériser un nom
- le participe présent

Exprimer une condition ou une hypothèse
- le conditionnel présent et passé
- l'hypothèse avec *si*

■ PHONÉTIQUE 197

■ TABLEAUX DE CONJUGAISON 200

■ TRANSCRIPTIONS 202

Grammaire & Lexique

1. LA FABRIQUE DES MOTS

• Le genre des noms > Unités 0, 6

Un nom français peut être féminin ou masculin.
La terminaison indique généralement le genre.

mots féminins	-ie ; -ité ; -tié ; -esse ; -ée ; -ure ; -tion ; -oire
mots masculins	-ail ; -age ; -al ; -eau ; -isme ; -ment ; -teur ; -ien ; -oir

Exercice : Retrouvez le genre de chaque mot-clé d'unité.

• Le préfixe > Unités 4, 7, 10

Un mot est composé d'un **radical** (= une base), parfois complété d'un **préfixe** (= placé avant).

signification	préfixe	exemples
= réfléchi / soi	**auto-**	autonomie ; auto-déterminé
= séparation	**dé-**	désinstaller ; dénaturer
= négatif	**in- ; im- ; il-**	inégal ; impossible ; illégal
= intensif	**sur-**	surconsommation ; suremballage
= excessif	**hyper-**	hypermarché

Exercice : Ajoutez un exemple à chaque série.

• Le suffixe > Unités 1, 3, 8

Un mot est composé d'un **radical** (= une base), parfois complété d'un **suffixe** (= placé après).

signification	suffixe	exemples
= possibilité	**-able**	capable ; discutable ; mangeable
= parole ; science	**-logie**	la rigologie ; la musicologie ; l'astrologie
= peur	**-phobe**	aérodromophobe ; agoraphobe

Exercice : Par deux, regardez les suffixes des mots suivants : *fourchette, dizaine, poirier*. À votre avis, quelle est leur signification ?

• La famille de mots > Unité 9

On peut former plusieurs mots avec le même **radical** : ce sont des **dérivés**.

radical	mots de la même famille
jour	*journée, journalier, journal, ajourner, abat-jour*
lait	*laitier, laitière, laitage*

Exercice : Formez des mots à partir de : *ami, jardin, mer*.

OUTILS DE LA CLASSE

• La dérivation > Unité 8

On peut former plusieurs mots avec le même **radical** : ce sont des **dérivés**.
Le radical peut être un nom de lieu ou de région.

lieu	adjectif	nom
les Alpes	*alpin(e)*	*un alpage*
la Provence	*provençal(e)*	*un Provençal ; des Provençaux*

Exercice : Nommez un habitant de la province, de Savoie et de Bourgogne.

• L'adverbe > Unité 4

On peut former un adverbe à partir d'un adjectif au féminin.
Les adjectifs en *-ent / -ant* ont un adverbe en *-emment / -amment*.

adjectif masculin	adjectif féminin	adverbe
doux	douce	*doucement*
simple	simple	*simplement*

Exercice : Nommez cinq adverbes construits à partir d'adjectifs au féminin.

• La nominalisation > Unité 6

On peut former un nom à partir d'un verbe en ajoutant un suffixe ou en supprimant la forme infinitive.

verbe	suffixe	nom	autre exemple	verbe	suffixe	nom	autre exemple
créer	–ation	*la création*	*l'adaptation*	marier	–age	*le mariage*	*le voyage*
lancer	–ment	*le lancement*	*le changement*	parier	Ø	*le pari*	*le vol*

Exercice : Retrouvez les verbes à partir des exemples du tableau.

• Le complément du nom > Unités 2, 5

Une préposition peut aider à compléter un nom.

signification	préposition	exemples
= la possession	**de**	*le père de ma mère ; la maison de Paul*
= le contenant	**de**	*un verre de vin ; une assiette de fromages*
= la fonction	**à**	*un verre à vin ; une assiette à fromages*

Exercice : Complétez : *une paire … chaussettes ; des patins … glace ; une cuillère … café.*

• Les anglicismes > Unité 1

Ce sont des mots empruntés à l'anglais.
Ce week-end, je vais aller faire un bowling avec mes amis. Et toi ?
Je vais créer un podcast que je mettrai dans le cloud. Tu pourras le downloader, si tu veux !

Exercice : Trouvez les cinq anglicismes dans les phrases ci-dessus.

Grammaire & Lexique

• **Les abréviations** > Unité 3

C'est le fait de réduire un mot.

mot	exemple	adjectif	féminin	masculin
abréviation	ex.	adj.	fém.	masc.

Exercice : Retrouvez d'autres abréviations dans l'unité 3 !

• **Les sigles** > Unité 10

C'est une suite de lettres qui constituent l'abréviation d'un mot.
– *Tu as pris ton billet via la SNCF ?*   – *Non, au guichet de la RATP.*

Exercice : Trouvez la signification de ces deux sigles.

2. LA FABRIQUE DE LA PHRASE

Faire une relation entre deux phrases > Unités 4, 7

• **Les pronoms relatifs simples**

Chaque pronom relatif **simple** a une **fonction** dans la proposition.

fonction	pronom	exemples
sujet	**qui**	*C'est un livre **qui** a reçu le prix Goncourt.*
complément d'objet direct (= COD)	**que**	*C'est un livre **que** j'aime beaucoup.*
complément de lieu et de temps	**où**	*Je me souviens du jour **où** je l'ai acheté.*
complément introduit par *de*	**dont**	*Le héros **dont** j'ai oublié le nom est amusant.*

Le pronom relatif **dont** peut avoir plusieurs types de compléments avec la préposition **de**.

complément	exemples
d'un nom	*L'écrivain **dont** la fille est ma voisine est suisse.* (= la fille **de cet écrivain**)
d'un verbe	*L'écrivain **dont** je parle est suisse.* (= je **parle de** cet écrivain)
d'un adjectif	*L'écrivain **dont** je suis fan est suisse.* (= je suis **fan de** cet écrivain)

• **Les pronoms relatifs composés**

Chaque pronom relatif **composé** a un complément construit avec des **prépositions** autres que *de*.
Il s'accorde en genre et en nombre avec le nom qu'il remplace.

prépositions	pronom	exemples
pour, par, sans, pendant, derrière, avec…	(préposition) + **lequel, laquelle, lesquels, lesquelles**	*C'est une invention **sans laquelle** l'homme ne serait rien.*
à, grâce à	**auquel, à laquelle, auxquels, auxquelles**	*Ce sont des idées **grâce auxquelles** le monde avancera.*

Attention ! Quand le nom remplacé désigne une personne, on préfère utiliser la forme : (préposition) + *qui*.
Exemple : *C'est une femme à qui je parle souvent.*

OUTILS DE LA CLASSE

Mettre en valeur un élément dans une phrase
> Unités 2, 5, 6

• L'adjectif et sa place

L'adjectif sert à qualifier et caractériser un nom.

adjectif	place de l'adjectif	exemples
en général	après le nom*	C'est un vase joli mais il est cassé** !
de forme, de nationalité, d'origine, de couleur	après le nom	C'est un vase rond, bleu et chinois.
petit, grand, mauvais, beau, jeune, vieux, vrai, bon…	souvent avant le nom	C'est un petit vase.
ancien, léger, drôle, curieux, brave, bon, grand…	le sens change selon sa place	C'est un vase ancien. C'est l'ancien vase de ma mère.

*Quand on place l'adjectif avant le nom, c'est pour insister. Exemple : C'est un extraordinaire parcours !
**Un participe passé peut être un adjectif.

• La mise en relief

On peut mettre un élément en relief à l'aide d'un pronom relatif simple.

élément	pronom relatif	exemples
sujet	(ce) qui	L'écouter, c'est **ce qui** est important. **Ce qui** est important, c'est de l'écouter.
le complément direct	(ce) que	La musique, c'est **ce que** j'aime ! **Ce que** j'aime, c'est la musique.
le complément indirect avec de	(ce) dont	Partir en vacances, c'est **ce dont** je rêve. **Ce dont** je rêve, c'est de partir en vacances.
le complément indirect avec une autre préposition	(ce + préposition) quoi	L'égalité des femmes, c'est **ce pour quoi** je me bats. **Ce pour quoi** je me bats, c'est l'égalité des femmes.

• La forme passive

Elle permet de mettre en valeur le complément comme victime d'une action.

forme		exemples
active	**sujet* + verbe + complément**	Le chat mange la souris.
passive	**complément + être (au temps du verbe) + participe passé + par + sujet**	La souris est mangée par le chat.

*Quand le sujet est on à la forme active, on ne l'indique pas dans la forme passive.

Grammaire & Lexique

Éviter les répétitions dans une phrase > Unités 1, 10

• Les pronoms indéfinis

Ils servent à qualifier une quantité qui n'est pas clairement définie.
Ils remplacent un nom qui est précisé antérieurement.

quantité	pronom	exemples
nulle	**nul(le)*** **aucun(e)*** **personne** **rien**	*Nul besoin de m'aider, merci.* *Je n'en vois aucun.* *Personne n'est parfait !* *Rien n'est plus beau que l'apprentissage !*
petite	**peu** **certain(e)s*** **quelques-un(e)s**	*De l'argent ? J'en ai peu.* *Certains sont sympas.* *Quelques-uns sont super drôles !*
grande	**beaucoup** **plusieurs**	*Parmi ces objets, beaucoup sont laids mais il y en a plusieurs qui m'intéressent.*
unique	**chacun(e)** **quelqu'un** **quelque chose**	*Chacun pourra poser une question.* *C'est quelqu'un que tu connais.* *Tu veux manger quelque chose ?*
totale	**tout*, tous*** **toute*, toutes***	*Ils parlent tous français.* *Elle a tout mangé.*

*Ce sont aussi des adjectifs quand ils complètent un nom.

• Les doubles pronoms

Ils servent à remplacer deux compléments.
Quand deux pronoms compléments se suivent, on respecte l'ordre suivant :

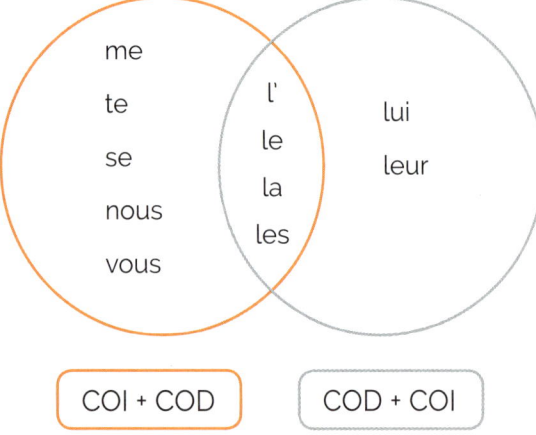

Exemples :
Il me l'achète. Je ne l'aime pas. Je la lui offre.
Mes parents vous les prêtent mais il faudra les leur rendre.

OUTILS DE LA CLASSE

3. LA FABRIQUE DU DISCOURS

Rapporter des propos
> Unités 5, 9

- **Le discours indirect au présent**

Pour passer du discours **direct** au discours **indirect**, on fait quelques changements.

changements		exemples
ajout d'un verbe introducteur	affirmer, dire, répondre, répliquer + que demander + si (= est-ce que ?) demander + ce que (= qu'est-ce que ?)	Il **dit qu'**il est gentil. Il **demande si** tu viens. Il **demande ce que** tu veux manger.
suppression de la ponctuation	: « » ! ?	Il demande **:** « Tu viens **?** ». Il demande si tu viens.
le pronom personnel	je > il / elle nous > ils / elles	« **Je** suis gentil », dit-il. Il dit qu'**il** est gentil.

- **Le discours indirect au passé**

En plus des changements du discours direct, on a des changements liés **au temps**.

discours direct	discours indirect	exemples
présent	imparfait	« Elle chante ». Il a dit qu'elle **chantait**.
futur	conditionnel	« Elle chantera ». Il a dit qu'elle **chanterait**.
passé composé	plus-que-parfait	« Elle a chanté ». Il a dit qu'elle **avait chanté**.

- **Les indicateurs temporels liés au discours indirect**

discours direct	discours indirect	exemples
aujourd'hui	un jour / ce jour-là	« Elle chante aujourd'hui ». Il a dit qu'elle chantait ce jour-là.
hier	la veille / le jour précédent	« Elle a chanté hier ». Il a dit qu'elle avait chanté la veille.
demain	le lendemain / le jour suivant	« Elle chantera demain ». Il dit qu'elle chantera le lendemain.
la semaine, le mois, l'année dernier(ère)	la semaine, le mois, l'année précédent(e)	« Elle a chanté l'année dernière ». Il a dit qu'elle avait chanté l'année précédente.
la semaine, le mois, l'année prochain(e)	la semaine, le mois, l'année suivant(e)	« Elle chantera le mois prochain ». Il a dit qu'elle chanterait le mois suivant.

Grammaire & Lexique

Exprimer une opinion
> Unités 1, 2, 4, 6

L'approbation
Effectivement. Bien sûr !
Tout à fait ! C'est bien ça.
Absolument ! Exactement !
En effet. C'est ça.

Le point de vue
Pour moi, … Je crois / pense / trouve que…
À mon avis, … Il me semble que…
D'après moi, … Personnellement, …

Le désaccord
Je ne partage pas cet avis.
Je n'ai pas la même opinion (que toi).
Je ne suis pas tout à fait / du tout d'accord.
Bien sûr que non.
Ce n'est pas vrai.
Tu plaisantes ?
Et puis quoi encore ?

Protester
C'est un scandale !
C'est inadmissible !
C'est inacceptable de + *infinitif* / que + *subjonctif*
Je proteste contre + *nom*
Je suis opposé(e) à + *nom*
Je suis indigné(e) / révolté(e) par + *nom*

Développer une opinion
> Unités 3, 5, 7, 8, 9, 10

Introduire un exemple
Je vais prendre un exemple.
Je vous donne un exemple.
On peut prendre l'exemple de…
Cet exemple montre bien que…
C'est comme… qui…
C'est comme si…
Ça me fait penser à…

Développer un argument
En (règle) générale, … / D'une façon générale, …
En réalité, on peut dire que…
De fait, il est possible d'affirmer que…
De la même manière, …
Cette idée (me) fait penser à…
Cela prouve que…

Faire préciser une idée
Je n'ai pas bien compris
Tu veux dire par là que…
Tu peux préciser ?
Autrement dit ?
Tu pourrais me donner un exemple ?
Ça reste un peu flou, qu'est-ce que cela signifie ?

Rectifier
Pas vraiment. / Pas exactement.
Tu veux plutôt dire que…
À vrai dire, c'est plutôt…
Ce serait plus juste de dire que…
Je ne crois pas que ce soit vrai.
Je croyais que… / En réalité, …

Nuancer
À dire vrai, …
Ce n'est pas aussi simple.
Il ne faut pas généraliser.
N'exagérons rien.
Je crois que tu exagères !

Conclure
Bref, … / Finalement, … En conclusion, …
En résumé, … En définitive, …
En fin de compte, … Pour terminer, …
Bon, ben voilà quoi ! (fam.)

OUTILS DE LA CLASSE

Articuler des idées
> Unités 3, 9

• Classer des idées

ordonner	1. premièrement, d'abord, tout d'abord
	2. deuxièmement, ensuite, puis
	3. troisièmement, finalement, enfin
ajouter	de plus, par ailleurs, ensuite, d'une part… d'autre part
mettre en parallèle	également, de même, ainsi que, non seulement… mais encore

• Introduire une idée

une explication	c'est-à-dire, en d'autres termes
un exemple	ainsi, par exemple, notamment, comme
une preuve	en effet, de fait
un nouvel élément	d'ailleurs, et puis

• La cause et la conséquence

une cause	grâce à (+) / faute de (-)… + nom
	parce que, puisque, comme, car, en effet
une conséquence	si bien que, c'est pourquoi, par conséquent
	d'où, donc (à l'oral), de ce fait

• L'opposition et la concession

opposer = *Non !*	mais, en revanche, alors que, tandis que, au contraire
concéder = *Oui, mais…*	cependant, néanmoins, pourtant, toutefois
rectifier	en réalité, en vérité, en fait

cent quatre-vingt-onze **191**

Grammaire & Lexique

Exemple de sujet

- **J'introduis**

  (1. fait général) Aujourd'hui, se déplacer en avion pour se rendre à l'autre bout du monde, parcourir son pays en train ou en bus ou encore prendre sa voiture pour aller chez des cousins se fait facilement.
  (2. sujet) Mais que pensez-vous des voyages ?

- **Je développe**

  Tout d'abord, (idée 1) partir en voyage est l'occasion de flâner et de prendre son temps. **En effet**, la vie actuelle est source d'angoisse (métro, boulot) et les journées laissent peu de temps pour se reposer. Voyager est, **par conséquent**, le moyen de modifier son rythme et de se relaxer. C'est **ainsi** (exemple 1) que l'on constate de nombreux départs pour des destinations « reposantes » comme l'île de La Réunion, Hawaï ou les Baléares.
  De plus, (idée 2) partir dans un pays étranger permet de découvrir des paysages variés, **comme** (exemple 2) en France où l'on peut faire de la randonnée dans les Pyrénées ou les Alpes, apprécier la faune et la flore en Camargue ou encore l'Histoire de France dans des petits villages médiévaux.
  Par ailleurs, (idée 3) les voyages favorisent les rencontres et sont, **de ce fait**, l'occasion de prendre conscience de nos différences culturelles. **Ainsi**, (exemple 3) lors d'un voyage en Grèce, j'ai pu goûter une cuisine différente de la cuisine française. J'ai **également** constaté que le rythme de la journée en Espagne n'était pas le même qu'en France. J'ai finalement beaucoup appris sur moi.

- **Je conclus**

  (1. résumé) **En résumé**, il est possible de dire que les voyages enrichissent nos connaissances sur les autres, sur le monde et sur nous-mêmes. (2. opinion) Mais, à mon avis, voyager a un coût et tout le monde ne peut pas se le permettre. (3. ouverture) Alors, pourquoi ne pas voyager dans son salon en réalité virtuelle ?

4. LA FABRIQUE DES VERBES

- **Les verbes transitifs**

Ce sont des verbes qui ne sont pas suivis d'une préposition. Ils sont suivis d'un complément d'objet direct (= **COD**). *Exemple : Il* **met** son manteau.
= COD

- **Les verbes intransitifs**

Ce sont des verbes qui sont suivis d'une **préposition**. Ils sont donc suivis d'un complément d'objet indirect (= **COI**). *Exemple : Il* **se fie à** son ami.
= COI

Remarques :

Un verbe peut être :

- transitif et intransitif, sans changer de sens.
Exemple : Il **passe** (= donner) son stylo **à** son ami.
= COD   = COI

- transitif et intransitif, en changeant de sens.
Exemple : Il **assiste** son ami. (= aider) ≠ *Il* **assiste à** un spectacle. (= être présent).
= COD   = COI

- suivi de prépositions différentes en fonction du complément, sans changer de sens.
Exemple : Il **joue d'**un instrument et il **joue au** football.

OUTILS DE LA CLASSE

- suivi de prépositions différentes et changer de sens.
*Exemple : Il parle **de** son spectacle **à** son ami.*

- **Les verbes introducteurs**

Ils introduisent un discours rapporté et donnent des précisions sur les intentions du locuteur.

manière de dire	*ajouter, annoncer, déclarer, dire, préciser, raconter, répéter, répondre, demander*
manière de penser	*affirmer, avouer, considérer, penser, juger, croire*

- **Les verbes à expressions figées**

Ce sont des verbes qui, avec le nom qui suit, forment un sens commun.

mettre le doigt sur	*Je crois que vous mettez le doigt sur un élément-clé.*
prendre froid	*Elle a pris froid à cause de la pluie.*
trouver refuge	*Il a trouvé refuge dans un abribus tellement il pleuvait.*

5. LA FABRIQUE DES FORMES VERBALES

Exprimer une nécessité ou un sentiment > Unités 0, 1, 8

- **L'impératif**

exprime une nécessité, une obligation. exprime aussi un conseil.	**verbe** (*tu, nous, vous*) **sans sujet** *Apprends le français et parlons ensemble !*

Remarques :
Le **s** disparaît pour les verbes en *–er*, à la 2ᵉ personne du singulier. *Exemple : Mange !*
Les pronoms **en** et **y** se placent après le verbe. Ils sont reliés par un trait d'union. *Exemple : Prends-en !*

- **Le subjonctif présent**

exprime une nécessité, une obligation. exprime une volonté. exprime un sentiment. exprime un souhait.	**radical du verbe** (à la 3ᵉ pers. du plur. au présent) + **-e, -es, -e, -ions, -iez, -ent** *J'aimerais que tu parles français !*

Remarque : Les sujets doivent être différents dans les deux parties de la phrase. Sinon, on met l'infinitif.
*Exemple : **Je** suis contente que **tu** viennes. Je suis contente de venir.*

Grammaire & Lexique

Imaginer le futur > Unités 0, 7

• Le futur proche

exprime une action située dans un avenir plus ou moins immédiat.	***aller*** (au présent) + **verbe à l'infinitif** *Ce week-end, je vais aller au cinéma.*

• Le futur simple

exprime une action dans un avenir immédiat. exprime un fait précis et programmé.	**infinitif du verbe** (sans –*e*) + **-ai, -as, -a, -ons, -ez, -ont** *Bientôt, nous ne mangerons plus de viande.*

Raconter au passé > Unités 0, 2, 4, 10

• Le passé récent

exprime une action récente dans le passé.	***venir de*** (au présent) + **infinitif** *Ouf, je viens de finir mon travail !*

• Le passé composé

exprime une action ponctuelle. exprime une action limitée dans le temps. exprime une succession d'actions.	***être*** ou ***avoir*** (au présent) + **participe passé*** *Hier, je suis sortie et je me suis amusée.*

* ➝ Le participe passé et son accord, p. 195

• L'imparfait

exprime une description. exprime une habitude. exprime une situation.	**radical du verbe** (à la 3ᵉ pers. du plur. au présent) + **-ais, -ais, -ait, -ions, -iez, -aient** *Quand j'étais petit, je faisais du ski.* *Quand tu es arrivé, j'étais en train de me coiffer.*

• Le plus-que-parfait

exprime une action antérieure à une action passée.	***être*** ou ***avoir*** (à l'imparfait) + **participe passé*** *J'avais fini mon travail quand il est arrivé.*

* ➝ Le participe passé et son accord, p. 195

OUTILS DE LA CLASSE

- **Le passé simple (reconnaissance)**

s'utilise pour une histoire au passé à l'écrit principalement (dans les récits historiques, contes, romans...)	verbes en **–er** : radical + *-ai,-as,-a,-âmes,-âtes,-èrent* verbes en **–ire** ou **–re** : radical + *-is,-is,-it,-îmes,-îtes,-irent* verbes en **–oir**, **courir** : radical + *-us,-us,-ut,-ûmes,-ûtes,-urent*

- **Le participe passé et son accord**

Il est employé avec **avoir** ou **être**.

être	• les verbes (+ leurs dérivés) : *naître, mourir, descendre, monter, sortir, entrer, tomber, arriver, partir, rester, retourner, rentrer, venir, aller* • les verbes pronominaux	*Paul **est passé** voir ta mère qui **s'est réveillée** à son arrivée.*
avoir	• les verbes : *descendre, monter, passer, rentrer, retourner, sortir* quand ils sont construits avec un COD. • tous les autres verbes	*Paul **a** passé l'aspirateur et **a** fait les courses.*

Il s'accorde en genre et en nombre :

être	avec le sujet	*Marie est sortie.* *Marie et Pauline sont sorties.*
avoir	avec le COD placé avant	*La pomme que Marie a mangée est verte.* *Elle l'a mise à la poubelle.*

Remarques :
Avec un verbe pronominal intransitif avec *à*, il n'y a pas d'accord.
Exemple : Ils se sont téléphoné. (téléphoner à quelqu'un)
Avec un verbe pronominal suivi d'un COD, il n'y a pas d'accord.
Exemple : Elle s'est lavé les mains.
　　　　　　　　　　　　COD

Exprimer la manière   > Unité 3

- **Le gérondif**

exprime une manière. exprimer une cause. exprime une simultanéité.	**en** + radical du verbe (à la 3ᵉ pers du plur. au présent) + **-ant** *Il est entré en passant par la fenêtre.*

Grammaire & Lexique

Caractériser un nom > Unité 8

• Le participe présent

exprime une relation entre deux éléments. remplace le pronom relatif *qui*.	**radical du verbe** (à la 3ᵉ pers. du plur. au présent) + **-ant** *C'est un homme mesurant 1 m 80.*

Exprimer une condition ou une hypothèse > Unité 5, 7

• Le conditionnel présent

exprime la politesse, une possibilité, un fait incertain et une condition.	**infinitif du verbe** (sans *–e*) + **-ais, -ais, -ait, -ions, -iez, -aient** *On dit que les chats seraient émotifs.*

• Le conditionnel passé

exprime une condition irréelle, un regret ou un reproche.	**être** ou **avoir** (au conditionnel présent) + **participe passé** *J'aurais aimé être président !*

• L'hypothèse avec *si*

une hypothèse		exemples
réelle au présent	*Si* + présent + impératif *Si* + présent + présent *Si* + présent + futur simple	*Si tu veux partir, pars ! Si tu veux, tu peux y arriver. On le verra demain, si tu veux.*
irréelle au présent (= condition difficile à réaliser car éloignée de la réalité)	*Si* + imparfait + conditionnel présent	*Si on avait plus d'argent, on achèterait un château au bord de la Loire !*
irréelle dans le passé (= condition impossible car non réalisée dans le passé)	*Si* + plus-que-parfait + conditionnel passé	*Si j'avais su, je ne serais pas venue.*

Phonétique

OUTILS DE LA CLASSE

Les symboles utilisés

Oralité et intonation

- ⌢ enchaînement vocalique
- ⌊⎯⌋ enchaînement consonantique
- ‿ liaison
- ⤫ liaison interdite
- c̸ en̸t̸ lettre(s) non prononcée(s)
- ↗ la voix monte
- ↘ la voix descend
- → la voix reste sur la même note

Rythme

Le groupe rythmique ▶134

Une phrase est composée de plusieurs groupes de mots, de plusieurs idées.
À l'oral, on fait une **pause** entre chaque groupe de mots, chaque idée.
On prononce chaque groupe de mots dans la même **respiration**, comme un seul mot : c'est le mot phonétique.

> *Vanessa, // c'est ma meilleure amie //*
>   1   2
> *depuis le collège.*
>   3

La syllabe accentuée ▶135

• L'accent tonique
Il porte sur une syllabe : elle est plus longue et plus forte.

• Le mot
L'accent tonique porte sur la **dernière syllabe du mot**.

> *une profession* → *une-pro-fe-**ssion***
> *un point* → *un-**point***

• Le groupe de mots
L'accent tonique porte sur la **dernière syllabe du groupe de mots**.
Donc, les mots à l'intérieur du groupe n'ont pas d'accent.

> *un **point***
> *un point de **vue***
> *un point de vue inté**ressant***

Intonation

L'intonation

La voix peut **monter** ↗, **descendre** ↘ ou **rester sur la même note** → sur les syllabes accentuées.

La phrase déclarative ▶136

• La phrase terminée
La voix descend sur la dernière syllabe de la phrase.

> *J'ai acheté un **livre** ↘.*

• La phrase non terminée
La voix monte sur la dernière syllabe du groupe de mots.

> *J'ai acheté un **livre** ↗, un ca**hier** ↗ et une nouvelle **trousse** ↘.*

La phrase interrogative ▶137

• La question en *Oui / Non* sans mot interrogatif.
La voix monte à la fin de la question.

> *Tu es québé**cois** ↗ ?*
> *Tu parles fran**çais** ↗ ?*

• La question avec un mot interrogatif.
La voix monte sur le mot interrogatif et descend à la fin de la question.

> *Est-ce **que** ↗ tu parles fran**çais** ↘ ?*
> *Pour**quoi** ↗ tu apprends le fran**çais** ↘ ?*
> *À **quoi** ↗ tu **penses** ↘ ?*

• La question avec « ou ».
La voix monte avant « *ou* » et descend à la fin de la question.

> *Tu préfères aller au thé**âtre** ↗ ou au ciné**ma** ↘ ?*

• La question avec « et ».
La voix reste sur la même note avant le « *et* » et monte à la fin de la question.

> *Tu veux aller au restau**rant** → et au ciné**ma** ↗ ?*

Phonétique 🔊

La phrase exclamative ▶138

À la fin d'une exclamation :
La voix peut **descendre** ↘, mais plus fort qu'à la fin d'une affirmation.

Affirmation

4	
3	
2	Bon
1	soir.

Exclamation

Bon	
	soir !

La voix peut **monter** ↗, mais moins haut qu'à la fin d'une question.

Question

4	bien ?
3	
2	C'est
1	

Exclamation

	bien !
C'est	

La parenthèse ▶139

Quand on fait une parenthèse pour s'adresser à quelqu'un, la voix **reste sur la même note** →.

Écoutez, mes amis, j'ai quelque chose à vous dire.

L'accent d'insistance ▶140

En général, l'accent est sur la **dernière syllabe du mot**.
*Un livre formi**dable**.*

Mais, quand on veut insister sur un mot, on accentue **la première syllabe**.
*Ce film est **for**midable !*

On peut aussi **marquer chaque syllabe**.
*Ce film est **for-mi-da-ble** !*

Marques de l'oral

La liaison ▶141

On fait la liaison entre un mot qui se termine par une **consonne** qui n'est normalement pas prononcée : *ils* et un mot qui commence par une **voyelle** : *étudient*.

ils étudient
consonne non prononcée — voyelle

La consonne et la voyelle forment une **nouvelle syllabe à l'oral** : *ils étudient = il-zé-tu-dient*

- **La liaison est obligatoire** quand deux mots appartiennent au même groupe de mots.

Dans le groupe nominal :
▸ entre le déterminant et le nom : *les étudiants, mes enfants*
▸ entre l'adjectif et le nom : *de bons étudiants, de beaux enfants*
▸ après les prépositions d'une syllabe : *dans une université, en Italie*
▸ dans les expressions figées : *de plus en plus, de temps en temps*

Dans le groupe verbal :
▸ entre le pronom et le verbe : *ils ont, ils étudient*
▸ entre le verbe et le pronom : *quand viennent-ils ?*
▸ après les adverbes courts : *ils ont bien étudié*
▸ après une conjonction de subordination : *quand on parle*

- **La liaison est interdite** quand les mots ne sont pas dans le même groupe de mots.

OUTILS DE LA CLASSE

L'enchaînement consonantique ▶142

L'enchaînement consonantique est obligatoire à l'intérieur d'un groupe de mots.

Le premier mot se termine par une consonne ou un groupe consonantique toujours prononcé : *ils répon**d**ent – un pein**tr**e*.

Le deuxième mot commence par une voyelle : **au** *téléphone* – **a***bstrait*

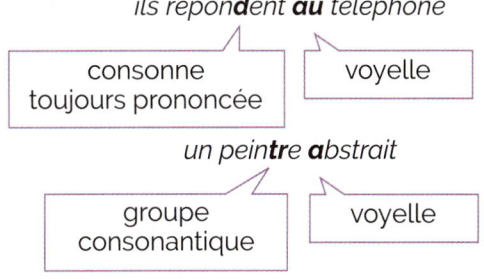

La consonne et la voyelle forment une **nouvelle syllabe à l'oral** :

ils répon‿dent au téléphone = ils-ré-pon-dau-té-lé-phone

un pein‿tre abstrait = un-pein-trab-trait

L'enchaînement vocalique ▶143

• **Dans un mot :**
Quand deux voyelles se suivent, elles sont prononcées **sans pause**, dans **le même souffle**, mais dans **deux syllabes différentes**.

la co͡opération – la cr͡éativité

• **Dans un groupe de mots :**
Quand deux voyelles se suivent dans le même groupe de mots, on fait l'enchaînement vocalique.

la co͡opération ͡et la cr͡éativité

L'hésitation ▶144

Quand on hésite en français :
▸ on dit **euh** à la fin d'un mot.
   *Je suis vraiment **euh**… ravi de vous rencontrer !*
▸ on **répète** le même mot :
   *C'est un homme **qui, qui** est très important pour moi.*

L'effacement ▶145

	à l'écrit	à l'oral
ne	tu ne veux pas	tu veux pas
e	beaucoup de choses	beaucoup d'choses
il	il y a	y a
il / elle (+ consonne)	il vient elles vient	i' vient è'viennent
tu	tu es	t'es
qui (+ voyelle)	qui appelle	qu'appelle
les groupes consonantiques (+ consonne)	être capable	êt'capable

Conjugaison

	être	avoir	aller	se lever
PRÉSENT	je suis tu es il / elle / on est nous sommes vous êtes ils / elles sont	j'ai tu as il / elle / on a nous avons vous avez ils / elles ont	je vais tu vas il / elle / on va nous allons vous allez ils / elles vont	je me lève tu te lèves il / elle / on se lève nous nous levons vous vous levez ils / elles se lèvent
PASSÉ COMPOSÉ	j'ai été tu as été il / elle / on a été nous avons été vous avez été ils / elles ont été	j'ai eu tu as eu il / elle / on a eu nous avons eu vous avez eu ils / elles ont eu	je suis allé(e) tu es allé(e) il / elle / on est allé(e)(s) nous sommes allé(e)s vous êtes allé(e)(s) ils / elles sont allé(e)s	je me suis levé(e) tu t'es levé(e) il / elle / on s'est levé(e)(s) nous nous sommes levé(e)s vous vous êtes levé(e)(s) ils / elles se sont levé(e)s
IMPARFAIT	j'étais tu étais il / elle / on était nous étions vous étiez ils / elles étaient	j'avais tu avais il / elle / on avait nous avions vous aviez ils / elles avaient	j'allais tu allais il / elle / on allait nous allions vous alliez ils / elles allaient	je me levais tu te levais il / elle / on se levait nous nous levions vous vous leviez ils / elles se levaient
PLUS-QUE-PARFAIT	j'avais été tu avais été il / elle / on avait été nous avions été vous aviez été ils / elles avaient été	j'avais eu tu avais eu il / elle / on avait eu nous avions eu vous aviez eu ils / elles avaient eu	j'étais allé(e) tu étais allé(e) il / elle / on était allé(e)(s) nous étions allé(e)s vous étiez allé(e)(s) ils / elles étaient allé(e)s	je m'étais levé(e) tu t'étais levé(e) il / elle / on s'était levé(e)(s) nous nous étions levé(e)s vous vous étiez levé(e)(s) ils / elles s'étaient levé(e)s
IMPÉRATIF	sois soyons soyez	aie ayons ayez	va allons allez	lève-toi levons-nous levez-vous
FUTUR SIMPLE	je serai tu seras il / elle / on sera nous serons vous serez ils / elles seront	j'aurai tu auras il / elle / on aura nous aurons vous aurez ils / elles auront	j'irai tu iras il / elle / on ira nous irons vous irez ils / elles iront	je me lèverai tu te lèveras il / elle / on se lèvera nous nous lèverons vous vous lèverez ils / elles se lèveront
CONDITIONNEL PRÉSENT	je serais tu serais il / elle / on serait nous serions vous seriez ils / elles seraient	j'aurais tu aurais il / elle / on aurait nous aurions vous auriez ils / elles auraient	j'irais tu irais il / elle / on irait nous irions vous iriez ils / elles iraient	je me lèverais tu te lèverais il / elle / on se lèverait nous nous lèverions vous vous lèveriez ils / elles se lèveraient
CONDITIONNEL PASSÉ	j'aurais été tu aurais été il / elle / on aurait été nous aurions été vous auriez été ils / elles auraient été	j'aurais eu tu aurais eu il / elle / on aurait eu nous aurions eu vous auriez eu ils / elles auraient eu	je serais allé(e) tu serais allé(e) il / elle / on serait allé(e)(s) nous serions allé(s)s vous seriez allé(e)(s) ils / elles seraient allé(e)s	je me serais levé tu te serais levé il / elle / on se serait levé nous nous serions levés vous vous seriez levés ils / elles se seraient levés
SUBJONCTIF PRÉSENT	que je sois que tu sois qu'il / elle / on soit que nous soyons que vous soyez qu'ils / elles soient	que j'aie que tu aies qu'il / elle / on ait que nous ayons que vous ayez qu'ils / elles aient	que j'aille que tu ailles qu'il / elle / on aille que nous allions que vous alliez qu'ils / elles aillent	que je me lève que tu te lèves qu'il / elle / on se lève que nous nous levions que vous vous leviez qu'ils / elles se lèvent

➜ Maîtriser la conjugaison, voir Cahier d'activités

OUTILS DE LA CLASSE

	finir	dire	faire	savoir
PRÉSENT	je finis tu finis il / elle / on finit nous finissons vous finissez ils / elles finissent	je dis tu dis il / elle / on dit nous disons vous dites ils / elles disent	je fais tu fais il / elle / on fait nous faisons vous faites ils / elles font	je sais tu sais il / elle / on sait nous savons vous savez ils / elles savent
PASSÉ COMPOSÉ	j'ai fini tu as fini il / elle / on a fini nous avons fini vous avez fini ils / elles ont fini	j'ai dit tu as dit il / elle / on a dit nous avons dit vous avez dit ils / elles ont dit	j'ai fait tu as fait il / elle / on a fait nous avons fait vous avez fait ils / elles ont fait	j'ai su tu as su il / elle / on a su nous avons su vous avez su ils / elles ont su
IMPARFAIT	je finissais tu finissais il / elle / on finissait nous finissions vous finissiez ils / elles finissaient	je disais tu disais il / elle / on disait nous disions vous disiez ils / elles disaient	je faisais tu faisais il / elle / on faisait nous faisions vous faisiez ils / elles faisaient	je savais tu savais il / elle / on savait nous savions vous saviez ils / elles savaient
PLUS-QUE-PARFAIT	j'avais fini tu avais fini il / elle / on avait fini nous avions fini vous aviez fini ils / elles avaient fini	j'avais dit tu avais dit il / elle / on avait dit nous avions dit vous aviez dit ils / elles avaient dit	j'avais fait tu avais fait il / elle / on avait fait nous avions fait vous aviez fait ils / elles avaient fait	j'avais su tu avais su il / elle / on avait su nous avions su vous aviez su ils / elles avaient su
IMPÉRATIF	finis finissons finissez	dis disons dites	fais faisons faites	sache sachons sachez
FUTUR SIMPLE	je finirai tu finiras il / elle / on finira nous finirons vous finirez ils / elles finiront	je dirai tu diras il / elle / on dira nous dirons vous direz ils / elles diront	je ferai tu feras il / elle / on fera nous ferons vous ferez ils / elles feront	je saurai tu sauras il / elle / on saura nous saurons vous saurez ils / elles sauront
CONDITIONNEL PRÉSENT	je finirais tu finirais il / elle / on finirait nous finirions vous finiriez ils / elles finiraient	je dirais tu dirais il / elle / on dirait nous dirions vous diriez ils / elles diraient	je ferais tu ferais il / elle / on ferait nous ferions vous feriez ils / elles feraient	je saurais tu saurais il / elle / on saurait nous saurions vous sauriez ils / elles sauraient
CONDITIONNEL PASSÉ	j'aurais fini tu aurais fini il / elle / on aurait fini nous aurions fini vous auriez fini ils / elles auraient fini	j'aurais dit tu aurais dit il / elle / on aurait dit nous aurions dit vous auriez dit ils / elles auraient dit	j'aurais fait tu aurais fait il / elle / on aurait fait nous aurions fait vous auriez fait ils / elles auraient fait	j'aurais su tu aurais su il / elle / on aurait su nous aurions su vous auriez su ils / elles auraient su
SUBJONCTIF PRÉSENT	que je finisse que tu finisses qu'il / elle / on finisse que nous finissions que vous finissiez qu'ils / elles finissent	que je dise que tu dises qu'il / elle / on dise que nous disions que vous disiez qu'ils / elles disent	que je fasse que tu fasses qu'il / elle / on fasse que nous fassions que vous fassiez qu'ils / elles fassent	que je sache que tu saches qu'il / elle / on sache que nous sachions que vous sachiez qu'ils / elles sachent

➜ Maîtriser la conjugaison, voir Cahier d'activités

Transcriptions

BONJOUR

2 Un son .... p. 12

La première fois que j'ai entendu un youyou, c'était celui de… de ma mère, j'étais, j'étais enfant…euh, évidemment, j'ai été, euh, surprise, mais j'en ai…euh tout de suite ressenti de l'admiration. […] Le youyou c'est…c'est une expression de, évidemment de sentiments, à commencer par celui de la joie, c'est-à-dire tout ce qui peut être festif, la naissance, le mariage, tous les moments de la vie. […] Ma mère le faisait bien et ma fille le fait. En revanche, moi, j'en ai… j'en ai jamais fait mais j'aimais l'amener, à chaque fois, qu'il y avait un concert de musique marocaine à Paris et elle savait très bien faire le youyou. […] Le youyou a un pouvoir de…d'explosion de… de plaisir, de joie…euh instantanée, quoi !

Arte Radio

3 Un mot .... p. 12

L'esprit d'initiative qui va plaire à tous les amoureux de la langue française, à tous ceux qui aiment les mots.
– Bonjour Emmanuel Moreau !
– Bonjour Mathilde Munos.
Un nouveau dictionnaire va sortir : *Le Dictionnaire des mots parfaits*. […]
– C'est absolument personnel, c'est le rapport absolument personnel que nous avons tous avec la langue. Parce que nous n'avons pas le même rapport avec la langue : nous y prélevons ou nous en excluons des mots…euh en fonction de ce que nous sommes, très intimement. […]
– Il y a un autre mot qui, alors lui, est très sonore, c'est « Bulle ».
– Bulle évoque une chose qui est jolie. La bulle, c'est une chose très mystérieuse qui vole, qui explose, qui est tellement légère. Certains mots renvoient à une réalité qui est belle : par exemple, bulle, nuage, balle. Ce sont des réalités qui sont belles en elles-mêmes et donc le mot paraît plus naturellement parfait.

France Inter

4 La fabrique des sons .... p. 12

Quand j'avais dix-huit ans.
Vingt et un ans.

VOYAGE FRANCOPHONE

7 Une anecdote .... p. 15

Pourquoi Tintin a-t-il une houppette ? Si vous lisez le premier album de Tintin, *Tintin au pays des Soviets*, qui date de 1930 et dans lequel le jeune journaliste est envoyé à Moscou pour réaliser un reportage dans l'URSS de Staline, vous verrez que, dans les premières cases, il n'a sur la tête qu'une simple mèche de cheveux sur le front. Ce n'est qu'ensuite en dessinant la planche n° 8 de ce même album, qu'Hergé ajouta à son personnage une houppette. Cette houppette historique ! Pourquoi donc ? Hergé voulait figurer la vitesse, en effet, il voulait donner une impression de vitesse à Tintin pris dans une course-poursuite. Il releva ainsi la mèche du front sur la tête. Et la mèche au vent resta. La houppette de Tintin est donc née dans une voiture roulant à grande vitesse. Puisque nous parlons de Tintin, de poils et de cheveux, savez-vous que les frères Dupont sont nommés X33 et X33bis dans les premiers albums de Tintin. C'est seulement avec *Le sceptre d'Ottokar* que les agents se verront attribué le nom Dupont avec pour différence un « t » et un « d » à la fin. Quant à leur apparence, c'est la forme de la moustache qui permet de les distinguer aisément. Celle de Dupond avec un « d » est droite alors que Dupont avec un « t » l'a recourbée vers l'extérieur. Enfin, c'est le père et l'oncle d'Hergé, tous deux jumeaux qui ont peut-être inspiré le dessinateur pour ces deux personnages. En effet, ils portaient une moustache et s'habillaient de la même façon.

chosesasavoir.com

Unité 1

8 Document 2 .... p. 20

– Eh oui, les offres de podcasts fleurissent aussi vite que les pâquerettes au printemps et le sujet n'est pas ici d'en faire ni une liste ni une sélection. En revanche, il s'agit de poser cette question : une application qui propose aux gens de s'enregistrer directement et de faire leur « talk » ou leur « show » pour rester dans les anglicismes, simplement, comment ça marche ?
– Donc, on appuie sur le bouton « enregistrement », on parle là maintenant.
– Voici la réponse de Jean-Baptiste Penent, cofondateur de Talkers.
– Et là, vous avez, vous faites suivant. Vous changez l'image si vous en avez envie, le titre, bien sûr – pour le référencement, c'est important – et vous appuyez sur « partager ». On va écouter un vrai talker […]
– Bonjour, et bienvenue dans cette critique marchée. Voilà, nouveau format, où je vais parler du film *Greenbook* […]
– On va s'arrêter-là ! Lui, il a un concept sympa, c'est : il sort du cinéma. Il a le film en tête. Et entre…euh le cinéma et la bouche de métro, il s'enregistre dans la rue et il dit ce qu'il en pense, voilà !
– Alors, critique cinéma en marchant, critique cinéma en fumant, ça existe aussi sur Talkers, tout est possible ! On peut aussi imaginer que des poètes, par exemple, vont se mettre à dire leur texte dans leur voix comme ils le font en images sur Youtube ou sur Instagram. Bref, sur Talkers, on trouve des podcasts comme ceux de Radiofrance, des podcasts comme ceux de la concurrence, des podcasts indépendants. Nul ne peut dire pour l'instant si ça aura du succès mais pour Jean-Baptiste Penent, c'est la voix de la liberté !
– Effectivement, il y a un moment où on se disait qu'on était les radios libres du XXIe siècle et on pense que…euh, effectivement, les médias ne…ne doivent pas obligatoirement appartenir soit à l'État soit à des grands industriels. Les citoyens, c'est le grand mot actuellement… euh, peuvent aussi s'emparer de la voix de la radio, à l'ère du numérique, pour pouvoir s'exprimer à travers une plate-forme comme Talkers où tout le monde a le droit de parler, ce qui ne veut pas dire, droit de dire n'importe quoi, il y a évidemment des… des limites !
– Les limites sont celles de la loi. Talkers, c'est sur votre PC ou Smartphone.

France inter

9 Activité 3.c .... p. 20

On trouve des podcasts comme ceux de Radiofrance, des podcasts comme ceux de la concurrence, des podcasts indépendants.

10 La fabrique des sons .... p. 22

On trouve des podcasts comme ceux de Radiofrance, des podcasts comme ceux de la concurrence, des podcasts indépendants.

11 Au quotidien .... p. 23

a. S'il vous plaît, chut, chut ! Un peu de silence. N'oubliez pas d'éteindre vos téléphones. Le concert va bientôt commencer.
b. Franchement, je n'ai rien compris. Pour toi, les maths, c'est facile mais pour moi, c'est vraiment difficile. Tu peux m'expliquer ?
c. Donc, si j'ai bien compris : tu vas d'abord chercher les enfants et ensuite, tu viens nous retrouver au restaurant ? C'est bien ça ?

12 Document 3 .... p. 25

L'interview enfantin de Monsieur Barbarin
– Eh bien, bonjour Amanda.
– Bonjour !
– Bonjour Lola !
– Bonjour !
– Alors, Amanda-Lola, vous êtes des amies ?
– Oui.
– Oui.
– Et vous êtes amies depuis combien de temps ?
– Euh, bah, on était…depuis avant le CP […]
– C'est quoi, exactement…euh d'être ami ?
– Bah, quand on est ami, on peut se raconter plusieurs choses et quand on n'est pas amies, bah, on se raconte pas beaucoup de choses. Du coup, euh…
– Comme quoi par exemple ?
– Et ben, des secrets.
– Par exemple, si on a une pire ennemie, ben, on va pas lui dire tous nos secrets. Par exemple, euh qu'elle est… si on lui dit qu'elle est énervante, hé ben ce sera pas sympa, après, elle va chialer et elle va aller le dire.
– Comment ça se passe votre amitié ? Vous vous voyez tous les jours ?
– Oui, tous les jours : à l'école
– Oui, à l'école.
– Euh, et des fois, le week-end. Oui. Aussi.
– Et vos parents sont amis aussi ?
– Oui.

OUTILS DE LA CLASSE

– Alors, qu'est-ce qui est le plus agréable quand on est amis, alors ?
– De…d'avoir confiance en soi.
– Oui.
– Bah, on peut avoir confiance en son ami(e) quand t'as envie.
– Vous parliez de goûts. C'est quoi les goûts que vous partagez ?
– Tout ! Les shorts, les tee-shirts à manches courtes, les tee-shirts à manches longues, les vestes en jean, les longs gilets et puis, les gilets courts, les jeans, les baskets, les chaussettes !
– Donc, c'est que les goûts pour les vêtements, en fait que vous partagez ?
– Non, il y a la couleur.
– Il y a aussi la couleur, il y a tout en fait.
– Il y a les sentiments.
– Quels sentiments vous avez de pareil alors, par exemple ?
– Bah, euh, c'est dur à dire.
– Vous riez au même moment ?
– Oui !
– Vous pleurez au même moment ?
– Oui !
– Parfois oui, parfois non !
– Vous vous énervez au même moment ?
– Oui… […]
– Et qu'est-ce que vous conseillez aux gens qui aimeraient bien eux aussi être des amis ou avoir des amis ? Qu'est-ce qu'il faut faire pour avoir des amies comme vous, alors ?
– Ben, conseiller de jouer avec eux, être gentil, être poli.
– Voilà.
– Ne pas dire…euh au bout d'un moment : t'es énervant, t'es méchant parce que sinon, ça va lui faire de la peine et puis, il ne va plus être ton ami.
– Ne pas dire des choses méchantes sur… bah, sur les gens.
– Il y a autre chose à savoir ?
– Euh…
– Bon on peut dire que vous êtes les meilleures amies du monde c'est ça en fait ?
– Oui !

Le poste général

▶ **13 Activité 6.c.** .... p. 25

Les shorts, les tee-shirts à manches courtes, les tee-shirts à manches longues, les vestes en cuir, les longs gilets, et puis les gilets courts, les jeans, les baskets, les chaussettes !

▶ **14 La Fabrique des sons** .... p. 26

Les shorts, les tee-shirts à manches courtes, les tee-shirts à manches longues.

▶ **16 Le groupe rythmique** .... p. 31

Vanessa, c'est ma meilleure amie depuis le collège.

▶ **17 Le groupe rythmique, Activité 1**
.... p. 31

a. Avec mes parents, on échange toutes les semaines.
b. Il m'a raconté un secret l'autre jour.
c. J'aime échanger, discuter, partager avec les gens.
d. Je vous donne la parole, un instant !

▶ **18 La syllabe accentuée** .... p. 31

Vanessa, c'est ma meilleure amie depuis le collège.

▶ **19 La syllabe accentuée, Activité 2**
.... p. 31

a. Avec mon père, on s'entend bien !
b. Avec ma mère, on se connaît par cœur !
c. Avec ma sœur, on se téléphone tous les jours.
d. Avec mes amis, j'aime parler de cinéma, de théâtre, de sorties…

Unité 2

▶ **20 Document 3** .... p. 35

Bonjour, je m'appelle Bertrand, je suis cofondateur et *Creative* Directeur chez Welcome to the Jungle. Alors, moi, mon métier, il est très simple, hein, c'est essayer d'inventer un maximum de formats pour Welcome to the Jungle, pour les réseaux sociaux et puis, tous les formats que vous voyez sur la plateforme. Moi, mon objectif et ma condition de départ, c'est aussi d'infuser un maximum de créativité au sein des équipes chez Welcome. Moi, je pense que la créativité, ça permet de se remettre en cause, de ne pas être dans le statu quo, d'essayer d'aller toujours plus loin et quand on a l'exigence de bouger les lignes, de bouger les codes du monde du travail, je pense que c'est super important et chacun peut être créatif, à sa manière. Je pense que la créativité, aussi, ça amène une forme d'exigence et justement, un point sur lequel on est très exigeants chez Welcome to the Jungle, c'est sur les recrutements. Alors, je vous mets très à l'aise, hein : évidemment, on est très exigeants, quand je dis sur les profils, mais on est très ouverts aussi. C'est à dire que moi, il y a encore quelques années, euh, j'étais, euh, producteur et compositeur de musique, et pour autant, je suis aujourd'hui, euh, *Creative* Directeur chez Welcome. Tout est possible chez Welcome à partir du moment où on a envie d'être engagé, de réinventer le monde du travail, d'avoir un enjeu social et sociétal, voilà ! Pour nous, c'est très important et c'est le type de personnalités, le type de profils que nous recherchons vraiment. Si vous vous reconnaissez dans ce que je viens de vous dire, que vous avez envie de vous challenger, de nous challenger aussi, parce qu'on aime ça, ben n'hésitez pas à postuler, voilà. À très bientôt !

Welcome to the jungle

▶ **21 Activité 9** .... p. 35

Il y a encore quelques années, euh, j'étais, euh, producteur et compositeur de musique et, pour autant, je suis aujourd'hui, euh, *Creative* directeur chez Welcome.

▶ **22 Document 3** .... p. 36

Je m'appelle Youen, j'ai 40 ans. Je suis siropier. Donc, siropier, mon métier, c'est de fabriquer des sirops […]
Quand je regarde cette photo, je vois, euh… j'ai l'impression de voir une usine… euh, peut-être à l'autre bout du monde… euh, le personnel a l'air d'être exclusivement féminin, peut-être qu'il n'y a pas beaucoup de parité là-bas, euh. Leurs postes de travail sont assez rapprochés et lorsque je vois…euh la salariée qui regarde…qui regarde vers l'objectif, j'ai l'impression qu'elle n'a pas l'air d'être épanouie dans son travail.
Euh… Mon poste de travail est complètement différent, euh, plus aéré, plus large. On voit vraiment que, euh, on voit vraiment que leurs conditions de travail ont l'air d'être assez…euh, assez dures. C'est vraiment ce que ça représente, de travailler là comme ça, l'un sur l'autre, c'est-à-dire chaque personne, vu qu'elle travaille, elles sont collées l'une à côté de l'autre. Elles doivent avoir une simple fonction et je me pose la question même si elles ont le temps de communiquer entre elles, pour pouvoir se dire quels problèmes elles ont pu rencontrer ou quelque chose qui n'irait pas. Est-ce qu'elles ont le temps déjà de s'assurer de la qualité de ce qu'elles font, en étant agglutinées comme ça ? Parce que sur ton poste de travail, tu dois pouvoir quand même pouvoir travailler correctement, euh, bouger, avoir tout l'espace nécessaire pour pouvoir faire ton travail correctement. Et le regard, vraiment, de de…, enfin, le visage qui vit comme ça me fait penser vraiment au travail pur et dur, à la chaîne et quelqu'un qui n'est pas épanoui sur son lieu de travail, en tout cas.

etres-au-travail.fr

▶ **23 Activité 5** .... p. 36

Quand je regarde cette photo, je vois euh, j'ai l'impression de voir une usine, euh, peut-être à l'autre bout du monde, euh, le personnel a l'air d'être exclusivement féminin, peut-être qu'il n'y a pas beaucoup de parité là-bas.

▶ **24 La Fabrique des sons** .... p. 38

Il y a encore quelques années, euh, j'étais, euh, producteur et compositeur de musique.
Quand je regarde cette photo, je vois euh…, j'ai l'impression de voir une usine, euh.

▶ **25 Au quotidien** .... p. 39

– Alors, finalement, ça s'est passé comment ?
– C'était pas top !
– Ben, vas-y, raconte !
– J'ai peur de me faire virer.
– Pourquoi ? Parce que t'as parlé de ce projet autour de toi ?
– Oui. Je me rends compte que je n'ai pas vraiment réfléchi. Je sais bien que c'est un projet confidentiel. Je ne pensais pas que Mathilde allait en parler à sa meilleure amie et surtout, qu'il connaissait la meilleure amie de Mathilde.
– C'est pas de chance. Mais il ne t'a pas viré ?
– Non, mais il en a profité pour me rappeler deux-trois petites choses.
– Comme quoi ?
– Le fait que j'arrive souvent en retard le matin.
– En même temps, il a raison, non ?
– Oui, c'est vrai. Et puis, que je manque un peu de précision parfois dans les dossiers, ou alors que je suis pas toujours réactif quand il m'envoie des emails.
– Et toi, tu en penses quoi ?

deux cent trois **203**

Transcriptions

– Je pense qu'il a raison. J'ai des efforts à faire. Le pire, c'est qu'il m'a dit tout cela de façon très posée, sans s'énerver.
– En bref, c'est un échange constructif ?
– Oui.

▶ 26 **Activité 7** .... p. 41

Donc, leur expliquer la, la réalité des choses.
C'est vraiment agréable de, de travailler avec eux.

▶ 27 **La Fabrique de grammaire** .... p. 42

a. Cette formation, je l'ai suivie pendant deux mois et puis, j'ai abandonné !
b. Il y a trois mois, je me suis inscrite sur LinkedIn et j'ai tout de suite trouvé un emploi.
c. Ma sœur a quitté son travail. Elle est partie en congé sans solde !
d. Alors, cet examen tu l'as eu ? Tu as tellement travaillé !
e. Elle m'a contactée et elle m'a proposé ce poste.

▶ 28 **La Fabrique des sons** .... p. 42

Donc, leur expliquer la, la réalité des choses.
C'est vraiment agréable de, de travailler avec eux.

▶ 30 **Stratégie** .... p. 46

a. J'occupais un poste dans une grande entreprise mais j'ai démissionné il y a deux mois. Je suis en train de refaire mon CV.
b. Ma collègue bosse tellement qu'elle était très fatiguée ces derniers temps. Elle est en arrêt maladie depuis trois jours.
c. Si tu postules à ce job, n'oublie pas de bien préparer ton entretien d'embauche !

▶ 31 **L'hésitation, Activité 1** .... p. 47

Ce que j'aime euh dans mon travail, c'est le partage euh, les échanges avec des personnes qui, qui viennent de milieux très différents. Et puis, je voyage beaucoup ! C'est toujours euh formidable d'aller à la rencontre d'autres, euh, d'autres cultures.

Unité 3

▶ 32 **Document 2** .... p. 52

– Vous avez quand même compris qu'on va parler de procrastination, donc les causes de la procrastination et comment les éviter…
– Comment s'en sortir. Oui, ça touche beaucoup de monde !
– Comment ça ?
– Eh bien, en fait, premièrement, on sait que c'est le mal du siècle. C'est drôle parce qu'y a des études qui s'ont intéressées justement à savoir : la procrastination, est-ce que c'est nouveau ? Et en 1978, c'est 5 % de la population qui s'identifiait comme des « procrastinateurs chroniques ». Et maintenant, en 2017, c'est 20 % des adultes. Donc, une bonne augmentation tout de même de cette, ce phénomène là qu'est la procrastination.
– Donc « mal du siècle », rien de moins ! Mais…
– Rien de moins […]
– Donnez-nous des conseils là-dessus. Comment on peut vaincre ce mal du siècle ?
– Donc, la première étape, c'est vraiment de se questionner, de comprendre pourquoi on procrastine : est-ce que c'est la tâche qui semble trop difficile ? Est-ce que c'est la tâche qui semble trop ennuyeuse ? On voit pas les raisons en fait, de faire cette tâche-là. Également, ce qu'on conseille, c'est vraiment de s'créer un rituel. Donc, par exemple, si vous avez un travail à faire, c'est ça notre bureau on prend notre tasse de café. Ça veut dire que je vais me mettre dans un, un état positif pour travailler.
– Ah ouais…
– Donc, faut vraiment avoir des espaces réservés dans notre aura pour faire certaines tâches. Par exemple, bon le dimanche matin, c'est le moment du ménage. On se crée cet espace-là pour faire notre ménage. […] Donc l'autre technique, rapidement, c'est de se faire un plan précis. Donc un objectif aussi qui est très spécifique, pas seulement je dois faire mon travail mais combien de pages je vais écrire, combien de temps je vais travailler. Donc, décomposer, fractionner en petites tâches et prévoir des récompenses. Le cerveau fonctionne par récompense, se planifier une récompense. Et la dernière technique, pour ceux qu'ont pas d'échéancier, de deadline, par exemple, les étudiants des fois au cycle supérieur ont beaucoup de temps pour faire un travail.
– C'est long l'doctorat.
– C'est de se donner des, des… s'obliger à avoir un échéancier par exemple en se disant : bon, ce soir, je vais faire une activité avec mes amis. Je m'oblige à terminer avant ce soir.
Radio Canada

▶ 33 **Activité 4** .... p. 52

Ce qu'on conseille, c'est vraiment de se créer un rituel.
L'autre technique, rapidement, c'est de se faire un plan précis.

▶ 34 **La Fabrique des sons** .... p. 54

Ce qu'on conseille, c'est vraiment de se créer un rituel.

▶ 35 **Au quotidien** .... p. 55

Contexte 1 : Ah, je sors de mon cours de tai-chi. J'ai bien respiré. Je suis détendue et ça m'a fait du bien !
Contexte 2 : C'est décidé. Demain, je m'y mets !
Contexte 3 : J'ai du mal à respirer là… Oh là là, 72 mails à lire, trois réunions dans la matinée et je n'ai pas fini mon compte rendu…

▶ 36 **Document 3** .... p. 57

Mytho, c'est la nouvelle série d'Arte. À l'heure des fake news et de la post-vérité, la chaîne se penche sur les effets du mensonge. Mais, au lieu d'en explorer les effets politiques, elle fait le choix du repli intime et familial. Mytho, une maman de trois enfants qui enchaîne, comme nous toutes, les journées de boulot, les courses, la bouffe, les lessives, les devoirs et les ados qui s'engueulent. Une femme qui ne va ni bien, ni mal, mais qui n'a plus d'espace ni d'oxygène, ni amour, en fait. Parce qu'elle en donne de l'amour mais que les autres, bah, les autres oublient de le lui rendre. Et voilà que se profile notre terreur à toutes : le cancer du sein. En fait non, elle n'a rien, et puis, si, tant pis, on n'aura qu'à faire comme si. Mytho ou comment être prise au piège d'un gros pipeau. Quoique. Mytho, une série oxymore sur la maladie qui soigne et sur le mensonge qui dit vrai […]
– Bonjour à tous les deux, bonjour Anne Berest, c'est vous qui avez écrit Mytho, soyez la bienvenue.
– Merci, bonjour.
– Bonjour à Fabrice Gobert, c'est vous qui l'avez mis en scène.
– Bonjour […]
– Alors pourquoi c'est une série chorale ? Et bien, euh, tout simplement parce que le problème du mensonge, mais j'imagine du coup son intérêt en termes de scénario, c'est l'effet papillon, c'est la réaction en chaîne que le mensonge de l'un entraîne sur les autres. Anne Berest.
– Oui, en fait, on va se rendre compte que la famille est le premier endroit, le premier lieu du mensonge. Euh… en fait, peut-être qu'à l'adolescence, même, je dirais qu'on a besoin de mentir pour se, pour se construire. Et, petit à petit, c'est comme un domino : un mensonge en entraîne un autre qui en entraîne un autre… Et on explore, sans juger, à la fois les vertus du mensonge, parce qu'au début, c'est comme une baguette magique pour Elvira.
– Oui.
– Et en même temps, on va aussi dire qu'il y a des résultats, des conséquences au mensonge, et que si on joue avec le feu, on se brûle […]
– Alors, chaque membre de la famille va, du coup, être confronté à ses petits et à ses grands mensonges […] Il y a deux types de mensonges, et, du coup, deux types de vérité qui, euh, sont explorés dans cette série. C'est faire face à ce qu'on est et faire face à ce qu'on fait ou à ce qu'on a fait, en réalité. Anne Berest.
– Hum… oui, en effet, le mensonge, c'est un mot pour dire beaucoup de choses, comme la jalousie, d'ailleurs. Et elle… Et ce qui était important pour moi, c'est qu'on soit toujours à une frontière, qu'on ne juge jamais le personnage, qu'on se dise à chaque fois « oui, tiens, c'est vrai, moi je pourrais faire ça ». Mais elle, et c'est ça qui est beau dans la fiction, elle va toujours un peu plus loin que ce que nous, on ferait. C'est pour ça qu'on a envie de la suivre.
France Inter

▶ 37 **Activité 7** .... p. 57

Mytho, c'est la nouvelle série d'Arte.
Le mensonge, c'est un mot pour dire beaucoup de choses.

▶ 38 **La Fabrique des sons** .... p. 58

Mytho, c'est la nouvelle série d'Arte.
Le mensonge, c'est un mot pour dire beaucoup de choses.

▶ 40 **La phrase déclarative, Activité 1**
.... p. 63

a. La jalousie, c'est un sentiment, …
b. La joie, c'est un sentiment.
c. La colère, c'est une émotion.
d. La peur, c'est une émotion, …

OUTILS DE LA CLASSE

Unité 4

▶ **41 Document 2** .... p. 66

Il est 8 heures et le réveil sonne. J'appuie sur le bouton « arrêt » de mon smartphone. C'est mon premier contact avec du plastique.
Puis, je file sous la douche où j'utilise mon shampooing dans une bouteille en plastique.
Je me brosse les dents avec une brosse à dents en plastique.
Et j'avale mon bol de muesli et mon yaourt bio tous deux contenus dans du plastique. Pour savourer le tout, j'allume ma radio, elle aussi en plastique. Salle de bains, cuisine, bureau, il est partout ! Au fil des ans, le plastique a inondé notre quotidien et il est presque impossible d'y échapper.

elementaireclub.com

▶ **42 Document 4** .... p. 67

Benjamin Smadja sur Radio LAC, 16h-18h. Et si on passait un février sans supermarché ? Une initiative qui existe déjà depuis quelques années. Nous allons en parler avec vous.
– Chloé Dutoit, bonjour !
– Bonjour !
– Vous gérez « Février sans supermarché » pour la partie neuchâteloise, parce qu'il y en a beaucoup en suisse-romande. Vous êtes également chroniqueuse pour le site internet « En vert (V-E-R-T) et contre tout ». Pour celles et ceux qui ne connaissent pas, on devine aisément : on passe le mois de février sans aller acheter des choses au supermarché, c'est ça ?
– Alors oui, c'est ça […] Le problème des supermarchés, c'est que, ils mettent en avant les produits locaux mais il y a toujours les problèmes de suremballage, les problèmes de politique des prix, et, euh, au final, quand on fait ses courses au supermarché, on donne surtout de l'argent à des dirigeants et à du marketing, euh, alors que quand on va dans des commerces locaux, des épiceries ou au marché, on paie le juste prix au producteur et puis, on donne de l'argent à des familles, des employés, etc.
– […] Ça veut dire quoi quand on crée l'opération « Février sans supermarché » ? C'est-à-dire qu'on ait besoin de dire aux gens : « Hey regardez, vous avez des petits commerces à côté de chez vous qui sont bien aussi ! » ça dit quoi sur l'état de notre monde ?
– Ben, on est vraiment dans une société qui est super capitaliste et puis, euh … Et puis consommatrice, donc, je pense que les gens ont l'impression que, ben, dans les supermarchés, c'est super facile, on a tout à disposition, il y a tout qui est bien, etc. Et ils oublient un petit peu qu'il y a des petits commerces et que ces petits commerces, bah ils doivent aussi se faire des sous. Et puis, eux, ils mettent vraiment en avant les producteurs locaux, etc.
– Est-ce que vous-même, de temps en temps, vous allez faire les commis au supermarché ? Pas forcément en février, n'importe quand, ou est-ce que vraiment, vraiment, très sincèrement, je vous demande très sincèrement parce que c'est quand même bien pratique, un supermarché, on ne va pas se mentir.
– Alors, ça m'arrive pour deux-trois produits mais c'est vraiment rare parce que j'ai un magasin en vrac assez près de chez moi. J'y travaille aussi comme étudiante. Et puis, sinon, je fais mes courses au marché. Et, euh, même pour les personnes, par exemple, qui diraient « aller au marché, c'est trop difficile, j'ai pas le temps », maintenant il y a beaucoup de petits paysans qui font des systèmes de panier qui sont livrés à domicile. Donc, il y a vraiment de plus en plus de systèmes qui se mettent en place pour favoriser, euh… le commerce de proximité et direct.

Radio Lac

▶ **43 Activité 9** .... p. 67

Vous êtes également chroniqueuse.
On va dans des commerces locaux, des épiceries. On donne de l'argent à des familles, des employés.
Est-ce que vous-même, de temps en temps, vous allez faire les commis au supermarché ?
Il y a vraiment de plus en plus de systèmes.

▶ **44 Document 2** .... p. 68

– Le social lab, à présent, bonjour Valère Corréard.
– Bonjour, Éric.
– On rappelle que vous êtes le directeur de la rédaction du pur player ID, ID pour Info Durable. Eh bien, cette semaine, on va parler d'une association qui transforme les déchets en œuvre d'art.
– Oui, son nom, c'est La Réserve des arts, son crédo, Éric : l'écologie est une révolution culturelle. Et leur idée est que les professionnels du secteur culturel peuvent jouer un rôle pour une consommation plus responsable à l'échelle collective. La Réserve des arts propose, donc, une palette d'outils hein, et de services pour les professionnels du secteur culturel avec cet objectif : réduire les déchets.
– Et des déchets en œuvres d'art, dans les faits, ça donne quoi ?
– D'abord un entrepôt à Pantin, en région parisienne, et une boutique dans le 14e arrondissement de Paris. Sur place, c'est un lieu de vente, et c'est fait hein, à bas prix de matériaux et d'objets destinés à des artistes ou des entreprises culturelles qui vont pouvoir les utiliser pour leur création artistique. On trouve donc sur place du bois, du fer, du plastique, des vieilles chaises d'écoles ou encore des caisses qui servent à l'origine à transporter des œuvres d'art et même des objets décoratifs comme des vases… leur point commun : tout devait être jeté.
– Et d'où viennent tous ces matériaux ?
– Alors, ils viennent généralement de l'industrie du luxe, de l'événementiel, de musées ou encore d'écoles d'art. Et, une fois collectés, les déchets font l'objet d'un inventaire, ils sont pesés, mesurés, comptés, photographiés. Objectif : eh bien, les mettre en ligne sur le site internet de l'association, de la manière la plus présentable possible. Même objectif dans les locaux de l'association […]
– Des déchets pour les œuvres d'art. Est-ce qu'au final, les résultats sont au rendez-vous ?
– Oui, les chiffres parlent d'eux-mêmes…la réserve des arts ce sont 4500 adhérents créateurs, 10 permanents, 60 métiers représentés et, en 2017, Éric, 140 tonnes de déchets collectés et, même un peu plus, redistribués… Sur la collecte des déchets d'ailleurs, les professionnels qui contactent l'association ne seraient pas insensibles à la démarche artistique. C'est ce que nous a expliqué Sandrine Andreini. Elle est directrice de l'association.
– Les structures qui nous appellent pour que l'on aille collecter chez elles, elles apprécient tout particulièrement de savoir que leurs déchets vont trouver une issue auprès de la culture parce que ils sont fiers de pouvoir soutenir la culture à travers nous.
– Et ce qui est aussi intéressant dans cette articulation déchets/création artistique, c'est l'apport des artistes à la démarche, créer à partir d'un matériau destiné à être jeté, ce serait même motivant. Sandrine Andreini
– Une vraie clé du succès de La Réserve des arts, c'est d'avoir parié sur les pros de la création parce que c'est eux qui ont les compétences, le savoir-faire mais aussi parce qu'ils sont… titillés par l'idée de se dire « tiens, mais qu'est-ce que je vais bien pouvoir faire de ce truc-là ? ». Ce qui est beaucoup plus un challenge pour du grand public, un professionnel de la création, ça l'émoustille, c'est vraiment quelque chose qui…euh le fait rêver. Et on voit effectivement les étoiles dans les yeux des gens qui viennent se fournir en matériaux ici.
– Si vous êtes donc peintre, plasticien, sculpteur, designer, photographe…bref que vous êtes un artiste et sensible à l'écologie, eh bien vous pouvez aller jeter un œil sur le site LaReservedesarts.org et puis notez aussi que si l'entreprise dans laquelle vous travaillez peut-être intéressée par cette démarche autour des déchets, l'association propose des ateliers de sensibilisation, avec à la clé peut-être, une œuvre collective fabriquée à partir de vos déchets professionnels.

France Inter

▶ **45 Activité 5** .... p. 68

a. en œuvre d'art – en région parisienne
b. un entrepôt – un lieu de vente
c. des objets décoratifs – des vases

▶ **46 La Fabrique des sons** .... p. 70

vous êtes – vous gérez
en œuvre d'art – en région parisienne
un entrepôt – un lieu de vente
des objets décoratifs – des vases

▶ **47 La Fabrique des sons, Appliquez**
.... p. 70

de plus en plus de temps
en plus de ça

▶ **48 Au quotidien** .... p. 71

« Changeons le système, pas le climat ! » Voici comment a commencé, il y a quelques semaines, l'appel à manifester en faveur de l'environnement. Dans les rues, des jeunes avec des messages forts et des envies de changement. Pour

Transcriptions

eux, il est encore temps d'agir. Cela fait, en effet, quelques dizaines d'années que le pessimisme s'est installé : la planète va mal ; elle va de plus en plus mal et, de toute façon, il sera bientôt trop tard ! Mais pas question pour la nouvelle génération de se laisser abattre…l'optimisme fait plaisir à entendre !

▶ **49 Activité 2.c.** .... p. 72

Ça me plaît beaucoup et ça me ressource.
Il y avait un ancien lac.
Pour les clients au marché.
Pour justement pallier au froid ou au gel

▶ **50 La Fabrique des sons** .... p. 74

Ça me plaît beaucoup et ça me ressource.
Il y avait un ancien lac.
Pour les clients au marché.
Pour justement pallier au froid ou au gel

▶ **52 Les pronoms relatifs, Activité 1** .... p. 79

Je viens de découvrir un lieu fantastique qui s'appelle la Ressourcerie. C'est un endroit qui collecte les objets dont les gens souhaiteraient se débarrasser. Depuis sa création, la Ressourcerie emploie 40 personnes dont 33 en situation de réinsertion professionnelle. C'est un lieu où il est facile de trouver ce que l'on cherche, un lieu que je recommande vivement à tous ceux qui veulent acheter des produits de seconde main à des prix très bas.

▶ **53 La liaison obligatoire, Activité 1** .... p. 79

a. Cette association propose des outils innovants.
b. Ces entreprises proposent des services intéressants.
c. Les structures apprécient ce concept.
d. Elles aiment beaucoup ce concept.

▶ **54 La liaison interdite, Activité 2** .... p. 79

a. des initiatives écologiques
b. des emballages écologiques
c. un événement culturel
d. un objet décoratif

Unité 5

▶ **55 Activité 8.a.** .... p. 83

T'imagines, un astronaute aveugle à cause de miettes de pain ?

▶ **56 Activité 8.b.** .... p. 83

Basket avec Michael Jordan ou un duo saxo avec Maceo Parker ?

▶ **57 Document 2** .... p. 84

– Bonjour, je m'appelle Eva. Je voudrais juste savoir : « Mais pourquoi est-ce que les enfants posent autant de questions ? ».
– Les enfants posent beaucoup de questions, euh, surtout du point de vue des parents ou des adultes, en général, parce qu'ils ont repéré, comme les adultes eux-mêmes, que c'est un bon moyen pour avoir des réponses. Et des réponses sur…eh tous les éléments importants de, de la vie, de la vie physique, des phénomènes physiques mais des phénomènes mentaux aussi. Et avant de poser des questions avec des mots, les enfants les posent par geste. Ça commence très tôt, ça commence avant la fin de la première année. Le premier type de question posé par un enfant, c'est ce geste-là, qu'on appelle le geste de pointage. Lorsque l'enfant pointe du doigt vers un objet pour dire : « C'est quoi, ça ? » ou « Pourquoi il est là ? » ou « Pourquoi il est comme ça ? » ou « À quoi ça sert ? ». C'est l'adulte qui interprète et, euh, il va continuer à poser des questions sous des formes diverses avec ses possibilités langagières selon son âge avant de poser les fameux « pourquoi », euh, vers deux ans et demi, trois ans. Donc, il va s'y prendre de toutes les manières possibles pour poser des questions. Il peut poser souvent les mêmes et ça, ça peut être un peu crispant pour les parents mais il faut répondre parce que tant qu'il repose la question, c'est qu'il cherche à mieux comprendre. Donc, on peut exprimer autrement la réponse qu'on a déjà donnée pour l'aider à faire le tour d'une…euh question. Et puis, il pose aussi des questions quelques fois pour savoir si l'adulte sait les mêmes choses que lui, euh, ce qui est une bonne façon de développer sa représentation des pensées d'autrui : autrui désire des choses différentes, pense des choses différentes, sait des choses différentes ou croit des choses… euh différentes. Voilà, donc, c'est vraiment important de répondre aux questions des enfants même si, quelquefois, ça paraît un peu lassant, parce que ça permet d'entretenir leur curiosité, leur soif de savoir… euh et, pourquoi pas, qu'ils deviennent eux-mêmes des chercheurs pour trouver les réponses à des questions qu'ils vont continuer à se poser longtemps, du moins, c'est ce qu'il faut souhaiter.

France culture

▶ **58 Activité 5** .... p. 84

Mais pourquoi est-ce que les enfants posent autant de questions ?
C'est quoi, ça ?
Pourquoi il est là ?
Pourquoi il est comme ça ?
À quoi ça sert ?

▶ **59 La Fabrique des sons** .... p. 86

T'imagines un astronaute aveugle à cause de miettes de pain ?
Pourquoi il est comme ça ?
À quoi ça sert ?
Basket avec Michael Jordan ou un duo saxo avec Maceo Parker ?

▶ **60 Au quotidien** .... p. 87

1) – Pourquoi tu fais cette tête ?
– J'ai eu un petit accident avec ta voiture. Elle est chez le garagiste. Je suis vraiment désolé.
– Non mais tu déconnes ?
2) – On m'informe que vous n'êtes pas venu travailler lundi dernier et que vous avez quitté votre poste à 16 h, hier, au lieu de 18 h. Ça me surprend de votre part. Tout se passe bien ?
3) – Ils arrivent seulement dans deux heures !
– Arrête de me raconter des salades !
– Je te jure… elle vient d'envoyer un texto.

▶ **61 Document 3** .... p. 89

Montignac. Vallée de la Vézère en Dordogne. C'est la guerre, et comme dans tous les pays du monde, malgré la guerre, les gamins s'amusent et tant mieux ! Ce 8 septembre 1940, Marcel Ravidat se balade et joue avec ses copains, Jean, Marcel et Louis.
Robot, le chien de Marcel se met à poursuivre un lapin, il est aussitôt suivi par les gosses. Le lapin se réfugie dans un trou. Marcel fait tout pour l'attraper, il fouille sous un arbre déraciné, là où il a vu le lapin. Et c'est à cet endroit qu'il découvre une grande cavité. On n'est pas très loin d'un château, celui de Lascaux, le nom de ce lieu-dit. Alors, les enfants se disent qu'ils ont peut-être trouvé là l'aboutissement des légendaires tunnels du vieux château.
Ils reviennent quelques jours plus tard, un jeudi, qui est le jour où il n'y a pas d'école. Il y a toujours Marcel. Il est avec Georges, Jacques et Simon. Cette fois ils sont bien décidés à explorer ce qu'ils appellent le tunnel. Ils ont des couteaux et une lampe à huile. Et ils s'engouffrent en élargissant la brèche. Et, plutôt qu'un tunnel, ils découvrent une grotte. Mais ça n'est pas le plus intéressant. Non. Ce qui est incroyable, c'est ce qu'il y a sur les murs. Partout, il y a des peintures. Magnifiques. On reconnaît une sorte d'éléphant, du gibier, des chasseurs avec des lances. Extraordinaire endroit. Les enfants parlent de leur découverte à leur ancien instituteur mais l'homme ne les croit pas, et pour tout dire il répugne à s'engager dans un trou bizarre.
C'est plus tard qu'un homme nommé Maurice Thaon entend parler de la découverte des enfants et décide d'y aller voir de plus près. Il ramène les premiers croquis. Il les montre à un homme qui s'appelle l'Abbé Breuil, c'est un des éminents historiens spécialisés dans la Préhistoire. Et l'abbé hallucine. Ce que les gamins de Montignac ont découvert, c'est un véritable trésor. On voit des scènes de chasses, des animaux qu'on n'imaginait à peine en France, les mammouths par exemple, mais aussi des félins. Et surtout, elles sont si fraîches, ces peintures, qu'on les croirait faites hier. Lascaux est depuis devenu l'un des plus grands sites touristiques de France. À tel point qu'on a dû construire des copies de la grotte pour la protéger. Ces copies racontent aux touristes d'aujourd'hui une histoire vieille de 20 000 ans qu'on croirait pourtant avoir été peinte hier. Peut-être avant-hier.

France Bleu

▶ **62 Activité 7.a** .... p. 89

Ce qui est incroyable, c'est ce qu'il y a sur les murs.
Ce que les gamins de Montignac ont découvert, c'est un véritable trésor.

▶ **63 Activité 7.b** .... p. 89

Ce qui est incroyable, c'est ce qu'il y a sur les murs.
Partout, il y a des peintures. Magnifiques.
Ce que les gamins de Montignac ont découvert, c'est un véritable trésor.

OUTILS DE LA CLASSE

▶ **64 La fabrique des sons** .... p. 90

Ce qui est incroyable, c'est ce qu'il y a sur les murs.
Partout, il y a des peintures. Magnifiques.
C'est un véritable trésor.

▶ **66 La mise en relief, Activité 1** .... p. 95

a. Ce qui est important dans l'histoire, c'est de se souvenir pour ne pas refaire les mêmes erreurs.
b. Ce dont je veux te parler, c'est de ma passion pour l'histoire de France!
c. Ce que je déteste, c'est apprendre par cœur sans comprendre!

▶ **67 La phrase interrogative, Activité 1** .... p. 95

a. Tu préfères la mer ou l'espace?
b. Tu aimes les défis?
c. Est-ce que tu aimes voyager?
d. Tu es plutôt curieux ou courageux?

▶ **68 L'accent d'insistance, Activité 2** .... p. 95

a. C'est génial!
b. C'est hallucinant!
c. C'est formidable!
d. C'est extraordinaire!

Unité 6

▶ **69 Document 3** .... p. 99

Bonjour! Bienvenue, installez-vous pour les Haut-Parleurs.
Voici les nouvelles d'ailleurs.
Notre continent est hyperconnecté
Malgré sa population souvent pauvre ou illettrée
Rien qu'en Afrique occidentale 172 millions
D'abonnés pour une population totale de 300 millions
Le Sénégal compte environ 8 millions d'internautes
Dont 2 millions cinq cent mille déjà actifs sur Facebook
Les réseaux sociaux ont donc fini de tisser leur toile
Du bureau à la maison jusque dans les cours d'école
L'Afrique est de plain-pied dans la révolution numérique
S'adaptant aux évolutions digitales et analogiques
Mais devons-nous obéir aveuglément à des algorithmes?
Et les laisser nous dicter leur logique?
La tête baissée, les yeux fixés sur l'écran
Le cerveau éteint hypnotisé par le cadran
Le téléphone portable a rendu les gens si dépendants
Que même au milieu de la foule ils vivent dans l'isolement [...]
Une génération de zombies droguée aux buzz et aux trolls
Qui colporte les « on-dit »
Qui se nourrit de hashtags
Se glorifient de selfies
Génération de « m'as-tu-vu » ou « as-tu vu ce que j'ai vu »
Et qui expose toute sa vie
Naviguant au hasard et s'intéressant à peu de choses
La consommation abusive de métadonnées à forte dose
Peut rendre taciturne, inattentif, d'humeur morose

Cette addiction peut entrainer la dépression ou la névrose
Mais la tablette n'est pas toute noire, y a des éclaircies d'espoir
Même si de nos jours rester deux jours sans téléphone est un exploit
On peut s'en désintoxiquer, relever la tête,
Montrer au smartphone que c'est pas lui le maître

Xuman, Les Hauts parleurs

▶ **70 Document 3** .... p. 101

Et dans *Le pourquoi du comment*, Isabelle, on s'intéresse à la télévision ce matin. Car le premier journal télévisé français a été diffusé le 29 juin 1949, il y a soixante-dix ans. Un JT qui a mis du temps à prendre sa forme moderne. Thierry Bouland.
Ce premier journal, lancé par Pierre Sabbagh, n'avait pas de présentateur. Il était diffusé à 21h sous la forme d'un reportage sonorisé et commenté en direct [...] Il faut attendre 1954 et l'arrivée de caméras sonores pour que la forme change. Désormais, des présentateurs apparaissent à l'écran et le journal est diffusé à 20h. *Mesdames, Mesdemoiselles, Messieurs, bonsoir!*
Ce n'est qu'en 1971 que le concept de présentateur-vedette, venu des États-Unis, est appliqué chez nous [...] Joseph Pasteur raconte alors ce qui se passe dans le monde avec un prompteur, en regardant le téléspectateur les yeux dans les yeux. Alors, la forme de ce JT a évolué, mais, ce qui a marqué les téléspectateurs, ce sont surtout les images. Le 2 juin 1953, la télévision gagne ses lettres de noblesse en diffusant en Eurovision le couronnement d'Elisabeth II [...] Dans les années 1970, les présentateurs s'imposent [...] L'information est désormais incarnée par un homme et un style [...]
Et 70 ans après sa création, le JT, Thierry, a-t-il encore un avenir?
On peut se poser la question avec l'avènement des réseaux sociaux, le développement aussi des chaînes d'info. *Bienvenue aux nouveaux téléspectateurs de LCI*. Des évolutions qui modifient surtout la manière de traiter l'actualité. Le rythme s'accélère. Cette frénésie n'a pas encore eu raison des journaux télévisés: ils restent suivis, le soir, par plus de 15 millions de téléspectateurs, en moyenne.

France Bleu

▶ **71 Activité 8** .... p. 101

Le journal est diffusé à 20 heures.
Mesdames, Mesdemoiselles, Messieurs, bonsoir!

▶ **72 La Fabrique des sons** .... p. 102

Le journal est diffusé à 20 heures.
Mesdames, Mesdemoiselles, Messieurs, bonsoir!

▶ **73 Au quotidien** .... p. 103

– Coucou! Alors, quoi de neuf?
– Ben, rien de spécial...
– Quoi?! T'as pas entendu ce qui s'est passé?
– Non, pas vraiment...
– Écoute, tu vas pas le croire! J'ai lu ça ce matin. Apparemment, ils ont découvert de la vie dans l'espace!

– Non, mais ça va pas bien, toi... T'es pas au courant? C'est passé aux infos ce matin!
– Ben, quoi?
– C'est le premier avril, aujourd'hui!

▶ **74 Activité 7** .... p. 105

La lecture, c'est apprendre avec de l'intelligence!
Il faut que l'accès à la culture soit également pour tous!

▶ **75 La Fabrique des sons** .... p. 106

La lecture, c'est apprendre avec de l'intelligence!
La lecture, c'est apprendre avec de l'intelligence!
La lecture, c'est apprendre avec de l'intelligence?

▶ **77 La phrase déclarative et la phrase exclamative** .... p. 111

Bonsoir.
Bonsoir!

▶ **78 La phrase déclarative et la phrase exclamative, Activité 1** .... p. 111

a. Il dit bonsoir.
b. Il dit: « Bonjour! »

▶ **79 La phrase interrogative et la phrase exclamative** .... p. 111

C'est bien?
C'est bien!

▶ **80 La phrase interrogative et la phrase exclamative, Activité 2** .... p. 111

a. C'était chouette?
b. C'était nul!

Unité 7

▶ **81 Document 2** .... p. 114

Et le robot-facteur du futur ressemblera sans doute un peu à son ancêtre Hector, qui sillonne déjà, aujourd'hui, les trottoirs de plusieurs villes de France.
Et oui, depuis quelques semaines, Hector, sorte de grosse armoire sur roues, est le robot des facteurs. Il les suit de manière autonome pour porter leurs paquets. En Chine, en périphérie de Pékin, il y a des petits cousins d'Hector, fabriqués par la société Zhen Robotics, qui ressemblent, eux, à de grosses glacières de camping sur roulettes et qui circulent entièrement seuls, de manière autonome, comme une voiture autonome, pour livrer les colis. Alors tout ça n'est pas de la science-fiction, on va voir de plus en plus de robots de livraison dans les rues, dans les gares ou même dans les supermarchés, dans les années à venir car toutes les sociétés de livraison y réfléchissent, Amazon, Fedex, etc. Selon une étude McKinsey, en 2025, plus de 50 millions de colis seront livrés quotidiennement par des véhicules autonomes. Le problème, c'est que les robots-livreurs d'aujourd'hui ne savent pas monter l'escalier, ni prendre l'ascenseur, et non. Le destinataire doit donc récupérer lui-même sa livraison sur le trottoir après avoir déverrouillé la porte du robot avec son smartphone.
Mais dans le futur, tout cela va changer. Imaginez une camionnette autonome qui s'arrête devant chez vous, la porte arrière qui s'ouvre et là un robot humanoïde qui

Transcriptions

en sort avec ses deux bras articulés. Il porte soigneusement votre colis, il sait éviter les obstacles sur son chemin, il sonne à la porte et il vous le remet en mains propres. C'est ce que prépare, par exemple, le constructeur Ford avec son robot, qui s'appelle Digit. En Allemagne, la marque Continental, réfléchit, elle, à des chiens livreurs, des chiens robots-livreurs qui seraient transportés par minibus jusque dans un quartier puis, ensuite, qui iraient distribuer les colis dans les immeubles. Les robots-livreurs que l'on va voir arriver au cours des années 20, 2020 hein, sont gentils comme tout. Ils roulent tout doucement sur les trottoirs, ils savent éviter les obstacles, ils laissent passer les piétons. Mais on peut quand même se poser la question : « Que se passera-t-il, demain, si les villes sont envahies par ces robots livreurs ? ». Quand on voit le sort que certains aujourd'hui font subir aux trottinettes parce qu'elles les dérangent, on imagine le pire évidemment pour les robots. L'alternative, ce sera donc peut-être la livraison par drone. Demain, votre commande arrivera peut-être sur le toit de votre immeuble, sera très délicatement déposée dans un espace de livraison prévu à cet effet. Et le drone poursuivra sa tournée au-dessus des immeubles et des villas.

France Info

▶ **82 Activité 4.c** .... p. 114

un robot humanoïde
les villes sont envahies

▶ **83 La Fabrique des sons** .... p. 118

un robot humanoïde
les villes sont envahies

▶ **84 Au quotidien** .... p. 119

1)
– Il t'a répondu depuis votre premier rendez-vous ?
– Non, mais il veut déjà partir avec moi en vacances.
– Si j'étais toi, je me méfierais !
2)
– Si je travaille dur, que je fais plus de sport, que je mange moins et que j'arrête de fumer, je terminerai ce marathon.
– Arrête de rêver !
3)
– Maintenant il n'y a plus qu'à assembler toutes ces pièces ensemble et le tour est joué.
– C'est beaucoup plus facile à dire qu'à faire. J'essaie depuis un mois maintenant !
4)
– Un jour je suis sûr qu'on arrivera à communiquer par la pensée.
– Ce n'est pas prêt d'arriver ! En tout cas, moi, je ne crois que ce que je vois.

▶ **85 Document 3** .... p. 121

– Bonjour Arnaud Gilberton.
– Bonjour.
– Vous avez fondé le cabinet Idoco et vous êtes directeur pédagogique à l'ESSEC, école de commerce bien connue, vous mettez le doigt sur une nouvelle tendance, dans certaines entreprises en pointe, ce que vous appelez le low-tech, qu'est-ce que c'est ?
– Le courant low-tech aujourd'hui, c'est un courant de modération et d'usage raisonné des outils digitaux. Ce qu'on a observé ces dernières années dans le monde de l'entreprise, c'est une multiplication des outils digitaux et aujourd'hui pour un salarié, que ce soit pour partager de l'information, échanger avec ses collègues mais aussi se former, de plus en plus d'actes passent par le digital. Et le mouvement des low-tech c'est un mouvement justement visant à contrebalancer un peu cette tendance pour revenir à des échanges en temps réel et des échanges non connectés.
– Comment ça se passe concrètement dans les entreprises qui sont en pointe sur ce mouvement ?
– Il y a deux types de stratégies, hein. Les premières stratégies sont des stratégies dites un peu défensives qui consistent à limiter tout simplement l'envoi des mails ou bien à interdire l'accès aux mails après une certaine heure de travail, à limiter aussi l'accès aux outils digitaux, avec des temps de connexion limités, mais au-delà de ces approches, on voit aussi aujourd'hui des approches un peu plus créatives on va dire, qui consistent à créer des espaces et des temps de travail non connectés, donc des réunions dans lesquelles il y a interdiction de se connecter, d'utiliser des outils digitaux et puis des temps de travail qui vont revaloriser le papier, le crayon, l'écrit voire le dessin, avec des temps de proximité entre les salariés.
– Ce low-tech, c'est une tendance qui frappe justement plutôt les entreprises du numérique, les entreprises les plus en pointe ou les entreprises traditionnelles ?
– Aujourd'hui c'est une tendance qui est plutôt présente dans les entreprises du numérique, et c'est une tendance qu'on a notamment vu émerger en Californie dans des startups, dans des environnements qui sont extrêmement digitalisés, justement des environnements où on voit, j'allais dire, les méfaits ou les problèmes que peuvent poser l'hyperconnexion pour les salariés, avec une augmentation de la charge mentale des salariés, et donc c'est plutôt aujourd'hui dans les entreprises numériques, mais je pense que c'est une tendance qui, ces prochaines années, va certainement impacter des secteurs plus traditionnels.
– Vous parlez des tendances néfastes du trop-plein de connexion, quels sont-ils, vous avez évoqué la charge mentale, mais finalement ça vient au détriment de la créativité, de la productivité des salariés ?
– Tout à fait. Vous savez aujourd'hui on parle beaucoup des effets négatifs des écrans pour les enfants, et les psychologues s'accordent à dire que des enfants qui sont trop soumis aux écrans ont des troubles de l'apprentissage, de la concentration, voire des difficultés de sommeil. En fait pour les adultes c'est exactement la même chose et on voit des salariés aujourd'hui qui ont du mal à se concentrer, parce qu'ils sont en permanence dérangés par des notifications, par des mails. Donc c'est des difficultés de concentration, c'est des difficultés parfois d'apprentissage et il y a beaucoup de salariées qui aujourd'hui se plaignent de cette charge mentale, il y a une étude récente qui nous citait comme chiffre un tiers des salariés qui se sent surchargé par l'information sur le lieu de travail, donc l'enjeu c'est de revenir justement à des temps de calme, de sérénité, propices à la concentration et propices à la créativité.

France TV info

▶ **86 Activité 10** .... p. 121

Pour partager de l'information, échanger avec ses collègues
Des environnements où on voit, j'allais dire, les méfaits ou les problèmes

▶ **87 La Fabrique des sons** .... p. 122

Pour partager de l'information, échanger avec ses collègues
Des environnements où on voit, j'allais dire, les méfaits ou les problèmes

▶ **89 L'enchaînement vocalique** p. 127

trahison – coopération – créativité

▶ **90 L'enchaînement vocalique, Activité 2** .... p. 127

a. Ils sont accros aux écrans.
b. C'est une étude récente.
c. Des salariés en difficulté.
d. Des outils digitaux et numériques.

Unité 8

▶ **91 Document 2** .... p. 132

– Il s'appelle Olivier Archambeau. Il a fait de sa passion, les voyages, son métier. Ce géographe est un explorateur dans l'âme, Éric. Il pense qu'il n'y a qu'en voyageant que l'on peut connaître la géographie. Olivier Archambeau, géographe-voyageur, donc, est aussi le président de la société des explorateurs français qui vient de fêter ses 80 ans […]
– Depuis 1937, depuis la création de cette société des explorateurs français par quelques noms très connus de l'aventure de notre pays, comme Paul-Émile Victor, comme Jacques-Yves Cousteau, comme le commandant Charcot et d'autres, les choses ont à la fois changé et évolué parce qu'il y a des périodes où des aventuriers scientifiques ou non ont fait des exploits solitaires mais ce qui rapproche le plus peut-être l'ensemble de l'histoire de cette société, c'est que c'est une affaire d'équipe entre science, recherche et exploration.
– Car la science a toujours besoin d'explorateurs.
– Bien évidemment ! Et de plus en plus, je dirais, puisque quel que soit le milieu, l'air, la mer, la terre, la forêt, le désert, on a besoin de lier les gens qui sont spécialistes des milieux eux-mêmes, des milieux difficiles, et puis des scientifiques purs et durs qui, eux, s'approprient ces terrains. […]
– On n'a pas tout exploré ?
– Loin de là ! Puisque les abysses, l'espace, les nouvelles planètes que l'on découvre et même l'infiniment petit, en forêt ou dans le désert, il y a encore des milliers et des milliers d'aventures à réaliser.
– En ce moment-même, des dizaines

OUTILS DE LA CLASSE

d'explorateurs scientifiques sont sur le terrain.
– Oui, plein d'exemples. Laurent Ballesta, par exemple, qui nage au milieu de plus de six cents requins et qui va photographier, avec des nouvelles technologies, des mouvements extrêmement précis de ces requins avec mille clichés par seconde ce qui permet, d'un point de vue scientifique, de décortiquer la stratégie d'attaque de ces grands monstres marins, stratégie collective ou individuelle, c'est toute la question !

France Inter

▶ 92 **Activité 3.c** .... p. 132

Il s'appelle Olivier Archambeau.
Ce géographe est un explorateur.
Des scientifiques purs et durs.

▶ 93 **La Fabrique des sons** .... p. 134

Il s'appelle Olivier Archambeau.
Ce géographe est un explorateur.
Des scientifiques purs et durs.

▶ 94 **La Fabrique des sons, Appliquez**
.... p. 134

La science, la recherche et l'exploration.
Dans le désert ou dans la forêt.

▶ 95 **Au quotidien** p. 135

1)
– Et si, nous aussi, on se lançait ? On pourrait faire un tour du monde ?
– T'es pas sérieux ? Et les enfants, alors ?
– Quoi, les enfants ? Ils viendraient avec nous, bien entendu.
– Et l'école ?
– On la fera à la maison. On pourrait partir six mois. Imagine ! …
– Je ne sais pas.
– Allez, laisse-toi tenter ! Je suis sûr que cela nous ferait du bien.
– Tu as sans doute raison.

2)
– J'ai envie de faire un saut à l'élastique. Je n'ai jamais essayé et ça me tente depuis tellement longtemps. Ça te dirait de le faire ensemble ?
– Je ne sais pas si j'oserais. C'est un peu risqué, non ?
– Mais non…ce n'est pas plus dangereux qu'un autre sport
– Et si la corde lâche ?
– Il y a des normes de sécurité et elles sont appliquées, tu sais !
– Oui, c'est sûr. Bon, alors, pourquoi pas mais l'été prochain, ok ?

▶ 96 **Document 2** .... p. 136

Ce qui me terrifie le plus, en avion, ce sont les sons.
Ça commence dès l'aéroport. Quand je passe les contrôles, j'ai des sueurs froides et des bouffées de chaleur. Attacher ma ceinture, c'est presque impossible tellement mes mains tremblent.
Le pire, c'est la chasse d'eau des toilettes ! J'ai l'impression qu'une force inconnue cherche à m'aspirer hors de l'appareil pour me jeter dans le vide. J'en suis arrivée à un point où même le mode essorage de ma machine à laver me rappelle un réacteur d'Airbus lancé à pleine vitesse. Fin du programme essorage. Je suis atteinte d'une drôle de maladie contemporaine : j'ai peur en avion mais j'ai vraiment TRÈS peur en avion. […]
Et puis, je suis tombée sur Adrien. Adrien, c'est un type assez sportif, plutôt casse-cou. Lui, c'est sûr qu'il avait peur de rien. Mais quand il m'a expliqué qu'il avait fait Marseille-Prague en bus en tout de même quarante heures – *« ben je sais pas, c'est quand même plus sympa de profiter du paysage »* – qu'il s'était rendu à Tanger en covoiturage – *« non, c'était que 19 heures »* – j'ai commencé à me méfier – *« ça passe vite, euh, 19 heures »* – ça faisait quatre ans qu'il n'était pas monté dans un avion et la dernière fois qu'il l'a pris, il a avalé tellement de Lexomil qu'il n'a pas dormi pendant trois jours. *« J'ai du mal à faire confiance aux pilotes, à tous les, euh aux personnes qui gèrent l'avion. Je pense que c'est des gros imposteurs et je ne peux pas leur faire confiance. »* Pour la première fois, je côtoyais de très près, un autre, aérodromophobe, un miroir vivant de ma propre névrose. […]
Malgré toute ma bonne volonté, je suis toujours aérodromophobe.
– *Je suis très contente de t'avoir rencontré.*
– *Arrête, je veux pas entendre ça.*
– *Si on meurt, c'est pas grave !*
– *Ils sont où les sacs à vomir ?*
Mais ce que ce podcast a changé pour moi, c'est que maintenant je sais que j'ai raison d'avoir peur en avion. J'ai même décidé d'essayer de ne plus jamais le prendre de ma vie. Et ça n'a rien à voir avec le fait que *« c'est le moyen de transport le plus sûr au monde »*. C'est justement parce que j'ai réalisé que c'est le moyen de transport le plus dangereux au monde, le plus dangereux pour la planète. Alors, la prochaine fois que vous vous moquerez de quelqu'un qui a peur en avion, retenez bien ça : les aérodromophobes sont des pionniers. Nous sauverons le monde !

Arte Radio

▶ 97 **Activité 2.d** .... p. 136

Une rencontre importante
Prendre un train

▶ 98 **La Fabrique des sons** .... p. 138

Une rencontre importante
Prendre un train

▶ 99 **La Fabrique des sons, Appliquez**
.... p. 138

Je tremble en avion !
C'est ma propre angoisse.

▶ 101 **Subjonctif présent, Activité 1**
.... p. 143

a. Je suis tellement contente de t'avoir revue !
b. Elle a peur que l'avion s'écrase !
c. Ma mère est ravie que mon père fasse du ski avec nous cette année.
d. Leurs enfants sont déçus de ne pas pouvoir rencontrer Christian Clot.
e. J'espère vraiment que tu viendras.

Unité 9

▶ 102 **Document 3** .... p. 149

– Ce sont dix chansons signées Ange, Djibi, Yanick ou Milana, des enfants et adolescents accueillis avec leurs parents dans un centre d'hébergement d'urgence, à Paris. Pendant un an et demi, l'auteur-compositeur Peggy Roland y a organisé pour eux bénévolement un atelier d'écriture musicale. C'est elle qui a eu l'idée, à la fermeture du centre en juin 2016, d'enregistrer leur texte pour en faire un album.
– En fait, c'était de garder une trace pour les enfants du travail qu'ils avaient fait. C'était aussi l'idée d'illustrer cette situation des enfants qui sont actuellement en centre d'hébergement d'urgence et montrer qu'il faut s'intéresser à eux, leur donner des portes de sortie. Ils ont énormément de choses à exprimer.
– Et ils ont notamment des rêves plein la tête. Ils en ont fait la matière de leur chanson. Ange venait à 15 ans d'arriver de Côte d'Ivoire pour rejoindre son père. Le centre, c'était sa première maison en France.
– Quand je suis arrivée dans le centre, je parlais à personne. J'étais la fille qui était renfermée sur elle-même mais en écrivant ces textes, ça me permet de me libérer. J'ai pu m'intégrer avec tout le monde.
– Un album, baptisé *Invisibles*, car ces enfants préfèrent généralement taire leur situation auprès de leurs camarades d'école. Djibi confirme. Cet adolescent, d'origine sénégalaise, a depuis été relogé avec sa mère à Paris mais il se souvient de ces mois passés au centre, après qu'il eut appelé le 115 et de la gêne ressentie.
– C'est vrai que je le disais pas et, en fait, je savais pas comment le dire parce que je ne me sentais pas comme les autres.
Pas de maison à nous
Des salles de bain communes
Les repas en barquette
Un lit double dans la même chambre
– Djibi, l'un des héros du documentaire des frères Zambeaux, *Un jour, ça ira*, sorti cette semaine. C'est à travers son regard, notamment, que se raconte le quotidien du centre d'hébergement, jusqu'à sa fermeture après un concert d'adieu.
– Ça m'a donné des forces d'être ici.
Peut-être que votre mère, elle travaille dans une entreprise.
La mienne, elle fait tout pour gagner des sous. Elle part tôt le matin. Elle rentre le soir, tard, pour nettoyer des bureaux. Je voudrais lui dire que je l'aime de tout mon cœur. […]
– *Où sont mes racines ?*
Mes racines sont dans un pays que je ne connais pas mais que ma mère connaît
J'en ai la famille, j'en ai la couleur
Et je porte, comme mes grigris le souvenir des famines que mon peuple a connues

Rfi

▶ 103 **Activité 7.b** .... p. 149

à la fermeture du centre en juin 2016
qui sont actuellement en centre d'hébergement

▶ 104 **La Fabrique des sons** .... p. 150

à la fermeture du centre en juin 2016
qui sont actuellement en centre d'hébergement

▶ 105 **La Fabrique des sons, Appliquez**
.... p. 150

Transcriptions

Elle est d'origine algérienne.
Je viens d'Italie et d'Espagne.

▶ **106 Au quotidien** .... p. 151

Contexte 1 : Nous sommes dans une classe. Un des élèves n'est pas concentré. Le professeur dit…
Contexte 2 : Nous sommes au milieu d'une réunion professionnelle. L'intervenant raconte une blague. Puis, il ajoute…
Contexte 3 : Nous sommes entre amis. La discussion porte sur l'actualité. Vous pensez au dîner de ce soir et aux courses que vous devez faire. On vous pose une question. Vous dites…
Contexte 4 : Nous sommes à une conférence. Une personne pose une question au conférencier. Cette question lui rappelle une expérience vécue. Il dit…

▶ **107 Document 2** .... p. 152

– De la Lune à la Terre, qui a mis le premier pas sur la Lune ? Tout le monde répondra Neil Amstrong. Eh bien, non, figurez-vous, le premier, c'est Tintin dont on fête cette année les 90 ans. Hergé a écrit ces deux albums bien avant le programme Apollo 11 et pour tout dire, le père de Tintin était visionnaire. Stéphane Cosme a interrogé Alain de Kuyssche, le fondateur du site Tintin.com.
– Le 30 mars 1950 paraît la première page de ce qui deviendra *Objectif Lune*, et *On a marché sur la lune* dans le journal Tintin, ça s'appelle « On a marché sur la Lune ». Ces deux albums sont probablement les deux plus gros succès de la saga d'Hergé. Hergé a évidemment de la documentation concernant les V2 mais il a surtout appris qu'il y a un professeur français qui s'appelle Alexandre Ananoff et qui a publié en 1950 un bouquin qui s'appelle « L'astronautique ». Le professeur Ananoff va le conseiller pour créer une maquette de la fusée spatiale. C'est donc un éclaté : il va se servir de cette maquette pour toutes les actions qui se passent dans la fusée. En 1950, c'est le sommet de la recherche et des spéculations sur les voyages dans l'espace.
– Eh bien, Messieurs, la grande aventure commence.
– Mille sabords, vous n'allez quand même pas me faire croire que nous sommes en route pour la Lune ?
– Oui, je sais, ça paraît incroyable. Jetez un coup d'œil dans ce périscope tromboscopique.
– Tonnerre de Brest !
– La Terre, notre bonne vieille Terre à bien plus de 10 000 km. Et bientôt, mes amis, nous marcherons sur la Lune !
– Il va s'inspirer aussi d'illustrations dans un bouquin qui est paru aux États-Unis. L'auteur c'est Chesley Bonestell qui, par la même occasion, va inspirer Stanley Kubrick, dans… des années plus tard, pour *2001, l'odyssée de l'espace*, notamment tout ce qui est les paysages lunaires. On ne voit jamais un extraterrestre dans Tintin.
– La Lune est déserte dans Tintin.
– La Lune est déserte. Hergé a du vraiment se retenir parce que tous ceux à qui il parlait de son scénario. Tous lui disaient :
« Ben, il faut à un certain moment, un monstre qui arrive parce que c'est le cinéma américain, quand même ». Et il résiste et je crois que c'est ça qui fait la force de cet album.
[passage en anglais]
– En 1969, lorsque le premier homme marche sur la Lune, Hergé réagit de deux façons : il est très heureux parce qu'Eddy Merckx gagne la première fois le Tour de France et en plus, il a vraiment l'impression de voir Tintin débarquer sur la Lune parce que c'est vraiment le rêve de sa jeunesse qui se réalise.
– Allô, ici Tintin. Je descends à présent les échelons de la fusée. Ça y est ! J'ai fait quelques pas. Vous avez réussi, professeur ! On a marché sur la Lune.

France Inter

▶ **108 Activité 2.d** .... p. 152

Eh bien, messieurs, la grande aventure commence !
Et bientôt, mes amis, nous marcherons sur la lune !

▶ **109 La Fabrique des sons** .... p. 154

Eh bien, messieurs, la grande aventure commence !
Et bientôt, mes amis, nous marcherons sur la lune !

▶ **110 La Fabrique des sons, Appliquez** .... p. 154

Alors, Anatole, tu as lu Tintin ?

▶ **112 Lexique, Activité 1** .... p. 158

a. Il a fui mon pays pour rejoindre sa famille.
b. Elle est entre deux cultures car elle est née de parents marocain et français.
c. Nous sommes tous en quête d'identité !
d. Il faut apprendre à laisser tomber les étiquettes !
e. Je me souviens du jour où je suis arrivé en centre d'accueil.

▶ **113 L'opposition et la concession, Activité 1** .... p. 159

– Je le trouve vraiment intelligent.
– Et moi, au contraire, je pense qu'il est stupide.
– Mais non, il n'est pas stupide bien qu'il fasse, de temps en temps, des choses stupides ! Il est peut-être tout simplement dans la lune ?
– Peut-être… alors que sa sœur est toujours attentive.
– C'est vrai, elle est très attentive. Toutefois, elle n'est pas très bavarde.

▶ **114 L'effacement** .... p. 159

Tu sais, ma chérie, tu devrais lire Tintin.

Unité 10

▶ **115 Document 3** .... p. 165

Bonjour, bienvenue, 7 milliards de voisins et de voisines. Nous parlons éducation comme chaque vendredi. Aujourd'hui, l'école à ciel ouvert.
– Derrière moi, là.
– On a construit des cabanes avec des… des branches des arbres. Et on a fait une maison avec.
– Toi, tu l'as construite aussi cette cabane ?
– Oui et on peut grimper.
– Et toi ça représente quoi la forêt pour toi ?
– La vie ! Il y a les plantes, il y a les arbres, et il y a aussi les animaux.
– Quand je regarde cette forêt pour moi c'est comme un monde d'arbre.
– C'est une pratique courante en Europe du Nord : faire la classe en dehors de la classe : dans une cour, dans un champ, en forêt ou au bord d'une rivière. Non pas pour se détendre mais pour apprendre. Du calcul avec des cailloux, de la géométrie en traçant des formes sur la terre, en utilisant des feuilles d'arbres. L'arrosage d'un jardin permet aussi de comprendre les volumes. Et toutes les études le disent : les enfants apprennent mieux quand ils sortent régulièrement de la salle de classe pour manipuler eux-mêmes. Alors, on va découvrir ces expériences avec Sarah Wauquiez qui est enseignante suisse. Elle forme aujourd'hui les enseignants à ces pédagogies. […]
– Euh, vous vous qualifiez de pédagogue par la nature. Qu'est-ce que ça veut dire exactement ?
– Ça veut dire beaucoup de choses. Donc, de formation de base, moi je suis enseignante primaire et psychologue et puis, je me suis formée par la pratique et par une formation continue en tant que pédagogue par la nature. Bon, moi je dirais que pédagogue par la nature, c'est une personne qui enseigne dans la nature, avec la nature et par la nature. La nature, elle est aussi l'enseignant. Et disons, l'objectif principal de la pédagogie par la nature, c'est, bah, qu'on essaye que le public avec lequel on travaille peut tisser un lien positif émotionnel avec la nature environnante. Et donc, on travaille avec des méthodes diverses et des approches différentes à la nature.
– Alors, qu'est-ce qu'on peut enseigner avec la nature ? On a tendance à dire, nous, que l'on peut enseigner uniquement les sciences naturelles ?
– Vous pouvez tout enseigner ! Ce que vous voulez ! Et puis, justement avec la publication *L'école à ciel ouvert* dont je suis auteure principale, mais qui était publiée par la fondation SILVIVA, on aimerait donner un outil très pratique aux enseignants pour enseigner toutes les matières dehors : les mathématiques comme l'anglais, comme le sport, comme la géographie et l'histoire.
– Mais très concrètement, comment on fait pour enseigner le « lire, écrire, compter » ? Compter, je veux bien avec des feuilles et des cailloux mais lire et écrire ?
– Bon, déjà, écrire, la nature, elle est très inspirante, donc, si vous imaginez faire une rédaction en salle de classe, c'est beaucoup plus difficile qu'à côté d'un ruisseau, ou d'un petit scarabée qui grimpe sur la mousse ou des champignons un peu étranges. Donc, ce qu'on a constaté, c'est, enfants comme adultes, ils peuvent se laisser inspirer par leur environnement pour écrire des poèmes, pour dessiner une BD, pour inventer des jeux de mots aussi… […]
– Et combien de temps tu passes dans la

OUTILS DE LA CLASSE

forêt avec l'école?
– Plusieurs fois par semaine.
– Et tu es en quelle classe?
– CM2.
– Et toi, tu es en quelle classe Radou?
– CE1 et, euh, j'ai 7 ans.
– Vous êtes frères et sœurs?
– Oui.
– Quand je regarde cette forêt, pour moi, c'est comme un monde d'arbres, là. J'aime bien quand je vois les écureuils, là, super gentils.
– Et tu préfères les moments dans la forêt ou les moments en classe?
– Les deux. Les deux, un peu plus dans la forêt parce qu'il y a de l'air et je peux… on faisait dans la forêt, on a fait des poèmes.
– Vous avez écrit des poèmes?
– Oui. Moi, sur la nature mais c'est en anglais.
– Et toi, tu avais écrit quoi? Tu te souviens du poème que tu as écrit?
– Euh… ah oui…

Rfi

▶ **116 Activité 7.b** .... p. 165

Et toi ça représente quoi la forêt pour toi?
Non pas pour se détendre, mais pour apprendre.
Il y a les plantes, il y a les arbres et il y a aussi les animaux.

▶ **117 La Fabrique des mots** .... p. 166

– Alors, Romane a choisi quoi finalement comme enseignement de spécialité pour le BAC?
– Je crois qu'elle va choisir arts et sciences de la vie et de la terre. Et Adèle?
– Le numérique et sciences de l'informatique bien sûr! Et puis aussi, langues vivantes anglais et allemand. Mais, finalement, elle ne va pas passer d'épreuve de natation en éducation physique et sportive.
– Ah… c'est bien maintenant que le BAC prenne aussi en compte le contrôle continu, tu ne trouves pas?
– Ah si, c'est clair!

▶ **118 La Fabrique des sons** .... p. 166

Et toi ça représente quoi la forêt pour toi?
Non pas pour se détendre, mais pour apprendre.
Il y a les plantes, il y a les arbres et il y a aussi les animaux.

▶ **119 La Fabrique des sons, Appliquez**
.... p. 166

a. Ça veut dire beaucoup de choses.
b. Il y a des fleurs et des plantes.

▶ **120 Au quotidien** .... p. 167

Contexte 1: Nous sommes dans la cour de l'école. Les enfants vont jouer au football.
Contexte 2: Deux personnes ont joué ensemble au loto et viennent de gagner. L'un prend les ¾ de l'argent et donne le reste à l'autre.
Contexte 3: Deux amis achètent une seule barre au chocolat.
Contexte 4: Une femme se plaint auprès de son collègue car, à travail égal, elle gagne moins d'argent.

▶ **121 Document 2** .... p. 168

Je suis absolument effarée du manque de révolte générale. On n'a pas encore vu les hommes manifester pour être des hommes à part entière. Les femmes manifestent pour être des femmes à part entière. C'est ringard, hein? On en est là! Le piquant, c'est que les femmes ont droit à une journée sur 365. On nous interviewe beaucoup le 8 mars. Après on nous oublie. C'est quand même tout à fait étonnant qu'on soit si loin de l'égalité, qu'on en est à la parité en politique. Je pense que notre pays est un pays extrêmement conservateur. Je suis complétement effarée qu'on ait empêché la moitié des Français, c'est-à-dire les Françaises, d'être elles-mêmes de 1804 à 1938 et encore après. On n'est pas le pays des droits de l'homme, on est le pays de la déclaration des droits de l'homme qui n'a pas été la déclaration des droits de la femme. Donc la femme, elle a été rien du tout extrêmement longtemps. En 1938, on avait encore l'incapacité juridique de la femme mariée. Nous étions donc des mineures à vie : merci Napoléon. Ça a duré de 1804 à 1938 : c'est hallucinant! Quand on songe que les femmes pendant la guerre de 14 ont tout fait pendant que les maris étaient dans les tranchées et avec ça, on ne les a pas autorisées à signer des contrats, à signer des chèques. Il a fallu un général pour avoir le droit de vote en 1944. Et quand je dis que l'incapacité juridique de la femme mariée a été annulée l'année de ma naissance. C'est pas pour autant que les femmes avaient tout gagné et mes petits-enfants n'arrivent pas à croire ce que je leur raconte. Je devais obéissance à mon mari qui m'autorisait ou non à ouvrir un compte bancaire. C'était mon mari qui avait l'autorité parentale. Tout ça est totalement aberrant. […]
Les femmes continuent d'être payées, en moyenne, 30% de moins que les hommes mais c'est à elles, à rebondir, à s'associer, à venir dire « coucou patron, nous voulons avoir les mêmes salaires que nos homologues masculins », à elles de se battre. Les hommes continuent d'avoir une maitrise que je trouve intolérable sur les femmes. Je suis née donc, moi dans une famille où, comme c'était absolument courant à l'époque, on préférait les garçons aux filles. Je m'appelle Danielle, c'est un prénom mixte parce que mon père, en cas de pépin, prévoyait des prénoms mixtes. Donc, vous avez un pépin devant vous. Pour moi, l'action, c'est absolument fondamental et c'est donc, ces évolutions qui m'ont toujours intéressée. C'est le divorce par consentement mutuel qui était une avancée absolument considérable. On allait vers l'égalité, on allait surtout vers des dialogues, vers des protocoles d'accord. La société, elle bouge tous les jours et c'est à nous, les citoyens, de la faire bouger car si nous comptons sur nos gouvernements, ça peut trainer encore longtemps.
Si cet épisode vous a plus, abonnez-vous et n'hésitez pas à en parler autour de vous. On se retrouve jeudi prochain pour un nouvel épisode. Fraiches!

Fraiches: le podcast

▶ **122 Activité 2.d** .... p. 168

On ne les a pas autorisées à signer des contrats.
Les femmes continuent d'être payées. d'être elles-mêmes

▶ **123 La Fabrique des sons** .... p. 170

On ne les a pas autorisées à signer des contrats.
Les femmes continuent d'être payées. d'être elles-mêmes

▶ **124 La Fabrique des sons, Appliquez**
.... p. 170

a. C'est difficile d'être une femme.
b. Il ne faut pas être conservateur!

▶ **126 Les temps du passé, Activité 1**
.... p. 175

J'en ai toujours rêvé ! Et voilà, c'est fait !
Nous nous sommes mariés en janvier. Il faisait un temps magnifique. Quand nous l'avons annoncé à mes parents, nous n'avions pas encore décidé du lieu ni de la date.
Nous sommes partis en voyage de noces pendant deux semaines en Guadeloupe. Je me souviens que, quand nous étions là-bas, nous avons appris que ma sœur et son ami allaient devenir parents....

▶ **127 L'effacement (1)** .... p. 175

Beaucoup d' choses.
y a des arbres.

▶ **128 L'effacement, Activité 1** .... p. 175

a. Y a du soleil.
b. Il y a du vent.
c. Le droit de vote
d. Les droits d'la femme

▶ **129 L'effacement (2)** .... p. 175

Je veux pas.
Peut-êt' demain !
Peut-être aujourd'hui !

▶ **130 L'effacement, Activité 2** .... p. 175

a. Je suis pas d'accord.
b. Elle ne veut plus se battre.
c. Elle veut êt' respectée.
d. Elle doit être entendue.

Épreuve du DELF

▶ **131 Exercice 1** .... p. 176

Vous écoutez une conversation.
Lisez les questions. Écoutez le document puis répondez.

– Salut Louise !
– Salut Noah, tu vas bien ?
– Moyen. Je viens d'apprendre que mes vacances sont annulées.
– Ah bon ? Mais pourquoi ? Qu'est-ce qui se passe ?
– Ça faisait longtemps que je voulais aller à Madagascar et mon patron était d'accord pour me donner quatre semaines de vacances…
– Ton chef a changé d'avis ?
– Non, non. C'est à cause de mon passeport : il n'était pas valable.
– Ah c'est trop bête ! Mais… c'est de ta faute, en fait !
– Écoute, pas du tout ! Je suis allé à la

Transcriptions

mairie pour en faire un nouveau mais aux mois de mai-juin, il y a beaucoup de demandes, ça prend 3, 4 semaines, la faute aux lycéens qui ont leurs examens et qui doivent présenter une pièce d'identité ! J'ai fait une demande, rempli un formulaire que j'ai donné avec mon vieux passeport... Mais le nouveau n'est pas arrivé ! Et je ne l'aurai pas pour mon départ prévu... demain ! Donc je ne peux pas prendre l'avion !
– Ah la la... Tu vas faire quoi ?
– Trouver une location en France et faire du tourisme ici... Et aussi envoyer ma facture à ma mairie !
– Quelle facture ?
– Celle d'Air Liberté, la compagnie aérienne que j'ai choisie pour aller à Madagascar.
– Tu ne vas pas être remboursé ?
– C'est sûr que non alors c'est pour ça que je vais me plaindre à ma mairie !
– Tu peux aussi contacter ta banque : tu as une assurance annulation avec ta carte bancaire, non ?
– Ah oui, bonne idée !
– Et mon cousin travaille dans cette compagnie aérienne, je peux lui demander s'il peut faire quelque chose pour toi...
– C'est gentil, merci ! Je t'envoie mon billet par mail ce soir.
– Entendu, et bonnes vacances quand même !

▶ 132 **Exercice 2** .... p. 176

Vous écoutez la radio.
Lisez les questions. Écoutez le document puis répondez.

– Aujourd'hui, nous parlons de « Lire et faire lire ». L'objectif de l'association créée par l'écrivain Alexandre Jardin en 1999 est de transmettre le plaisir de la lecture grâce aux personnes de plus de 50 ans qui lisent des histoires à de petits groupes d'enfants, une fois par semaine. Bonjour Oriane, vous êtes directrice de l'école maternelle à Trélazé, pouvez-vous nous en dire plus ?
– Bonjour ! Les lecteurs bénévoles de « Lire et faire lire » se déplacent dans les écoles, les centres de loisirs ou les bibliothèques, et passent une heure avec les enfants.
– Pourquoi les lecteurs bénévoles doivent-ils être plutôt âgés ?
– Pour favoriser les échanges intergénérationnels : certains enfants n'ont pas de grands-parents, nos bénévoles jouent un peu ce rôle. Et c'est aussi l'occasion pour les enfants de rencontrer d'autres adultes qui ne sont pas de leur famille.
– Comment les lecteurs sont-ils choisis ?
– Il s'agit de bénévolat, nous ne souhaitons donc pas refuser de volontaire. Mais nous donnons quand même un formulaire et nous faisons passer un petit entretien à chaque retraité. Je dis « retraité » parce que nous avons beaucoup de bénévoles qui viennent d'arrêter leur activité professionnelle. C'est un moyen pour eux d'occuper leur temps.
– Comment les albums lus aux enfants sont-ils choisis par les bénévoles ?
– L'association leur met à disposition des centaines de livres, mais ils sont libres d'apporter des albums qu'ils possèdent.
– Y a-t-il un travail pédagogique réalisé sur le livre après la lecture ?
– Non, cela doit rester un moment de plaisir sans travail. Mais nous demandons aux écoles d'informer ses lecteurs bénévoles des leçons vues en classe. Comme ça, les bénévoles choisissent des histoires en lien direct avec ce que les enfants font avec leur professeur.
– Quels sont les projets de l'association ?
– Nous organisons un concours de lecture lors de la prochaine journée mondiale du livre. 170 écrivains-amis qui nous soutiennent depuis le début y prendront part et l'argent gagné sera reversé à l'association.
– Merci Oriane !

▶ 133 **Exercice 3** .... p. 177

Vous écoutez la radio.
Lisez les questions, écoutez le document puis répondez.

– Aujourd'hui, mardi, Antoine ne prend pas sa voiture comme tous les autres jours de la semaine pour aller travailler car son bureau se trouve à quelques mètres, dans le salon. Une fois par semaine, Antoine fait du télétravail chez lui. Et il en est très content, comme 25 % des Français qui télétravaillent pour réduire leur temps de transport, être plus indépendants et trouver un meilleur équilibre entre vie privée et vie professionnelle. Son entreprise, spécialisée dans les enquêtes auprès des consommateurs, l'autorise à travailler hors du bureau une fois par semaine, comme le précise Anne Mangeon, sa responsable.
– Nous avons été parmi les premiers à le faire en France et sans attendre la loi. Nous y pensions mais ce sont les grosses chaleurs de l'été 2003 qui ont provoqué sa mise en place.
– Grâce au télétravail, les conditions de travail des salariés sont meilleures et l'environnement en profite : sept sur dix d'entre eux prennent chaque matin leur voiture pour se rendre au bureau. Grâce au télétravail, on peut diminuer de 15 % les conséquences des trajets domicile-travail sur la planète... Est-ce donc LA solution ? Pour la Terre, oui, selon Antoine, télétravailleur depuis 8 ans, mais pas nécessairement pour les salariés.
– À mon avis, il y a des postes non télétravaillables et des employés qui ne savent pas télétravailler, par manque d'organisation ou incapacité à travailler seul. Souvent, on a des difficultés au départ pour trouver son rythme.
– Dans les bureaux d'ADH, ne pas avoir une équipe au complet au quotidien aide à redistribuer les bureaux. L'entreprise ADH compte 140 salariés... et une centaine de bureaux ! Grâce au télétravail, la direction économise de l'espace. Un bon argument pour décider les patrons qui s'inquiètent souvent que leurs équipes travaillent moins.
– En général, tout se passe bien. Et le télétravail permet à nos salariés de passer plus de temps en famille !

PHONÉTIQUE

▶ 134 **Le groupe rythmique** .... p. 197

Vanessa, c'est ma meilleure amie depuis le collège.

▶ 135 **La syllabe accentuée** ....p. 197

une profession
un point
un point de vue
un point de vue intéressant

▶ 136 **La phrase déclarative** ....p. 197

J'ai acheté un livre.
J'ai acheté un livre, un cahier et une nouvelle trousse.

▶ 137 **La phrase interrogative** .....p. 197

Tu es québécois ?
Tu parles français ?
Est-ce que tu parles français ?
Pourquoi tu apprends le français ?
À quoi tu penses ?
Tu préfères aller au théâtre ou au cinéma ?
Tu veux aller au restaurant et au cinéma ?

▶ 138 **La phrase exclamative** ...... p. 198

Bonsoir.   Bonsoir !
C'est bien ?   C'est bien !

▶ 139 **La parenthèse** .... p. 198

Écoutez, mes amis, j'ai quelque chose à vous dire.

▶ 140 **L'accent d'insistance** .... p. 198

Un livre formidable.
Ce film est formidable !
Ce film est formidable !

▶ 141 **La liaison** .... p. 198

les étudiants, mes enfants
de bons étudiants, de beaux enfants
dans une université, en Italie
de plus en plus, de temps en temps
ils ont, ils étudient
quand viennent-ils ?
ils ont bien étudié
quand on parle

▶ 142 **L'enchaînement consonantique**
.... p. 198

ils répondent au téléphone
un peintre abstrait

▶ 143 **L'enchaînement vocalique**
.... p. 199

la coopération
la créativité
la coopération et la créativité

▶ 144 **L'hésitation** .... p. 199

Je suis vraiment euh... ravi de vous rencontrer !
C'est un homme qui, qui est très important pour moi.

▶ 145 **L'effacement** .... p. 199

tu veux pas
beaucoup d'choses
y a
i vient
è'viennent
t'es
qu'appelle
êt'capable

Transcriptions des vidéos

Bonjour

Euh, ouais, j'adore être ici. Quand j'avais 18 ans ou 21 ans, j'ai passé le temps dans le Sud France, dans Aix-en-Provence. J'ai fait mes études ici. Après ça, chaque fois que je peux être ici, euh, c'est tout de suite, euh, je viens. Je sais pas pourquoi le corps est… C'est plus doucement ici pour moi, euh, vraiment, euh, la ville, les gens, les régions, partout…

RTL

Unité 1

– Je suis là pour vous préparer au concours Eloquentia, qui dans six semaines, va élire le meilleur orateur de la Seine-Saint-Denis. Quel que soit votre niveau de départ, vous pouvez progresser. La seule condition, c'est que vous y mettiez de vous-même.
– Quand tu parles et que les gens t'écoutent et que les gens te regardent, t'as l'impression que tu peux tout faire, que tu peux conquérir le monde.
– Allez, on va faire un « pour ou contre ». Allez, Franck, si t'as pas d'arguments, tu rentres !
– Donc, moi, je suis Pour, pour trois raisons.
– Zéro argument, alors, ça, c'est de la merde ! Maintenant, ça suffit, hop-là !
– En fait, vous êtes des gros tcharbés, quoi !
– J'aime parler devant les gens, j'aime être écouté, j'aime faire ressentir des émotions.
– Vous en pensez quoi du fait que je veuille devenir acteur ?
– Moi, ce que je veux, c'est que tu sois heureux.
– Moi, si j'ai envie de prendre la parole, c'est parce que j'ai envie de repenser le féminisme.
– La parole, c'est une arme, c'est quelque chose qui me permet de pouvoir me défendre.
– On va y arriver, je te jure qu'on va y arriver. On n'est pas loin du tout.
– Demain, la tête haute, je marcherai fière […]
– La parole qui convainc, la parole qui émeut, la parole qui touche, c'est celle-là qui nous rassemble. Avant, quand on voulait manifester son attachement à la liberté d'expression, on disait « Je suis Charlie ». Maintenant, à partir de ce soir, je dirai aussi « Je suis Saint-Denis ».
– Voici venue l'heure du jugement dernier. Est-ce que vous êtes prêt à leur faire un triomphe ?

À voix haute

Unité 2

– Allez, place encore à l'emploi, oui forum de l'emploi, pourrait-on dire et justement, avant d'intégrer le monde du travail, il faut définir son avenir professionnel, choisir, en d'autres termes, choisir un métier et ce n'est pas toujours facile. Alors, Sophie Pignal, bien sûr, elle va nous parler ce matin, d'une initiative qui incite justement les jeunes à s'informer sur les métiers et il s'agit d'un concours. Son nom : « Je filme le métier qui me plaît ». 2210 établissements scolaires, c'est important, 2210 se sont inscrits pour y participer et voici le challenge à relever.
– Me voici ce matin, au collège Jules Ferry de Mantes-la-Jolie. Je vais suivre une classe de 3e qui se prépare à réaliser un reportage sur le métier qu'ils ont choisi, un métier méconnu. On y va ?
– Bonjour à tous, aujourd'hui, on a donc treize scènes à filmer. L'objectif, c'est vraiment, voilà, de faire des scènes du mieux qu'on peut.
– On a choisi de faire un film sur le métier de maraudeur. On a écrit un scénario à l'aide de tout le groupe. Et là, on est en train de le tourner.
– Je joue un élève qui se fait virer de chez lui parce qu'il a des mauvaises notes et, euh, après, on construit autour de ça.
– La semaine dernière, on a repéré qu'il y avait des problèmes de sons. Donc, quand vous tenez la perche, en fait, il faut la tenir comme ça, d'accord ? Et pas bouger !
– Je te donne la mallette-sons. Tu prends tout ça. T'es responsable du son.
– Donc, ce concours a pour exigence de réaliser un film en trois minutes. Donc, trois minutes, très court ! Euh, voilà, présenter un métier. Donc, nous, l'objectif, ce n'est pas de faire une interview mais vraiment de réaliser une fiction, jouée et interprétée par les élèves.
– Moteur. Action !
– Alors, les élèves écrivent le scénario. Et puis, après, on fait une répétition générale. Et voilà, on voit les choses à changer et après, bah, on se lance sur le tournage. Donc, la partie d'écriture est très très longue.
– C'est avec le concours de la Croix Rouge qu'ils réalisent cette fiction qui se doit d'être au plus près de la réalité.
– Au niveau du tournage, nous, ce qu'on leur apporte, c'est un peu combattre les préjugés, finalement, parce qu'on a tous cette vision de ce qu'est un SDF, ce qu'est une personne à la rue, donc, leur expliquer la, la réalité des choses. Le SDF n'est pas forcément une personne sale ou une personne débraillée. La majorité des SDF, quand on les croise dans la rue, sont comme vous et moi et, euh, on ne les reconnaîtrait pas.
– Les jeunes sont très impliqués, ils sont très motivés, donc, c'est vraiment agréable, de travailler avec eux.
– Maraudeur, un métier à part entière, sanctionné par un diplôme universitaire de niveau BAC, le diplôme de technicien d'urgence sociale mobile.
– On a filmé le métier de géologue, on a filmé le métier d'éboueur, on a filmé le métier de…ingénieur, c'est génial. Franchement, c'est une très très bonne expérience pour les élèves et aussi pour les quatre enseignants dont j'ai la chance de faire partie. (stop !)

Télématin

Unité 3

– Bonjour Nelly Pons. J'imagine que ce reportage vous parle, vous qui avez choisi de ralentir. Enfin, vous avez écrit : *Choisir de ralentir sa vie. Je passe à l'acte.* Aux éditions Actes Sud Kaizen. Alors après avoir touché le fond, vous avez donc écrit cet ouvrage. Qu'est-ce qui s'est passé dans votre vie ?
– Il s'est passé ce qu'on appelle communément un burn-out, qui est en réalité un processus d'épuisement physique et psychique total. Euh… donc, en gros, un jour, tout s'est arrêté, tout simplement. Mon corps n'était plus en capacité de… euh réagir, de lever un bras, de se lever, d'assurer des gestes simples, de se doucher… de vivre. Et ce burn-out a été une occasion exceptionnelle qui m'a été donnée de revenir un petit peu en arrière, d'analyser à la fois ma propre vie et puis celle de toutes les personnes qui m'entouraient, que j'entendais en permanence dire : je suis débordée, j'en peux plus, j'ai pas le temps, vite, dépêche-toi, etc., pour essayer de commencer à questionner ce rapport au temps.
– Donc une prise de conscience majeure […] Alors ce que vous expliquez dans votre livre, c'est que la lenteur, ce n'est pas être au ralenti. Expliquez-nous.
– Alors en travaillant sur ce livre, j'ai ouvert le dictionnaire, tout simplement. C'était un Larousse. Et je me suis rendu compte que la définition de la lenteur était extrêmement péjorative, connotée. Donc, la lenteur, c'était défini comme… euh effectivement être au ralenti, manquer quelque part de dynamisme, dans la pensée, dans les actes. Or, pour moi, ralentir n'est pas synonyme d'être au ralenti.
– Alors, c'est quoi, votre définition ?
– Pour moi, ralentir, c'est un changement de regard sur le monde. Ce n'est pas une question uniquement de cadence ni de vitesse. On peut être passionné, enthousiaste, continuer à faire énormément de choses, tout en prenant le temps de faire ces choses-là, en habitant chaque instant, comme une traversée successive de différents instants qui nous amènent à faire quelque chose. Ou alors on peut les survoler à une vitesse excessive, mais pas uniquement la vitesse aussi, une façon de ne plus s'habiter soi-même en fait, de ne plus habiter le temps. Pour moi, ralentir, c'est justement prendre le temps de vivre. Ce qui ne veut pas dire faire moins de choses.
– C'est-à-dire habiter l'instant.
– Habiter l'instant, c'est une très belle parole qui me plaît beaucoup.

TV5 Monde

Unité 4

– Je fais pas du pain pour faire du pain. Je fais du pain pour, chaque année, apprendre et de plus en plus, me spécialiser, me former pour faire du bon pain, en fait.
– D'être dans cet environnement, ça me plaît beaucoup et ça me ressource. De toucher la terre, de voir grandir les légumes et les entretenir pour pouvoir donner leur meilleur après sur les marchés et aux clients.
– Il y a un peu plus d'une dizaine d'années, on… voilà, avec la rencontre de Stéphane,

Transcriptions des vidéos

euh, le fait aussi que Stéphane ait des terres, euh, sur Ancelle. Moi, qui voulais travailler à l'extérieur, qui voulais travailler la terre, du coup, on s'est dit « bah, pourquoi pas essayer le maraîchage et cultiver des légumes en altitude, à la montagne et essayer ». Du coup, on a essayé sur une toute petite parcelle et bon on a vu que ça poussait, plus ou moins bien mais, euh, que voilà, on arriverait peut-être à faire quelque chose et donc, d'années en années, progressivement, on s'est, euh, on s'est agrandi. Et voilà, maintenant on cultive une quarantaine de variétés de, de légumes. On a agrandi nos surfaces couvertes de serres, en plein champ…
– C'est un plateau qui est assez particulier puisqu'avant, il y avait un ancien lac, donc, il y a beaucoup de sédimentation, ce qui fait que la terre du terroir est une très bonne terre pour faire le maraîchage.
– Donc, on a choisi l'agriculture biologique pour préserver l'environnement, faire que ce que l'on mange n'ait pas d'apport chimique que ce soit pour nos enfants ou pour les clients au marché. Donc, de mai à novembre, il y a des personnes qui viennent travailler avec nous aux champs et là, en ce moment, il y a une super bande de nanas qui sèment, qui récoltent, qui entretiennent les légumes. Donc, le maraîchage en altitude, là, on est environ à 1300. Après on utilise des voiles de forçage ou les serres pour justement pallier au froid ou au gel. Et après, il y a aussi certaines variétés qu'on… des semences plus appropriées à l'altitude ou qui résistent plus.
– Pendant quatre ans, j'étais seule sur l'exploitation et après, on a voulu aussi se diversifier parce que c'est vrai qu'on est en altitude, avec le climat qui est un peu rude.
– Il faut avoir une activité complémentaire parce que le maraîchage, ici, sur Ancelle, c'est risqué.

Graines de montagne, Buena Onda Films

Unité 5

Pourquoi c'est dangereux les miettes de pain dans l'espace ?
Ah ouais, ouais, ouais…c'est super dangereux. Ça va se mettre dans les conduites d'aération, dans les équipements électriques, dans les yeux des gens… T'imagines, un astronaute aveugle à cause de miettes de pain ? C'est quand même pas classe ! Aouw !
Il paraît que, dans l'espace, on dort avec une aération près du visage.
Ouais mais dit comme ça, en fait, on dirait un soin de beauté. En fait, si on respire, on va faire une bulle de CO_2 parce que les gaz se mélangent pas. On s'étouffe dedans. Donc, on dort sous un gros ventilateur qui fait plein de bruit mais au moins, euh, on se réveille.
Si tu devais choisir: basket avec Michael Jordan ou un duo saxo avec Maceo Parker ?
Je pense que je prends un basket avec Michael Jordan. Si j'avais pu faire Michael Jordan plutôt qu'astronaute, il ne faut pas le dire à l'agence spatiale, mais je pense que j'aurais fait Michael Jordan.
Le truc le plus cool à faire en apesanteur ?
On peut faire des concours de loopings, traverser les modules en faisant le plus grand nombre de loopings mais sans rien toucher. Voilà, il faudrait que j'y retourne, en fait, pour même perfectionner un peu la technique.
Tout votre travail depuis l'espace, il a servi à quoi ?
Il a servi à améliorer la vie des gens, un petit peu, par des petits progrès en médecine, dans les sciences des matériaux, dans la biologie, des choses comme ça et puis, l'exploration, ça sert à inspirer les gens. On augmente la connaissance. C'est un peu philosophique mais c'est à ça que ça sert.
Il paraît que tu repars en 2020, tu nous en dis un peu plus.
Ah ouais, alors, non j'aimerais bien. Fin 2020, début 2021, c'est prévu, si tout va bien, de retourner dans l'espace. On développe de nouveaux véhicules. Donc, on croise les doigts pour que tout soit prêt à temps.

Canal +

Unité 6

– On n'a rien, à Bonjour Paris, contre les parcs d'attractions, a priori. Mais, pour une fois, voilà un parc d'attractions intelligent. Et ça se passe en Seine-Saint-Denis où, jusqu'à la fin du mois, la ville de Pantin accueille des attractions littéraires, avec le festival « Partir en livre ». Jean-Marie Marchaut.
– Entends le bruit des voyages au loin.
– Lire n'a jamais été aussi amusant. Des centaines de livres en libre-service, des ateliers.
– Tu fais l'autre côté, maintenant ! Voilà !
– Une fresque longue de dix mètres à colorier et même une scène musicale pour se lâcher. En tout, une vingtaine d'activités gratuites et ludiques composent ce parc d'attractions littéraires pour que la lecture ne soit plus jamais ennuyeuse.
– C'est bien de s'ennuyer parce que tu réfléchis, en même temps.
– La lecture, c'est apprendre… avec de l'intelligence !
– Quand on lit, on comprend le français, on comprend les langues, on apprend les langues en même temps.
– Et aussi, on lit et après on s'endort directement et ça fait du bien !
– À travers cette troisième édition de « Partir en livre », un objectif affiché : celui d'aller à la rencontre des familles défavorisées et combattre les inégalités sociales car l'accès au livre conditionne la réussite scolaire.
– La société, elle est faite pour tous, donc, il faut que l'accès à la culture soit également pour tous et que l'on reste très ambitieux par rapport à cette question, mais aussi très imaginatifs et très à l'écoute d'enfants pour que c'est pas facile, simplement, et que ce soit vers eux qu'on fasse le plus d'efforts.
– Ouvert jusqu'au 30 juillet, ce parc d'attractions littéraires, situé en bord de Seine à Pantin, devrait accueillir plus de 15 000 visiteurs.
– Au revoir !

BFM TV

Unité 7

Au-dessus de la Manche, dans les airs, un objet volant non identifié, ce matin, Franky Zapata a réussi son pari, il a relié Sangatte dans le Pas-de-Calais, à Douvres, en Angleterre, et il est avec nous, en direct par téléphone ce matin.
– Bonjour Franky Zapata.
– Bonjour !
– Alors on vient de passer ce matin en direct avec vous de la science-fiction à la réalité, traverser la Manche, c'était un rêve, hein ?
– Ah c'est vraiment un rêve d'enfant, je suis passionné d'aviation donc, j'ai toujours été passionné par toutes les histoires des pionniers de l'aviation, de Louis Blériot, etc. Donc c'était, pour moi imaginer de créer ma propre machine et de traverser la Manche, oui, c'était vraiment un rêve de gosse, vraiment un rêve de gosse…
– Vous étiez stressé ?
– Oui parce que là j'ai raté la semaine dernière donc le bateau au milieu, donc oui j'avais vraiment quand même la pression et puis très fatigué, il a fallu reconstruire la machine dans la semaine, on n'avait pas beaucoup eu le temps de faire des essais donc il pouvait y avoir des petits soucis donc j'étais quand même assez stressé ce matin.
– Mais justement la deuxième fois a été la bonne, le premier essai c'était le 25 juillet dernier, donc il y a eu très peu de temps, comment vous avez réparé votre engin ?
– En fait je l'ai reconstruit entièrement, je crois que la seule chose que j'ai gardée c'est le châssis en aluminium et la boîte en plastique de la télécommande, donc voilà, on a tout reconstruit entièrement, changé toutes les pièces, tous les faisceaux électroniques, reprogrammé tout le contrôleur, ça a été… voilà, grâce à mon équipe et à un ami, quoi, qui m'a aidé, quoi.
– Alors la dernière fois ce qui avait posé problème, le 25 juillet, c'était justement le ravitaillement puisque 35 km entre la France et l'Angleterre, il y a besoin d'un ravitaillement en kérosène, ça se passe sur un bateau, au milieu de la mer et c'est ce qui avait posé problème la dernière fois, en vol vertical, on a très peu d'autonomie, est ce que c'est ce que vous craigniez ce matin ?
– Je craignais en fait ça justement, les mouvements du bateau, donc on savait qu'on avait pris un bateau plus gros, mais malgré tout quand je suis arrivé, ça bougeait quand même pas mal, et donc il a fallu anticiper l'atterrissage, mais bon, grâce à l'expérience de la semaine dernière, ça m'a permis de réussir, mais oui j'étais quand même relativement stressé.
– Alors la suite c'est quoi pour vous ? On vous entend parler parfois d'une voiture volante, c'est un autre rêve ?
– Disons oui, là c'est plus qu'un rêve, c'est un projet qu'on a depuis deux ans, et c'est maintenant un prototype qui est fonctionnel, la machine vole, donc on l'a *designée*, moi j'en suis vraiment content, c'est un produit magnifique, il y a toute l'équipe qui est à fond sur ça donc, c'est un produit qu'on devrait relâcher vers la fin de l'année et… et c'est notre rêve, de pouvoir donner à tout le monde la capacité de voler comme je le fais, décoller où on veut, voler où on veut, et ça c'est le rêve de beaucoup d'hommes et de femmes de la planète et le flyboarder c'est pas un produit accessible, mais la voiture volante ce sera accessible de 7 à 77 ans.
– Mais c'est ça vous le dites, c'est le rêve de tout le monde…

OUTILS DE LA CLASSE

– En tout sécurité.
– Exactement. Alors au-delà de l'exploit et du spectacle, on sait que vous avez travaillé avec l'armée française, est-ce qu'on peut, justement, imaginer un jour des applications dans la vie réelle ?
– Alors des applications dans la vie réelle du flyboarder ou de, on va dire, pour l'armée, ça n'arrivera jamais, mais par contre notre voiture volante, oui, ça va être le produit le plus rapide et le plus léger de déplacement qui ait jamais existé pour l'instant donc, oui, il y a des applications et il en manquera pas.

France TV info

Unité 8

À moins 60 degrés ou à plus 60 degrés, comment le corps et le cerveau s'adaptent-ils aux milieux les plus extrêmes de la planète ? C'est l'objet du film documentaire *Adaptation*, signé Christian Clot.
– Bonjour !
– Bonjour !
– Les explorations, c'est vous qui les avez menées, vous êtes explorateur. Alors, c'est un projet novateur car on ne sait rien du tout, hein, sur la capacité, euh, d'adaptation. Comment naît ce genre de projet ?
– Ça naît parce qu'on observe des humains qui sont en détresse et qu'on se rend compte qu'on ne sait pas ce qui se passe dans leur cerveau au moment où ils vivent cette détresse. On a plein de gens qui racontent le récit de ce qu'ils ont vécu mais on sait que c'est déjà transformé. Donc, il faut aller voir aujourd'hui concrètement ce qui se passe quand on est soumis au moment des situations de stress.
– Alors, justement, il y en a quatre de milieux hostiles que vous avez parcourus : la Sibérie (froid et sec), l'Amazonie, euh, (température chaude et humide, évidemment), le désert iranien (chaud et sec) et la Patagonie (froid et humide). Quelle est, pour vous, la limite du corps humain ?
– La limite du corps humain, elle est finalement assez vite là, hein, on ressent très vite les effets sur le corps. La force qui nous anime, c'est le cerveau. C'est lui qui donne la capacité de dépasser les situations et de trouver des nouvelles solutions alors qu'on n'a jamais été confronté à des situations. Et je crois qu'aujourd'hui, on doit se questionner là-dessus parce qu'on l'a vu dans le journal aujourd'hui : partout dans le monde, les situations extrêmes deviennent prégnantes ; les situations où on ne sait plus comment agir sont partout. Et on doit aujourd'hui questionner notre capacité à résister à ces environnements extrêmes qu'ils soient climatiques ou qu'ils soient sociologiques.
– Alors vous, quelle est votre limite, par exemple ?
– Ma limite, aujourd'hui, je la connais pas sinon, je ne serai peut-être plus là. Donc, heureusement, on est toujours capable d'aller chercher très loin. La limite qu'on se pose, elle est dans notre tête, c'est cette notion qu'on se dit « ça, je ne pourrai pas le faire » et dès le moment où on s'est posé l'idée que on pouvait pas, alors, là, effectivement, on peut peut-être pas.
– Alors, justement, quand on a atteint ses limites, qu'est-ce qui se passe dans notre cerveau, par exemple ?
– Notre cerveau, il a perdu l'habitude de lutter. On est dans des conforts assez extraordinaires quand même dans les pays occidentaux. Euh… et quelque part, on s'est installé dans cette idée que on allait résoudre tous les problèmes par une climatisation, un chauffage ou autre. Aujourd'hui, on va devoir re-questionner ces notions-là puisque l'énergie va quand même, à un moment donné, manquer. Il va falloir retrouver l'envie, vraiment l'envie… euh, de s'adapter à des nouvelles situations et pour ça, il n'y a qu'une seule solution, c'est vraiment de le vouloir et de voir le beau dans ces nouvelles situations.
– Alors, j'imagine qu'il y a des différences entre les peuples ? Au niveau de la capacité d'adaptation.
– Évidemment, et c'est là, le problème énorme qu'on a, c'est qu'il y a quasiment aucune étude qui est faite sur les pays africains, sur les pays asiatiques, on fait quasiment toutes les études sur d'Occidentaux blancs dans des laboratoires. On doit casser cette méthodologie et aller faire des études non seulement sur les humains en situations réelles mais sur tous les humains et c'est le but que l'on s'est fixé avec *Adaptation* pour les décennies à venir.

TV5 Monde

Unité 9

Aujourd'hui, si on tape le mot « frontière » sur Google, ce qu'on voit, c'est que des images de murs, de barbelés, de migrants, de postes de douane. Mais, en réalité, cette image est trompeuse.
Pour vous, une frontière, ça ressemble à ça ? à ça, ou encore à ça ? En réalité, une frontière, ça ressemble plus souvent à ça.
6 % des frontières au monde sont des barrières. La grande majorité des frontières au monde, c'est juste des lieux de passage, un peu comme ceux que j'ai pris en photo dans mon projet.
Valerio Vincenzo a parcouru 30 000 km en Europe pour y photographier des zones frontalières. Il les présente dans un ouvrage à rebours des frontières.
Souvent, aujourd'hui, quand on parle d'un monde sans frontière, ce qu'on veut dire en réalité, on veut parler d'un monde sans barrière. Il y a un peu un glissement de signification, aujourd'hui. Dans mes images, je montre juste une Europe sans barrière qui était une utopie il y a 50 ans et aujourd'hui, c'est devenu la réalité.
Des pays qui se font confiance et des frontières qu'on peut librement traverser, c'est un acquis indéniable de la construction européenne. […]
Les frontières, c'est une invention de l'homme dont on a besoin, encore aujourd'hui. C'est une démarcation entre deux pays : donc, il n'y a pas les mêmes lois d'un côté et de l'autre. Mais aujourd'hui, je trouve aussi qu'on fait une fixette presque sur les frontières entre pays et on s'attache à ça pour protéger notre identité nationale alors que ça n'a rien à voir en fait.
Le projet « Borderline » documente comment 70 ans de construction européenne ont pacifié ces régions.
En général, j'essaie d'être surpris moi-même par ce que je vois. Je zigzague le long de la frontière, longuement, tant que je ne trouve pas une situation qui m'interpelle. Je parlerai de la frontière entre la France et l'Allemagne. La photo est prise au château de Fleckenstein. On voit une tour du château et puis, un bois. Et la frontière est paumée quelque part dans le bois. On ne sait pas trop où est la France, où est l'Allemagne. C'est une des régions les plus disputées en Europe. Si on était né à cet endroit-là entre 1850 et 1950, on aurait vu cinq régimes différents, trois guerres et surtout, on aurait changé de nationalité quatre fois. Aujourd'hui, tout le monde s'en fout, en fait. La frontière est paumée un peu dans le bois et c'est tant mieux !

France culture

Unité 10

– Après *Patients*, voici le nouveau Grand Corps Malade et puis, Mehdi Idir, et on est ici au festival du film francophone d'Angoulême. À ses côtés, on a le plaisir d'accueillir Zita Hanrot et puis également Soufiane Guerrab et Liam Pierron, c'est *La Vie Scolaire*. Grand Corps Malade, quel événement cela a été ici devant 2 000 personnes ! Je ne sais pas si on va pouvoir voir des images : on a tourné des images de ça et ça a été un véritable délire, l'accueil, ici, à Angoulême.
– C'était beau, ouais, c'était beau. C'est quand même rare de montrer, de projeter un film devant 2 000 personnes. Ça, c'est la magie de ce lieu-là à Angoulême, et c'est vrai qu'il y avait une belle énergie où tu te demandes un peu comment ça va réagir quand il y a tant de monde. Il y a eu beaucoup de rires, il y a eu… enfin, c'était une salle très réactive, presque festive….
– Liam Pierron, moi, j'ai eu du mal à croire que c'était son premier rôle au cinéma. Fabien ?
– Et pourtant ! Et pourtant !
– Et pourtant, hein, Liam ? Première fois et là, on peut dire qu'il crève l'écran.
– Merci, ça fait plaisir.
– On est bien d'accord.
– Ouais. Et là, l'émotion que suscite le personnage, on a vu les gens dans la salle qui étaient émus parce que, voilà, tu incarnes un gamin qui a plein de potentiel, mais qui est aussi en rébellion. Qui… Mais bon, elle va découvrir qu'on peut faire quelque chose avec lui. Donc, c'est touchant. C'était chouette d'incarner, ça ?
– Ouais, c'était génial, franchement. Ça m'a fait… À l'heure d'aujourd'hui, ça me fait super plaisir. C'est un grand honneur d'avoir pu jouer ce rôle. Et ouais, je remercie toujours Medhi et Fabien, un tournage magnifique avec Zita, Soufiane et tous les autres acteurs d'ailleurs. Je pense que ça se ressent dans la vie de tous les jours. C'est génial.
– Ça ressemble à la vraie vie scolaire ?
– Ouais énormément. Énormément. J'ai envie de dire exactement pareil. C'est vraiment très, très ressemblant. Moi, j'ai… Quand je regarde le film, j'ai l'impression de me revoir vraiment au collège. C'est exactement pareil.
– C'est le cas de tout le monde, c'est ça, hein ? Parce que c'est puisé dans des souvenirs et puis dans une réalité, au fond, c'est un film qui montre cette réalité dont on parle sans jamais la voir.

TV5 Monde

Références des images

culture+ GreenTana/Istock - la fabrique, se détendre, imaginer nlshop1 - 123rf - mission Sudowoodo/Istock - opinion, coopère, mission Enis Aksoy/Istock **12** hd jes2ufoto/Istock **12** bm martialred/AdobeStock **12** mg Lumeimages/Camerapress/Gamma-Rapho **12** md Katzman Stock/Glasshouse/Photononstop **13** mg « La Fabrique des mots » d'Erik Orsenna, 2013 © Les Editions Stock **13** hd CarlosDavid.org/Istock **14** mmh Günter Gräfenhain/Sime/Photononstop **14** mmb Pacific Stock/Design Pics/Photononstop **14** md Daniel Thierry/Photononstop **15** hd © Hergé/Moulinsart 2019 **15** mg bhidethescene/Istock **15** bd grgroup -123rf **16** Patrick George/Agefotostock **18** « À Voix Haute - La force de la parole », réalisé par Stéphane de Freitas et co-réalisé par Ladj Ly, 2017 - ©My box Productions et Mars films **19** Fred Tanneau/Afp **20** hd « Culture Miam #6 L'épopée du peanut butter et comment il a (peut-être) tué Elvis » - Mia Assor (auteur) Mikashi Mukashi (production) - https://soundcloud.com/culturemiam **20** hmd « Une histoire et ... OLI » - Radio France/France Inter **20** hmm Adeline Laurans **20** hg Louie Media 2019, Illustration: Jean Mallard **21** Ja'Crispy/Istock **23** hg urfinguss/Istock **23** hd Andrew Rich/Istock **23** hm v1/Istock **24** fotostorm/Istock **25** Le Poste Général/LA-BO **27** bm Prostock-studio/AdobeStock **27** bd jenifoto/Istock **27** hg michellegibson/Istock **27** bg RichVintage/Istock **27** mg ipopba/Istock **27** mm chinaface/Istock **27** bd Viacheslav Peretiatko/Istock **27** hm golubovy/Istock **27** md Rawpixel/Istock **28** « Grâce et dénuement » d'Alice Ferney © Actes Sud, 1997 (couverture) **29** Audio book - The Preiser Project -https://www.flickr.com/photos/thepreiserproject/11837065143/https://www.flickr.com/photos/thepreiserproject/11837065143/ **32** Patrick George - GettyImages **34**. **35** Welcome to the Jungle. « Bertrand recrute JoeyStarr »: https://www.youtube.com/watch?v=t_SCPRHpheM **36** hg © Steve McCurry/Magnum Photos/Lumières sur le Travail **36** bg Jean Michel Turpin **37** Tina Terras & Michael Walter - GettyImages **39** hg Westend61 - GettyImages **39** hd Chad Springer - GettyImages **39** bd Malorny - GettyImages **40** hg Morsa Images/Istock **40** mg gstockstudio/AdobeStock **41** guruXOOX/Istock **43** hd Thomas Barwick - GettyImages **43** hd Sophie Mayanne - GettyImages **43** bm Martin Jahr/EyeEm - GettyImages **43** hg Stephanie Montgomery/EyeEm - GettyImages **43** hg Ekspansio - GettyImages **43** mm Tetra Images/Daniel Grill - GettyImages **43** bg Christian Friedrich/EyeEm - GettyImages **43** md bunditinay/AdobeStock **43** bd skynesher/Istock **44** David Foenkinos, « La tête de l'emploi » © J'ai Lu, 2014 **45** master1305/Istock **48** Patrick George/Ikon Images/Agefotostock **50** « La Fourchette », œuvre conçue en 1995 par le plasticien neuchâtelois Jean-Pierre Zaugg et le serrurier veveysan Georges Favre pour les dix ans de l'Alimentarium - stoyanh/Alamy/Hemis **51** Amelie-Benoist/BSIP **52** Xavier Gorce/lemonde.fr **53** NLshop/AdobeStock **55** hg Geber86/IStock **55** hm fizkes/IStock **55** hd Deagreez/IStock **56** davidf/Istock **57** Collection ChristopheL © ARTE **59** hg baona/Istock **59** hm ASIFE/Istock **59** hd Tara Moore - GettyImages **59** hg Chutima Chaochaiya/Istock **59** hd dragonstock/AdobeStock **59** hd Westend61 - GettyImages **59** bg Placebo365/Istock **59** bd kues1/AdobeStock **59** bd scythers/AdobeStock **60** « Le Grand jeu » de Céline Minard ©Éditions Payot & Rivages, Paris 2016 **61** alphaspirit/AdobeStock **64** Patrick George/Agefotostock **66** Placebo365/Istock **67** En Vert Et Contre Tout, http://envertetcontretout.ch/ **68** La Réserve des arts **69** Stefano Ravera/Agefotostock **71** hm ondacaracola photography - GettyImages **71** hd sanjeri/Istock **71** hg Mehaniq/Istock **72** « Graines de montagne », film de Sébastien Nestolat ©Buena Onda films **73** Yulia Drobova/Agefotostock **75** md Serenethos/Istock **75** bg Placebo365/Istock **75** hd rgStudio/Istock **75** bm pixdeluxe/Istock **75** bd Thomas Demarczyk/Istock **75** hd solstock/Istock **75** bd AleksandarNakic/Istock **75** hm Narvikk/Istock **75** hd shutter_m/Istock **76** Serge Joncour, « Chien-Loup » © Flammarion, 2018 **77** venimo/Istock **80** Patrick George/Agefotostock **82** www.neonmag.fr **83** Programme « La boîte à questions » avec Thomas Pesquet, 27/06/2019/Canal Plus **84** Voutch **85** Les Echos **87** hm Deagreez/Istock **87** hd gpointstudio/Istock **87** bg DGLimages/Istock **88** « Tweet Instagram de Omar Sy » © Thomas Hermans / lefigaro.fr /16.04.2019 **89** Patrick Somelet/Photononstop **91** mg Narith Thongphasuk - 123rf **91** bd Patrick Somelet/Photononstop **91** hd Jag_cz/Istock **91** hm SolStock/Istock **91** hg PeopleImages/Istock **91** hd Marcus Millo/Istock **91** bm FilippoBacci/Istock **91** bg PeopleImages/Istock **91** bg Emilija Manevska - GettyImages **92** « Léon et Louise » d'Alex Capus © Actes Sud, 2012 (couverture) **93** rodhamine - Affiche de l'exposition « Cabinets de curiosités ». Horloge à automate figurant un dromadaire monté, Augsbourg (?), vers 1595-1605, Collection Galerie Kugel (détail) | Ulisse Aldrovandi, aquarelle, Bibliothèque Universitaire de Bologne (détail) — © FHEL 2019 **96** Patrick George/Ikon Images/Agefotostock **98** mh Pascal Hausherr/Hans Lucas/Afp **98** mmh Finbarr O'Reilly/Reuters **98** mmb toumaiwebmedias.com, DR **98** mb Jean Marc Mojon/Afp **99** « Accros au smartphone: peut-on résister? » par Xuman, 3/09/2019 - TV5 Monde - et FablabChannel **100** Konstantin Yuganov/AdobeStock **101** Léon Zitrone « Mesdames Messieurs Bonsoir », 70 ans de JT/France Télévisions **103** hg twinsterphoto/AdobeStock **103** hm master1305/AdobeStock **103** hd BillionPhotos.com/AdobeStock **104** ne2pi/AdobeStock **105** « Sortir à Paris: Partir en livre: 15 000 visiteurs attendus au parc d'attraction littéraire de Pantin », 20/07/2017, www.bfmtv.com **107** bg filadendron/Istock **107** hg oneinchpunch/Istock **107** bd dodoardo/AdobeStock **107** mm hocus-focus/Istock **107** md Autthaseth/Istock **107** bd Kiattisak/AdobeStock **107** bm Prostock-studio/AdobeStock **107** hd spf/AdobeStock **108** Dr Laurent Karila et Annabel Benhaiem, « Accro! », © Flammarion, 2013 **109** sebra/AdobeStock **112** Patrick George/Ikon Images/Agefotostock **114** charles taylor/Istock **115** Topic/Photononstop **116** Denis Charlet/Afp **117** Buena Vista Images - GettyImages **119** hg deagreez/AdobeStock **119** hm LightFieldStudios/Istock **119** hd jamesteohart/Istock **120** © Socialter 2019 - Texte Elodie Horn - Illustration Marine Joumard **121** scythers/Istock **123** hm Dean Mitchell/Istock **123** hm John Eder/Stone Sub - GettyImages **123** hd aydinynr/Istock **123** mm Андрей Яланский/AdobeStock **123** mm Paper Boat Creative/Digital Vision - GettyImages **123** md Anna Huber/Westend61/Photononstop **123** bg phonlamaiphoto/AdobeStock **123** bd Konstantin Yuganov/AdobeStock **123** bm Asurobson/Istock **124** « L'homme qui s'arrêta: Journaux ultimes », Philippe Curval, 2013 © La Volte **125** Rawpixel/Istock **128** Patrick George/Agefotostock **130** Lucas Santucci/Zeppelin Network **132** REUTERS/Yves Herman **132** Série « 700 requins dans la nuit » © Laurent Ballesta, Gombessa 4/Andromède Océanologie **133** hd DaTo Images/Bridgeman Images **133** hm Christie's Images/Bridgeman Images **135** hd real444/Istock **135** hm Wayhome Studio/AdobeStock **135** hg Christoph Ktteritzsch/EyeEm - GettyImages **136** V. Negovanska, X. Tytelman, « Je n'ai plus peur de l'avion! » © Dunod, 2016, Malakoff **137** Yuri_Arcurs/Istock **139** mg Diy13/Istock **139** hd Deagreez/Istock **139** mg Hakase/Istock **139** bg Jovanmandic/Istock **139** hg industryview/Istock **139** hg bm Simona Pilolla - 123rf **139** bg Pixel-Shot/AdobeStock **139** hm Galyna Andrushko - 123rf **139** hnd Westend61 - GettyImages **140** Eric Emmanuel Schmitt, « Petits crimes conjugaux » - Albin Michel **141** stock_colors - GettyImages **144** Patrick George/Agefotostock **146** La Nature et Nous (numéro 2 – été 2019), magazine Zadig **147** « Une Europe sans barrières, photographiée par Valerio Vicenzo », 6/06/2019 - Radio France/France Culture/Yann Lagarde/Valerio Vincenzo **148** Radius Images/Photononstop **149** https://fausenote.com/ - illustration de Cathy Beauvallet **151** Hero Images - GettyImages **151** hm phototechno/Istock **151** hd Jamie Grill/Agefotostock **152** hg © Hergé/Moulinsart 2019 **153** Vadim Sadovski - 123rf **155** hg Peter Gravesen/500px - GettyImages **155** hd Daniel Caja - GettyImages **155** bd Vadim Sadovski - 123rf **155** bm tataks/Istock **155** hd FatCamera/Istock **155** hm bettapoggi/Istock **155** hd yaruta/Istock **155** hg pixdeluxe/Istock **155** hg Chattrawutt/Istock **156** « Bienvenue! 34 auteurs pour les réfugiés, couverture: François Xavier Delarue - Editions Points, UNHCR **157** Andrzej Wojcicki/SPL - GettyImages **160** Patrick George/Agefotostock **162** « La vie scolaire » de Grand Corps Malade (Fabien Marsaud) et Mehdi Idir Liam Pierron, 2019. Salle de classe. COLLECTION CHRISTOPHEL © Gaumont - Mandarin Production - Kallouche Cinema **164** New Africa/AdobeStock **164** « Jolis sauvages », « Une enfance sans école? » par Liliaimelenougat/Steinkis Group **165** © RFI/Charlie Dupiot **167** hg Jacob Ammentorp Lund/Istock **167** hm Mikhaylovsky/AdobeStock **167** hd carballo/AdobeStock **167** bd robu_s/AdobeStock **168** Xavier Gorce/Le Monde **169** tomozina1/AdobeStock **171** bm dragonstock/AdobeStock **171** hg pedrosala/AdobeStock **171** hd lev dolgachov/Syda Productions/AdobeStock **171** mg phpetrunina14/AdobeStock **171** mm Neustockimages/Istock **171** bd Rawpixel.com /AdobeStock **171** md Cheryl Ramalho /Istock **171** hm Worawut/AdobeStock **171** bg dima_sidelnikov/AdobeStock **172** Laetitia Colombani, « Les victorieuses » © Éditions Grasset & Fasquelle, 2019 **173** © Groupe Marie Claire, France

Références des textes

13 « La Fabrique des mots » d'Erik Orsenna, 2013 © Les Editions Stock **19** « Éloge de l'éloquence » de Louis Chahuneau (page 24), avril 2019, Hors-Série Le Point **21** « Avec le livre audio, leur vie a changé » par Sandrine Bajos, 13/06/2019/Le Parisien **24** « L'amitié, comment cultiver de vraies liens », propos recueillis par Valérie Perronet, Psychologies Magazine (2019) **28** « Grâce et dénuement » d'Alice Ferney © Actes Sud, 1997 (1400 signes) **37** « Dans la peau d'un marin pêcheur », Arthur Frayer-Laleix, mars 2019, Zadig **40** Welcome to the Jungle. « La tête de l'emploi » © J'ai Lu, 2014 **51** « Le rire comme « thérapie »: nouveau remède pour une (r)évolution intérieure au quotidien? » par Maëlys Vésir, n° 43 mars 2019, Kaizen **53** « Une to-do-list efficace », Cécile Deschamps, 20/02/2019/Prioriser & Profiter! **56** « J'ai toujours travaillée pour ne pas être une charge pour ma famille », Inés, 17 ans lycéenne, Bordeaux/la ZEP **60** « Le Grand jeu » de Céline Minard ©Éditions Payot & Rivages, Paris 2016 **66** Cyril Frésillon - Carnet de sciences n°6, CNRS Éditions, 2019 **68** « Bruges: une baleine géante en plastique dénonce la pollution des océans » par Ophelie B. 29 juin 2018 pubié sur le blog Golem **73** « Mon expérience de la permaculture » - Magazine Respire n°14 de Mars 2019 par © Groupe Oracom/GMC Publications **76** Serge Joncour, « Chien-Loup » © Flammarion, 2018 **85** « Jamy dévoile son premier livre, un tour de France fascinant des curiosités de notre patrimoine » © PRISMA MEDIA - Emeline Férard - Geo.fr - 19 mars 2019 **88** « Notre-Dame de Paris: la sidération et l'émotion de Jack Lang, Fabrice Luchini, Marion Cotillard... » par Thomas Hermans publié sur lefigaro.fr le 16/04/2019 **92** « Léon et Louise » d'Alex Capus © Actes Sud, 2012 (1400 signes) **98** Le Monde **100** Nicolas Bonzom-20Minutes.fr-03/09/2019 **108** Dr Laurent Karila et Annabel Benhaiem, « Accro! », ©Flammarion, 2013 **115** © 2019 Trust My Science. All rights reserved **117** « Et si on sauté tous en même temps » par Cécile Bonneau, hors-série septembre 2019, Sciences et vie **120** © Socialter 2019 - Texte Elodie Horn - Illustration Marine Joumard **124** « L'homme qui s'arrêta : Journaux ultimes », Philippe Curval, 2013 © La Volte **131** « Coupe du monde féminine 2019 : Les bleues, mental gagnant? » par Cédric Callier, Le Figaro, 27/06/2019 **133** Antoine Lorgnier/The Good Life Magazine **140** Eric Emmanuel Schmitt, « Petits crimes conjugaux » - Albin Michel **146** La Nature et Nous (numéro 2 – été 2019), magazine Zadig **148** « Mon identité est multiple: aux États-Unis j'ai laissé tomber les étiquettes », Par Imane D.; le 10 septembre 2019 - la-zep.fr/La ZEP (Zone d'Expression Prioritaire), c'est un média d'accompagnement à l'expression des jeunes de 15 à 25 ans qui témoignent de leur quotidien comme de toute l'actualité qui les concerne. La ZEP, ce sont des témoignages, un média et des ateliers d'écriture **153** « La Nasa ouvrira la Station spatiale internationale aux touristes de l'espace dès 2020 », 7/06/2019, La Dépêche de Midi **156** « Bienvenue! 34 auteurs pour les réfugiés, extrait Alain Mabanckou- Editions Points, UNHCR **163** « Handicapé, je conçois la "normalité" différemment des autres », Par Killian L., le 20 août 2019 - la-zep.fr/La ZEP (Zone d'Expression Prioritaire), c'est un média d'accompagnement à l'expression des jeunes de 15 à 25 ans qui témoignent de leur quotidien comme de toute l'actualité qui les concerne. La ZEP, ce sont des témoignages, un média et des ateliers d'écriture **169** © marieclaire.fr / « De l'importance de la sororité dans la vie professionnelle » / Cécile Andrzejewski **172** Laetitia Colombani, « Les victorieuses » © Éditions Grasset & Fasquelle, 2019

Références Audios

12 3, p203 L'émission « L'Esprit d'initiative », Le « Dictionnaire des mots parfaits » par Emmanuel Moreau, 19/04/2019, France Inter, 19/04/2019/Radio France **12** 2, p203 Intitulé du son: « YOUYOU », Réalisation: Joachim Poutaraud, Mix: Charlie Marcelet © ARTE France **15** 7, p203 « Pourquoi Tintin a-t-il une houppette? », www.chosesasavoir.com **20** 8, p203 Émission « Talkers, l'application qui fait le pari de la radio sociale » par Christine Siméone, France Inter, 23/02/2019/Radio France **25** 12, p203 « Les meilleures amies du monde », Le Poste Général/LA-BO **35** 20, p204 Welcome to the Jungle. « Bertrand recrute JoeyStarr »: https://www.youtube.com/watch?v=t_SCPRHpheM **38** 22, p204 « ÊtreS au Travail – Youen - Singular », 19/03/2019, Lumières sur le Travail **52** 32, p205 Émission « Moteur de recherche », « Pourquoi procrastine-t-on? » avec Matthieu Dugal, 5/04/2019/Radio Canada **57** 36, p205 Émission « L'instant M » - Série TV: « Mytho », le mensonge qui dit vrai » par Sonia Devillers, 9 octobre 2019, France Inter/Radio France **66** 41, p206 « A-t-on besoin du plastique? » podcast Elementaire Club **67** 42, p206 « Février sans supermarché, c'est redécouvrir les commerçants à côté de chez vous », 28/01/2019 - www.radiolac.ch **68** 44, p206 Émission « Social Lab », « Quand l'art participe à la réduction des déchets » par Valérie Corréard avec ID, L'info durable, France Inter, 21/01/2018/Radio France **84** 57, p207 « Pourquoi "les fameux" pourquoi des enfants? », France Culture l'Université de Nantes, 16/02/2018/Radio France **89** 61, p207 « Les séries France Bleu. Ils ont fait de l'histoire! », « Des gamins s'amusent et découvrent la plus fantastique grotte préhistorique du monde », France Bleu/Radio France **99** 69, p208 « Accros au smartphone: peut-on résister? » par Xuman, 3/09/2018- TV5 Monde -et FablabChannel **101** 70, p208 DOSSIER: « Le pourquoi du comment », « La folle histoire du journal télévisé qui fête ce mois-ci ses 70 ans » par Thierry Boulant, France Bleu Auxerre, 14/06/2019/Radio France **114** 81, p208 Chronique « Nouveau monde », « Dans le futur, les colis seront livrés par des robots roulants ou des drones autonomes » par Jérôme Colombain, France Info, 18/08/2019/Radio France **121** 85, p209 « On s'y emploie. Le low tech, un mouvement qui gagne du terrain dans les entreprises » par Philippe Duport, France Info, 6/10/2018/Radio France **132** 91, p209 L'émission « Les Savanturiers », « Les explorateurs » par Fabienne Chauvière, France Inter, 20/01/2018/Radio France **136** 96, p210 Intitulé du son: « On a bien raison d'avoir peur de l'avion », Prise de son: Agathe Charnet et Adrien Simorre, Texte et voix: Agathe Charnet, Réalisation et Mix: Arnaud Forest © ARTE France **149** 102, p210 Reportage Culture : Cinéma: « Un jour ça ira » par Sarah Tisseyre, RFI, 18/02/2018, INA **152** 107, p210 Émission « De la lune à la terre », « La Lune: avant Neil Armstrong, il y avait Tintin! » par Stéphane Cosme, 4/08/2019, France Inter/Radio France **165** 115, p 211 Émission « 7 milliards de voisins », « Enseigner avec la nature : l'école à ciel ouvert », par Emmanuelle Bastide, 1/03/2019, RFI **168** 121, p212 EXPLICIT: « Les droits des femmes avec Danielle Meriand »/Copyright Fraiches, DR

Références Vidéos

12 v1, p214 RTL France Radio/RTL matin (Y Calvi, S Boudsocq)/Bradley Cooper **18** v2, p214 « À voix haute – La force de la parole », réalisé par Stéphane de Freitas et co-réalisé par Ladj Ly, 2017 - © My box Productions et Mars films **41** v3, p214 « Je filme le métier qui me plaît », Chroniqueuse: Sophie Pignal, présenté par: Laurent Bignolas, Télématin, 6/02/2019/France TV **50** v4, p214 « 7 jours sur la planète », « Prendre le temps de ralentir avec Nelly Pons », 13/01/2018 - TV5MONDE **72** v5, p214 « Graines de montagne », film de Sébastien Nestolat, Buena Onda films **83** v6, p215 Programme « La boîte à questions » avec Thomas Pesquet, 27/06/2019/Canal Plus **105** v7, p215 « Sortir à Paris: Partir en livre : 15 000 visiteurs attendus au parc d'attraction littéraire de Pantin », 20/07/2017, www.bfmtv.com **116** v8, p215 « Après sa traversée de la Manche en Flyboard, Franky Zapata promet de présenter « une voiture volante », France Info, 4/08/2019/France TV **130** v9, p215 « Christian Clot explorateur de l'extrême signe « Adaptation », 17/01/2019/TV5MONDE avec l'aimable autorisation de Christian Clot et Darwin Productions **147** v10, p216 « Une Europe sans barrières, photographiée par Valerio Vicenzo », 6/06/2019 - Radio France/France Culture/Yann Lagarde/Valerio Vincenzo **162** v11, p216 « L'invité » Grand Corps Malade, Mehdi Idir, Zita Hanrot, Soufiane Guerrab, Liam Pierron » - TV5MONDE/Guillaume Collet/Sipa/ « La vie scolaire », 2019, réal. Grand Corps Malade (Fabien Marsaud) et Mehdi Idir, Zita Hanrot, Liam Pierron, Soufiane Guerrab, Alban Ivanov, Moussa Mansaly COLLECTION CHRISTOPHEL © Gaumont / Mandarin Production / Kallouche Cinema/Flashpop/DigitalVision - GettyImages

DR: Malgré nos efforts, il nous a été impossible de joindre certains photographes ou leurs ayants droit, certains producteurs ou leurs ayants droit ainsi que les éditeurs ou leurs ayants droit pour certains documents, afin de solliciter l'autorisation de reproduction, mais nous avons naturellement réservé en notre comptabilité des droits usuels.